MAMA DESOBEDIENT

Esther Vivas

MAMA DESOBEDIENT

ara llibres

Primera edició: març del 2019
Quarta edició: març del 2020

Ara Llibres, sccl
Pau Claris, 96, 3r 1a
08010 Barcelona
www.arallibres.cat

L'equip de l'editorial que ha treballat per fer possible aquest llibre està format pel director editorial de Som*, Joan Carles Girbés; la directora d'Ara Llibres, Laura Rosel; l'editor, Miquel Adam, i l'editora, Maia Conesa; l'editor de taula, Eduard Hurtado; la *publisher*, Maika Pascual; l'equip de comunicació i màrqueting, Roser Sebastià i Marta Abella; el cap de producció, Enric Rújula; i l'equip d'administració i finances, Alba Morcillo i Sònia Herrera.

Disseny de coberta: Rookman.com
Il·lustració de coberta: Luci Gutiérrez
Correcció: Mònica Bertran, M. Mercè Riu i Ariadna Saballs
Maquetació: Gama

ISBN: 978-84-16915-87-3
Dipòsit Legal: B 3533-2019

Aquest llibre s'ha imprès a Liberdúplex amb paper ecològic i lliure de clor, òfset cru de 80 grams, i ha estat compaginat amb cos 12,5 de la tipografia Minion.

Per a en Martí, amb tot l'amor

Taula

Introducció

La maternitat, i tot el que l'envolta, com l'embaràs, la infertilitat, el part, el dol gestacional, el puerperi, la criança, són temes que massa sovint queden invisibilitzats en l'àmbit domèstic. Se silencia a les mares o se les encasella. L'ideal matern es mou a cavall entre la mare sacrificada, al servei de la família i els infants, i la *superwoman*, capaç d'arribar a tot compaginant feina i criança. Per sort, les coses comencen a canviar. Els nous feminismes han tret de l'armari una sèrie de temes incòmodes; la maternitat n'és un. El present llibre vol reflexionar sobre què suposa ser mare avui, assenyalant que no hi ha una maternitat única, però sí models imposats que supediten l'experiència materna als dictats del patriarcat i el capitalisme.

Sembla incompatible ser mare i feminista, perquè la maternitat carrega amb una pesada llosa d'abnegació, dependència i culpa, davant la qual les feministes dels anys seixanta i setanta necessàriament es van rebel·lar. Tanmateix, aquest aixecament va acabar amb una relació tensa amb l'experiència materna, al no voler afrontar les contradiccions i els dilemes que implicava. Ser mare no hauria de significar criar en solitari, quedar-se a casa o renunciar a la resta de la nostra vida, i ser feminista no hauria d'implicar un menysteniment o una indiferència davant la maternitat. Per què carai hem d'escollir entre una «maternitat patriarcal» sacrificada o una «maternitat neoliberal» subordinada al mercat?

Aquest llibre vol contribuir a pensar la maternitat des d'una perspectiva feminista, apel·lant a una maternitat desobedient a l'establerta pel sistema. Valorar i visibilitzar la importància de l'embaràs, el part, l'alletament i la criança en la reproducció humana i social, i reivindicar la maternitat com a responsabilitat col·lectiva, en el marc d'un projecte emancipador. No es tracta d'idealitzar-la ni essencialitzar-la, sinó de reconèixer-ne la contribució històrica, social, econòmica i política. Un cop les dones hem acabat amb la maternitat com a destí, toca poder escollir com volem viure aquesta experiència.

Al cap d'un temps de quedar-me embarassada, quan vaig començar a buscar informació d'on i com parir, vaig prendre consciència del maltractament i la violència que s'exerceix cap a les dones en l'atenció sanitària al part, de l'envergadura d'aquestes pràctiques i de com estan de normalitzades i acceptades. La indignació que vaig sentir va ser l'impuls que anys després em portaria a escriure aquest llibre. Per això la violència obstètrica ocupa un lloc destacat en l'obra; denunciar-la, posar-li nom, és el primer pas per combatre-la.

Aquest llibre parteix de la meva experiència personal com a mare, i la lactància materna va tenir-hi un paper central en els primers anys. Hi ha molts debats oberts sobre el fet de donar el pit. Tenim, d'una banda, la indústria de la llet de fórmula, que intenta incidir en les decisions governamentals i el sector sanitari així com en les nostres pràctiques, afirmant que donar el biberó és el mateix que donar la teta, i ens topem, d'altra banda, amb els prejudicis d'un sector del feminisme que considera que alletar fa tornar la dona a la llar, obviant que vivim en un sistema socioeconòmic hostil a la lactància materna. Desmuntar aquests mites és un altre dels objectius del llibre.

Jo he optat per una manera de parir i alletar; és la meva experiència, cada dona té la seva. No pretenc jutjar les pràctiques d'altres mares, perquè cada una de nosaltres fa el que pot amb el temps i les circumstàncies de les quals disposa. Sí, en canvi, que soc molt crítica amb el model de maternitat, part i lactància que ens imposen el patriarcat i el capitalisme en funció dels seus interessos, medicalitzant processos fisiològics i volent-nos callades, sotmeses i obedients. Aquest tampoc és un llibre contra el personal sanitari. Denunciar la violència obstètrica no vol dir estar en contra dels professionals de la salut, sinó contra determinades pràctiques, i cal treballar perquè aquests siguin aliats per canviar-les.

La literatura de la maternitat parteix sovint de l'experiència pròpia, d'una maternitat recent, viscuda en positiu o no, de la dificultat per aconseguir l'embaràs, del penediment de la condició materna, d'un part traumàtic. La present obra no es una excepció. A l'hora d'escriure-la, m'he preguntat també sobre l'experiència de les dones de la meva família, en particular les meves iaies i ma mare. Recordo haver parlat de tants temes amb la iaia Elena i la iaia Montserrat, de l'exili, la guerra, la postguerra, la feina a la fàbrica o fent de modista, del festeig, el matrimoni, però mai els vaig preguntar què va significar per a elles tenir una nena i un nen respectivament —els meus pares són fills únics—, com va ser el seu embaràs o el part. Ara ja no ho puc fer, no hi són. Però he parlat amb ma mare, i alguns dels seus records queden recollits en el llibre.

Aquesta no pretén ser una obra autobiogràfica, però al final resulta impossible no bolcar l'experiència personal en un tema que et toca tan de prop. Com podia escriure sobre la maternitat, la criança, les violències amagades darrere l'embaràs, el part i el postpart, la lactància materna... sense parlar del que jo he viscut? Em semblava poc honest no fer-ho, ja que el que ens passa marca en part la nostra manera de veure el que ens envolta. Una història que en alguns casos coincideix amb la d'altres dones de la meva generació, nascudes als anys setanta.

Mama desobedient és resultat de la meva experiència com a mare, tant en clau personal com intel·lectual, de les preguntes que m'he fet, les respostes que he trobat i les reflexions a les quals he arribat. Una obra que vol obrir portes, trencar mites i silencis. Espero que aquest llibre pugui ser útil a moltes dones que són mares, a les que ho volen ser, a les que no ho són, a totes aquelles i aquells que acompanyen processos de criança, perquè la maternitat ens implica a tots.

1. Maternitats en disputa

1.1. Incerteses

Què vol dir ser mare? Hi ha tantes definicions com experiències. No es pot parlar d'una maternitat en sentit únic perquè cada vivència depèn del context social, les capacitats econòmiques, la motxilla personal. No és el mateix la maternitat biològica que l'adoptiva; criar en solitari que comptar amb un entorn que et doni suport; tenir una única criatura que pujar-ne dues o tres o tornar a la feina setze setmanes després del part, quan finalitza la baixa, que agafar-te una excedència si vols estar amb el nadó. Tot això influeix d'una manera o altra en com vivim la maternitat. La mateixa dona, fins i tot, pot tenir experiències diferents en funció del moment vital. No hi ha models universals.

El mite de la perfecció

Tanmateix, s'ha generalitzat al llarg de la història un determinat ideal de bona mare, caracteritzat per l'abnegació i el sacrifici. La mare al servei, primerament, de la criatura i, en segon lloc, del marit. El mite de la mare perfecta i devota, casada, monògama, sacrificada per les criatures, feliç de fer-ho, que sempre ha avantposat els interessos dels fills i filles perquè se suposa que no en tenia de propis. Un mite que se'ns ha presentat com atemporal, quan en realitat els seus pilars són específics de la modernitat occidental.[1]

El sistema patriarcal i capitalista, a partir d'aquesta construcció ideològica, ens ha relegat, com a mares, a l'esfera privada i invisible de la llar, ha infravalorat la nostra feina i ha consolidat les desigualtats de gènere. Les dones no teníem altra opció que parir, així ho dictava la biologia, el deure social i la religió. Un argument, el del destí biològic, que ha servit per ocultar la ingent quantitat de treball reproductiu que portem a terme. El patriarcat va reduir la feminitat a la maternitat, i la dona a la condició de mare.[2]

Al contrari del mite de la perfecció, «fracassar forma part de la tasca de ser mare».[3] * De totes maneres, aquesta possibilitat ha estat negada en les visions idealitzades i estereotipades de la maternitat. El mite de la mare perfecta, de fet, només serveix per culpabilitzar i estigmatitzar les dones que se n'allunyen.[4] Les mares són considerades font de creació, les que donen la vida, però també bocs expiatoris dels mals del món quan no responen als cànons establerts. Se les responsabilitza de la felicitat i els fracassos dels seus infants, quan ni una cosa ni l'altra són sovint a les seves mans, i depenen més d'una sèrie de condicionants socials. La maternitat patriarcal ha fet que moltes mares al llarg de la vida sentissin, com escrivia Adrienne Rich, en el seu clàssic *Of Woman Born* ['Nascuda de dona'], «la culpa, la responsabilitat sense poder sobre les vides humanes, els judicis i les condemnes, la por del propi poder, la culpa, la culpa, la culpa».[5]

El dilema de la maternitat

Els temps, se suposa, han canviat, però a vegades no tant com imaginem. En el transcurs del segle XX, la incorporació massiva de la dona al mercat laboral, amb la corresponent autonomia econòmica, la generalització d'un model de societat urbana, amb menys

* Totes les cites literals d'obres no publicades en llengua catalana estan traduïdes per l'autora.

pressió sobre els individus, i l'accés a mètodes anticonceptius han fet que tenir criatures s'hagi convertit en una opció. Però quan la maternitat va deixar de ser un destí únic, va emergir el dilema de la maternitat, és a dir, una elecció i un desig confrontats a d'altres, amb els quals encaixava molt malament.[6] La maternitat no és sinó un camí ple d'incerteses.

Des dels anys vuitanta, al mateix temps que la dona s'incorporava al mercat laboral i a la vida pública, es va donar un auge dels discursos pro-maternals i pro-familiars. L'ideal de bona mare va esdevenir molt més complex. Les dones ara no només hem de ser mares devotes, com tota la vida, sinó «súper mames» o «mames màquina»,[7] tan sacrificades com les mares de sempre, però amb una vida laboral i pública activa, i, per descomptat, amb un cos perfecte. Es tracta d'un «nou mamisme»,[8] una maternitat inabastable, que *de facto* devalua el que les mares reals fem. El resultat és la frustració i l'ansietat. La maternitat pateix una «intensificació neoliberal»,[9] on es barreja cultura consumista i imaginaris de classe mitjana.

Moltes dones segueixen expressant a dia d'avui les pressions que reben del seu entorn quan arriben a una determinada edat i no tenen criatures. «Se't covarà l'arròs», «te'n penediràs», «si és el millor que hi ha a la vida»... són algunes de les frases que han de sentir sovint moltes d'aquelles que decideixen o no tenen clar si tenir fills. Encara recordo fa anys, quan vaig anar a la festa major de Sabadell, la ciutat on vaig créixer —ara visc a Barcelona—, i vaig poder comprovar com tots aquells amb qui havia sortit quan era més jove tenien infants. Cada un anava acompanyat d'un o més marrecs, amb els quals jugaven a la plaça mentre els adults parlaven de com els anava a l'escola, de si aquest no em dorm i l'altre no em menja... I jo, que mai havia sentit la necessitat de tenir criatures, veia que allà o en tenies o eres un *outsider*.

Malgrat que es calcula que una de cada quatre dones nascudes als anys setanta no tindrà descendents, en la majoria dels casos perquè no podrà, ja sigui per motius econòmics, d'infertilitat, professionals, per no trobar una parella amb qui tenir-los, etc., l'opció de no ser mare no encaixa socialment.[10] Ho assenyalava la periodista María Fernández-Miranda a *No madres*: «A la dona que té descendència se l'anomena mare; a la que no està aparellada, soltera; a la que ha perdut la seva parella, vídua. Les que no tenim fills no tenim un nom propi, així que en lloc de definir-nos com el que som ho hem de fer des del que no som: no mares. Ens veiem abocades a catalogar-nos des de la negació perquè representem una anormalitat».[11]

L'«àngel de la llar» o la superwoman

Les dones ens enfrontem actualment a una doble pressió. D'una banda, la de ser mares, com dicta el mantra patriarcal, i ser-ho d'una determinada manera, amb un manual complet, moltes vegades contradictori, del que s'espera de nosaltres. De l'altra, seguint l'abecé del capitalisme neoliberal, hem de triomfar en el mercat de treball i tenir una carrera d'èxit, per bé que en la majoria dels casos se sobreviu com es pot amb una feina més o menys precària, sense renunciar, això sí, se suposa, a tenir petits.

L'opció de ser mare queda reduïda i normativitzada a dos arquetips, la de l'«àngel de la llar» o la *superwoman*, que són els models que encaixen en el sistema, i que s'espera que reproduïm indistintament. La maternitat és presonera de «discursos normatius bipolars i estereotipats»[12] de caràcter patriarcal i capitalista, que ens condemnen a ser titllades de professionals fracassades per no estar disponibles al 100% a la feina o de males mares per no cuidar i dedicar el temps suficient als infants. La culpa és sempre nostra.

Triomfar o subsistir en el món laboral és gairebé incompatible amb tenir descendència. Només cal preguntar-ho a totes aquelles embarassades o mares que han patit *mobbing* maternal, i han acabat fins i tot perdent la feina; a les dones en edat de tenir criatures, a les quals ja no se les contracta per si de cas, o a les que cobren un salari de misèria i ni es poden plantejar tenir-ne. Un 18% de les treballadores denuncien que al seu lloc de treball es pressiona les dones que són mares, i un 8% de les que pateixen assetjament assenyalen que és conseqüència de la seva maternitat.[13] No és fàcil, amb la llei a la mà, acomiadar una dona que està a punt de parir, però hi ha diversos subterfugis que ho fan possible o que faciliten fer-li la vida impossible. La destrucció dels drets laborals, després de dècades de neoliberalisme, té un impacte directe sobre les mares i les dones que volen ser-ho.

Si tens criatures, sobreviure en el mercat laboral no és fàcil. Quantes dones s'han vist obligades a renunciar a la vida personal i familiar en benefici de la carrera o just al contrari? Davant del fracàs de la conciliació, hi ha empreses que fins i tot ofereixen incentius econòmics a les empleades per congelar els òvuls i retardar la maternitat. Grans multinacionals com Facebook, Apple, Google, Yahoo, Uber o Spotify ho han fet. A l'Estat espanyol, un altre perfil d'empreses, com les que s'agrupen al Club de Primeras Marcas a València (Arroz Dacsa, la bodega Vicente Gandía o Caixa Popular, entre altres), han arribat a acords amb clíniques de fertilitat per proporcionar descomptes a les treballadores que vulguin acollir-se a un tractament de congelació d'òvuls.[14]

Tanmateix, quin missatge s'envia a les empleades? Que és millor endarrerir la maternitat per poder ascendir professionalment? Que la feina és incompatible amb tenir criatures? No seria més lògic invertir en conciliar maternitat i ocupació? I un tema que no es té en compte: què passa si quan vols utilitzar aquests òvuls, la cosa no funciona? Potser aleshores ja no hi hagi més oportunitats.

Voler i no poder

En el món actual, l'exaltació de la infància i la joventut va paral·lela a la manca de tot tipus de facilitats per a la criança. En el capitalisme, no hi ha lloc per tenir criatures. Ho confirmen les xifres: a l'Estat espanyol cada any neixen menys nadons i les seves mares els tenen a una edat més avançada. El 2017 hi va haver uns 392.000

naixements, un 4,5% menys que l'any anterior, la xifra més baixa en els darrers quinze anys. Un nombre que encara seria més baix si no fos per la natalitat de les mares estrangeres, que es lleugerament superior a la de les autòctones. Mentre, l'edat mitjana per ser mare es va incrementar fins als 32,1 anys, amb una mitjana d'1,31 nadons per dona.[15] A Catalunya, la tònica es repeteix, i des del 2008 el nombre de naixements ha disminuït pràcticament any rere any. El 2017 van néixer poc més de 66.000 infants, la qual cosa significa un descens del 3,6% respecte als nascuts el 2016. El nombre mitjà de criatures per dona va ser d'1,36, i l'edat mitjana per tenir-les continua retardant-se i se situa també en els 32,1 anys. De fet, a Catalunya les dones de 35 a 39 anys tenen avui més fills i filles que les de 25 a 29 anys.[16] Un món organitzat entorn dels interessos empresarials és contrari a la vida mateixa.

Són diversos els factors que influeixen en aquesta tendència: l'augment de l'edat per emancipar-se a causa de la perllongació dels estudis i l'atur juvenil, la dificultat per accedir a un habitatge arran de l'encariment d'aquests, la precarietat del mercat de treball, la penalització laboral a les dones que són mares i la falta de mesures reals per a la conciliació i de suport a la maternitat. Una situació que s'ha aguditzat amb la crisi econòmica, i que comença a afectar a tota una generació, amb uns sous que amb prou feines donen per viure. Quantes parelles joves ni tan sols es plantegen tenir criatures perquè quan sumen el que cobren tots dos no arriben ni a un salari únic decent.

Una de les conseqüències directes de l'endarreriment de la maternitat és la dificultat per quedar-se embarassada. Ho confirma una investigació sobre la infecunditat a l'Estat espanyol, en què es constata que el motiu principal pel qual les dones no tenen descendència és l'ajornament de la maternitat per raons familiars i econòmiques, vinculades en aquest últim cas a l'ocupació.[17] De manera que quan et planteges o veus la possibilitat real de ser mare, perquè has aconseguit finalment una feina fixa o tens una parella estable, et trobes amb una edat en què la teva taxa de fertilitat ha disminuït dràsticament, i això pot complicar aquest anhel. A partir dels trenta-cinc anys, els nivells de fertilitat de la dona comencen a baixar i és més fàcil patir una infertilitat sobrevinguda per l'edat.

Davant d'aquesta realitat, comencen a sorgir veus de dones de vint-i-tants anys que volen ser mares i es pregunten si quan reuneixin els requisits necessaris per ser-ho, disposaran encara de la fertilitat suficient per tenir infants. «D'aquí a uns mesos faré trenta anys, i cada vegada més imagino el meu ventre com una tomba a la qual algun dia portaré flors. Un lloc en el qual mai hi haurà res, que sempre va estar mort. Soc una mare sense fill. I això m'aterreix (...). Vaig començar a treballar el 2011, el mateix any en què a Espanya la incertesa es materialitzava en el lema "Sense casa, sense feina, sense pensió, sense por". Penso: "I sense fills"», escriu la periodista Noemí López Trujillo.[18]

L'Estat espanyol se situa al capdavant del retard de la maternitat a Europa i l'edat de les mares per tenir la primera criatura és la més alta del món. Si el 1985, l'edat mitjana de la primera maternitat se situava als vint-i-sis anys, el 2016 aquesta arribava ja als trenta-dos. Un fet que té un impacte directe en els nivells d'infecunditat. La gran majoria de dones sense descendents no en tindrà tot i desitjar-ho, per motius socioeconòmics i/o a causa de la infertilitat. En realitat, es calcula que només un 2% de les dones no poden tenir criatures per motius biològics i tan sols un 5% no en volen i mantenen aquesta decisió al llarg de la seva vida. L'Estat espanyol és un dels països de la Unió on hi ha una distància més gran entre el nombre de fills i filles que es tenen i el que es desitja. De fet, un 47% de les dones, amb dades de 2017, voldria tenir almenys dues criatures, i un 26%, tres o més, quan la mitjana se situa en 1,31.[19]

«Estàvem programades per esgotar i estirar la nostra joventut, per deixar la maternitat per aquell moment en què l'estabilitat laboral (quina quimera) i afectiva —una altra quimera— creés un sòl sobre el qual deixar anar els ous madurs. (...) Ser mare vella podia arribar a considerar-se una espècie de medalla, un trofeu amb marques d'altres batalles, però també una medalla enganyosa o amb doble fons: l'edat dels nostres ovaris no atén a les suposades conquestes feministes ni a les transformacions socials», escrivia Silvia Nanclares en la novel·la autobiogràfica *¿Quién quiere ser madre?*[20] Vet aquí el despertar de l'eterna joventut per a moltes dones, en l'era del capitalisme modern.

L'auge dels tractaments de reproducció assistida en els últims anys n'és una bona mostra, tot i que les causes de la infertilitat poden ser diverses, malgrat el pes important de la postergació de la maternitat. El 2015, a l'Estat espanyol, es van dur a terme 167.000 tractaments de fertilitat, entre cicles de fecundació *in vitro* (FIV) i inseminacions artificials, una xifra que creix anualment, i que va comportar el naixement de 36.000 nadons.[21] Les dones que se sotmeten a aquestes tècniques han de passar per un periple que, més enllà de l'elevat cost econòmic, pot arribar a ser molt dur, tant de d'un punt de vista físic com psíquic.

Cinc anys

Ho sé per experiència pròpia. Quan feia poc que havia complert trenta-quatre anys, amb la meva parella vam decidir que per què no tenir una criatura, i la vam anar a buscar, però no va ser fins als trenta-nou que vaig tenir el meu fill. Sovint havia pensat que no seria mare, tenia una vida activa, amb mil i una coses a fer, i no sentia cap necessitat de tenir infants. A la meva parella li feia més il·lusió, i al final em vaig deixar convèncer. N'hi dec una. De fet, no saps com viuràs l'experiència de ser mare fins que t'hi trobes, com tot a la vida, i per a cada dona és una vivència diferent. Hi haurà qui arribarà a la maternitat sense voler-ho, qui ho desitjarà des de ben petita, qui després se'n penedirà, qui estarà exultant.

No va ser un camí fàcil. Quan vam començar a intentar-ho em pensava que em quedaria embarassada d'un dia per l'altre. Tants anys vigilant que no es trenqués el preservatiu, que quedés ben posat, que no rellisqués... que em vaig pensar que seria treure'l i feina feta. No va ser així. Crec que a les dones de la meva generació, les nascudes als anys setanta, ens van vendre la moto que això de quedar-se embarassada era un pim-pam, que quan volies podies. Les nostres mares, moltes de les quals ens van tenir als vint-i-pocs, no van tenir cap mena de problema, i pensàvem que nosaltres, malgrat posposar una mica o molt la maternitat, tampoc en tindríem. La fertilitat femenina, tanmateix, no hi entén de canvis socioculturals. Som filles d'una generació que va lluitar, i molt, per fer de la maternitat una elecció; nosaltres crèiem que teníem la batalla guanyada, però no érem conscients dels condicionants socials, econòmics i ambientals que ens ho dificultarien.

Va passar un any i un altre i un altre. I més enllà de la meva vida activa de sempre, tenia una altra vida, una vida secreta: la d'intentar quedar-me embarassada, una vida que no compartia més que amb la meva parella, perquè no volíem sentir-nos a dir allò de «ja us hi quedareu», «és qüestió de paciència», «has d'estar relaxada» i un llarg etcètera. Massa són encara els tòpics sobre la infertilitat. No està gens normalitzat parlar-ne, tot i que cada cop hi ha més persones i parelles que la pateixen, i menys fer-ho sense culpabilitzar-ne la dona.

La travessia de cinc anys va comptar amb múltiples etapes. Un primer any que va passar ràpid, entre intent i intent, pensant que «ja arribarà». Un segon en què et demanes per què i comences a buscar tot tipus d'alternatives, des de les més naturals fins a d'altres molt invasives, i et preguntes fins on estàs disposada a arribar. I un tercer i quart anys, on la vida quotidiana s'alterna amb tota mena de tractaments. Des d'aquells més naturals i respectuosos, en què entres en una dinàmica de control del cicle d'ovulació, mesura de la temperatura basal i relacions sexuals per rutina, a d'altres on quedes literalment sotmesa a un procés de reproducció assistida dirigit per tercers. Vius entre l'esperança abans que et vingui la regla pensant que aquesta vegada serà la definitiva i la més profunda tristor en comprovar que no és així.

Vaig resistir-me molt a passar per un tractament de reproducció assistida, i vaig buscar alternatives. L'acupuntura va ser una opció, però després d'uns mesos intentant-ho, i en la mesura que l'embaràs no arribava i el rellotge biològic corria, vaig cedir i optar per alternar-la amb un procediment convencional. Guardo els informes de cada una d'aquelles inseminacions, i darrere les notes hi ha el record de tantes hores d'espera a la consulta del Servei de Ginecologia i Obstetrícia de l'Hospital del Mar a Barcelona. Aquelles llargues hores de cua, després de dies d'estimulació ovàrica, per controlar l'evolució de l'endometri i la mida dels fol·licles. Les hores compartides amb totes aquelles dones anònimes, amb qui amb prou feines ens miràvem, però totes sabíem molt bé què significava no poder tenir nadons. M'imaginava quines serien les seves històries, els motius que les havien empès fins allà: una infertilitat d'origen desconegut com la nostra, una endometriosi, una síndrome de l'ovari poliquístic, una alteració en el semen de la parella. A vegades, em moria de ganes de preguntar-los-ho, però totes callàvem. Algunes venien soles, d'altres acompanyades per la parella, la mare o una amiga. Mai havia compartit tant, amb unes dones amb qui havia parlat tan poc. Hi ha també el record del dolor físic, de les punxades, la medicació, el registre personal que portava, les xeringues i les dosis de Pergoveris, Fostipur, Cetrotide, Ovitrelle, i les conseqüències d'aquella macroestimulació ovàrica en el meu cos. I a sobre jo que mai em prenia, ni em prenc, ni una sola pastilla. M'ho va dir el cap del Servei de Ginecologia: «El pitjor no serà el dolor físic, sinó la càrrega emocional». Així va ser. La incertesa de saber si mai ho aconseguiria, si aquell procés, amb tot el que implicava, valdria la pena.

Cap de les inseminacions havia funcionat. No em va resultar fàcil admetre que el ventall d'oportunitats es tancava, sobretot perquè ja començava a tenir una edat, i que si ho volia seguir intentant amb certes garanties d'èxit, com deia la medicina convencional, no em quedava més remei que sotmetre'm a una fecundació *in vitro*. Si hagués estat més jove m'hi hauria resistit, però no era el cas. La FIV significava més dosis d'hormones, amb els consegüents efectes secundaris, per aconseguir més fol·licles i, per tant, més ovòcits als quals inseminar, passar pel quiròfan i sotmetre'm a una punció fol·licular, amb una anestèsia que temia. Al final, ho vaig acceptar. Tanmateix, abans d'iniciar el tractament, vaig posar-me en mans d'un metge expert en medicina biològica, ja que volia arribar a la FIV en les millors condicions possibles, i durant mesos vaig seguir diferents tractaments que penso que van ajudar en el que vindria.

Vaig passar tot el matí comptant cada minut del rellotge; el temps s'havia quasi aturat. Fins al migdia no em trucarien per dirme el resultat de l'anàlisi de sang: seria positiu, estaria embarassada o no? Creia, convençuda, que aquest cop tampoc seria possible. Uns dies abans havia comprat un test d'embaràs, no podia esperar, tenia forts dolors als ovaris. Havia donat negatiu. Ningú trucava i l'hora en què tancaven la consulta s'acostava perillosament. No podia seguir amb tanta incertesa. Vaig agafar el telèfon i vaig marcar el número. El resultat, ho sabia, seria negatiu. Aleshores, la meva ginecòloga a l'altra banda de l'aparell em va dir que estava embarassada. No vaig poder contenir les llàgrimes ni articular paraula, quatre anys després havia succeït.

Sotmetre's a un tractament de reproducció assistida no és gens fàcil. Com gestiones el procés, si ho expliques o no, com l'enfrontes, i més per algú com jo, totalment reticent als mètodes farmacològics. El dolor, el malestar emocional, el sentiment de fracàs, la incertesa. Per no esmentar la pèrdua de control sobre el propi cos i la hipermedicalització que signifiquen les tècniques de reproducció assistida. Amb totes les contradiccions que implica ser partícip del negoci de la infertilitat. Parlar-ne ens ajudaria a destapar-les, a trencar amb l'estigma i no sentir-nos tan soles.

Dret a rendir-se

Vaig tenir sort; segur que altres dones que esperaven en aquella freda consulta de l'Hospital del Mar no en van tenir tanta; mentre que algunes, ho van aconseguir abans que jo. Quan comences un tractament de reproducció assistida no saps fins on arribaràs ni com acabarà. No saber és potser una de les coses més difícils de sostenir. Algunes dones han arribat a sotmetre's a múltiples inseminacions i fecundacions *in vitro*, però no han assolit l'embaràs o no han pogut portar-lo a terme. Al final, com elles mateixes han dit, tenien «dret a rendir-se».[22]

No poder tenir criatures malgrat desitjar-ho intensament implica assumir un dol. «Se t'ha mort el somni de la maternitat», explica Gloria Labay, que ho va estar intentant durant set anys, però després de quatre avortaments espontanis i de ser considerada no idònia per a l'adopció, es va plantar.[23] Ara impulsa el projecte *La vida sin hijos*, un espai físic i virtual de suport a les dones que han passat per aquesta situació. Desitjar tenir criatures i no poder és motiu de tristesa, desesperació, ansietat, por, angoixa, estrès. Una experiència que a més es viu, la majoria de les vegades, en silenci i solitud.

La civilització actual dona l'esquena a la fertilitat, no només la de les persones, sinó també la dels animals i les espècies vegetals, la valora i la protegeix poc. Més enllà dels problemes de reproducció humana, és responsable de la desaparició de moltes formes de vida de la biosfera. Hi ha un paral·lelisme evident entre els problemes creixents de fertilitat en la societat i la crisi ecològica global en què vivim.[24]

Les institucions públiques, els mitjans de comunicació, la societat en general es lamenten periòdicament del descens constant de la natalitat, però, què es fa per evitar-ho? Absolutament res. La infertilitat és una malaltia social. Habitem un entorn que ens dificulta ser mares, que ens obliga a posposar la maternitat, amb un mercat de treball precari, sense quasi ajudes a la criança, amb preus abusius en l'habitatge, exposats a tòxics i contaminants ambientals,[25] amb una alimentació insana. L'Estat n'és còmplice. Tot això contribueix a la infertilitat. El discurs, però, és un altre: la culpa és teva, dona, per haver esperat massa.

Aleshores, ens imposen tenir criatures o no tenir-les? Heus aquí la dicotomia. D'una banda, un sistema patriarcal que construeix un imaginari que associa dona a maternitat i, de l'altra, un sistema capitalista que ens posa totes les traves del món per aconseguir-ho, i que acaba convertint la infertilitat en un negoci.

La infertilitat masculina existeix

Tot i que es parla molt de la infertilitat femenina —un cop més carregant el pes de la culpa en les dones—, la taxa d'infertilitat masculina no fa sinó augmentar. La qualitat de l'esperma, la densitat i el volum total d'espermatozoides dels homes occidentals, s'ha reduït a més de la meitat en els últims quaranta anys.[26] Si continua aquesta tendència, d'aquí a poques generacions la majoria dels homes podrien ser subfèrtils o apropar-se a la infertilitat. Malgrat això, el sistema d'atenció a la salut reproductiva segueix posant l'accent gairebé exclusivament en el cos de les dones.

Però, quines són les causes de la caiguda de la fertilitat masculina? El fet que el declivi es produeixi, en particular, en els països occidentals, apunta al pes que pot tenir la comercialització i l'ús generalitzat de productes químics. Hi ha informes que han assenyalat motius ambientals, com l'exposició a plaguicides o altres químics, i factors relacionats amb l'estil de vida, com els hàbits alimentaris, el consum de drogues, l'estrès o el sedentarisme. Són necessaris i urgents més estudis, com reclamen els investigadors en la matèria.[27] No obstant això, en lloc d'abordar les causes reals de la infertilitat, allò que la provoca, es deixa la solució en mans dels tractaments de reproducció assistida, com si la tecnologia pogués solucionar els problemes polítics, això sí, amb el consegüent negoci econòmic.

La infertilitat masculina, en una societat patriarcal com la nostra, acostuma a ser tabú. Molts homes, malgrat patir problemes d'infertilitat, es neguen a reconèixer-ho, fins i tot a la consulta mèdica. M'ho explicava un acupuntor: «En més d'una ocasió, he tractat per infertilitat la dona, quan el problema en realitat el tenia la seva parella. Encara que totes les proves ho indiquin, molts no ho volen admetre, ja que consideren que això posa en qüestió la seva virilitat».

Observant la tendència a la baixa, tant de la fecunditat masculina com de la femenina, el futur distòpic al qual apunten novel·les com *El conte de la serventa*, de Margaret Atwood,[28] portada amb gran èxit a la petita pantalla, o pel·lícules com *Children of Men*, ['Fills dels homes'] (2006) d'Alfonso Cuarón, amb societats que arriben al col·lapse després d'una epidèmia d'infertilitat generalitzada, no sembla una cosa tan lluny de la realitat.

Els malabarismes de la maternitat

Si arribes a parir, el que t'espera és un exercici gairebé impossible de malabarismes per fer compatible la criança, la vida personal i la feina remunerada. La conciliació s'ha demostrat una farsa, que obliga a subordinar la cura de les criatures a un mercat de treball precari, amb horaris variables, salaris baixos i jornades inacabables, on les dones, a més, ens trobem en inferioritat de condicions que els homes. Cada any cobrem de mitjana sis mil euros menys que els nostres col·legues i la bretxa salarial, la diferència entre el salari dels homes i el de les dones, se situa en el 24%.[29]

Aquí, en comparació amb altres països europeus, especialment els nòrdics, la baixa per maternitat és una presa de pèl. Les insuficients setze setmanes a les quals les dones tenim dret,* obliguen a

* D'aquestes setze setmanes de baixa per maternitat, les sis primeres després del part són obligatòries i intransferibles, i només pot beneficiar-se'n la mare. Les altres deu són voluntàries i transferibles, és a dir, les pot fer la mare o compartir-les amb l'altre progenitor, tot i que en només un 1,8% dels casos els permisos de maternitat són compartits entre tots dos.

moltes mares que desitjarien estar amb els nadons a tornar a la feina tot just quatre mesos després d'haver donat a llum per no perdre el lloc de treball, no quedar malament davant dels companys o perquè necessiten aquests ingressos. En general, són les dones més vulnerables, pobres i precàries, les que es troben en aquesta situació. D'altres que s'ho poden permetre, amb més o menys possibilitats econòmiques o familiars, prenen al seu càrrec, i sense cobrar, una excedència. Hi ha dones, en particular aquelles que tenen una carrera professional d'èxit, que al cap de poques setmanes d'haver parit volen reincorporar-se a la feina, però les que no volem fer-ho hauríem de tenir el dret a poder estar amb els bebès. Els pares, per la seva banda, tenen actualment cinc setmanes de permís intransferible.* Fins l'any 2016, només disposaven de dues setmanes. A partir de gener de 2017, el permís per paternitat es va ampliar a quatre setmanes, i des de juliol de 2018 sumen una setmanes més. Tot i que la baixa per paternitat continua sent insuficient, en poc més d'un any i mig va augmentar un 150%. La baixa de maternitat, des de 1989, quan va passar de catorze a setze setmanes, continua sent la mateixa, no s'ha ampliat ni un mil·límetre en trenta anys.

Els països nòrdics són els que compten amb baixes per maternitat i paternitat més extenses i donen majors ajudes als que tenen descendència. Suècia té les llicències remunerades més llargues, gairebé seixanta-nou setmanes, amb noranta dies exclusius per a la mare i noranta per al pare; la resta poden repartir-los com vulguin. Segueix Noruega, que pot arribar a les cinquanta-nou setmanes pagades, que inclouen setanta dies de baixa intransferible per a la mare i setanta per al pare.[30] A Alemanya, encara que formalment la baixa per maternitat és només de catorze setmanes (sis abans del

* Els pares tenen dos dies de permís per naixement més cinc setmanes de baixa voluntària i intransferible, que poden prendre just després del part o de forma a determinar d'acord amb l'empresa dins dels nou mesos següents a la data de naixement de la criatura, però que en tot cas han d'agafar-se de manera ininterrompuda excepte l'última setmana.

part i vuit després), la mare i/o el pare poden acollir-se a una excedència laboral de fins a tres anys, la qual serà subvencionada amb aproximadament un 65% del salari, entre els dotze i els catorze primers mesos de la criatura. Fins i tot al Regne Unit i Irlanda, la baixa per maternitat remunerada és de nou mesos.

En molts països de l'Europa occidental, com Holanda, França, Àustria, Bèlgica o Itàlia, les baixes per maternitat acostumen a ser de setze setmanes, i algunes inclouen un període abans del part. La diferència de tots aquests països respecte a l'Estat espanyol és que aquestes prestacions poden comptar amb una ajuda monetària al marge del salari o complementar-se amb llicències parentals remunerades, cosa que aquí equivaldria a l'excedència per maternitat i paternitat, que no rep ni un euro. Les llicències parentals, accessibles tant a mares com a pares, les trobem a tot el continent, i la durada que tenen és variable en funció de cada país, així com la remuneració, que pot ser més o menys quantiosa. D'aquí que quan analitzem les prestacions a les mares, i el temps de què disposen per estar amb les criatures després del part, és fonamental no només mirar la baixa per maternitat, sinó també les llicències parentals així com d'altres ajudes a les quals poden tenir accés. Si ho tenim en compte, arribem a la conclusió que les mares amb els permisos més curts i als quals es destinen menys recursos econòmics de tota la Unió Europea són les de l'Estat espanyol i Malta.[31]

Si el puerperi, és a dir, les sis setmanes després del part —la famosa quarantena— i el postpart són de per si un moment intens i esgotador per a les mares, les escasses setze setmanes de baixa de què disposem ens posen, a moltes, les coses encara més difícils. El nadó, en els primers mesos de vida, és un ésser totalment dependent, i necessita dels pares. El seu millor aliment, sempre que sigui possible, és la llet materna en exclusiva, que l'Organització Mundial de la Salut (OMS) recomana prendre fins als sis mesos de vida, quan es comença amb l'alimentació complementària, cosa que implica que la mare estigui a prop i disponible. Qualsevol que hagi tingut un bebè, s'adonarà de com una criatura de quatre mesos és un ésser extremament vulnerable. Per què aleshores no tenim més remei que deixar-lo a càrrec de tercers, ja sigui en una llar d'infants, amb els avis o amb altres cuidadors? Per què moltes mares han d'enfrontar-se a situacions d'estrès a l'haver de tornar tan aviat a la feina, quan el que voldrien és estar amb el nadó? Per què tantes altres acaben agafant-se, a càrrec de la seva butxaca, una excedència o fins i tot deixen la feina? Per què senzillament no es legisla a favor d'unes baixes per maternitat o unes llicències parentals més extenses?

Permisos iguals i intransferibles

Mentre que les reivindicacions per allargar els permisos de les mares han estat sistemàticament ignorades, el permís paternal no ha fet sinó augmentar en els darrers anys. La Llei per a la igualtat efectiva de dones i homes aprovada al Congrés dels Diputats el 2007, amb el govern socialista, ja contemplava ampliar la durada del permís dels pares de dues a quatre setmanes, tot i que finalment aquesta proposta no es va implementar. El 2012, la Comissió d'Igualtat del Congrés va aprovar, amb el suport de tots els grups parlamentaris, una proposició no de llei que instava el Govern a reformar l'actual estructura de permisos de maternitat i paternitat perquè aquests fossin iguals i intransferibles, tenint en compte les demandes de la Plataforma pels Permisos Iguals i Intransferibles de Naixement i Adopció (PPiiNA). El 2016, el Congrés dels Diputats, amb només dos vots en contra, va aprovar comprometre's a establir un calendari per assolir aquest objectiu. El gener de 2017, la baixa paternal s'ampliava de dues a quatre setmanes, totes intransferibles.

El debat per seguir augmentant el permís del pare va continuar obert. El gener de 2017, Units Podem va registrar una proposició de llei al Congrés per ampliar els permisos de paternitat a setze setmanes, equiparant-los amb els de maternitat i exigint que fossin intransferibles, recollint les demandes de la PPiiNA, però la seva tramitació parlamentària va ser vetada pel govern del Partit Popular, al·legant el sobrecost pressupostari que això suposaria.[32] El setembre de 2017, el govern del PP, amb el suport de Ciutadans, en el marc de les negociacions del Pressupost General de l'Estat per a l'any següent, va acordar incrementar de nou el permís paternal a cinc setmanes. Una mesura que havia d'entrar en vigor el gener de 2018, però que al final no es va materialitzar, segons fonts oficials, per falta de pressupost. No obstant això, l'acord s'implementaria mesos després. El 5 de juliol de 2018, amb la publicació al *Butlletí Oficial de l'Estat* (BOE) dels Pressupostos Generals d'aquell any, els últims del govern de Mariano Rajoy, la baixa paternal es va ampliar definitivament a cinc setmanes.

La Plataforma pels Permisos Iguals i Intransferibles de Naixement i Adopció encara arribaria més lluny amb la seves demandes. El juny de 2018, amb l'inesperat canvi de govern i amb el socialista Pedro Sánchez al capdavant del nou executiu, el grup parlamentari Units Podem va presentar de nou al Congrés una proposició de llei a favor d'uns permisos de paternitat i maternitat iguals, intransferibles i pagats sobre el 100% del salari. En aquesta ocasió, el Congrés va donar suport per unanimitat a la demanda, sumant fins i tot els vots dels populars, que anteriorment havien vetat la iniciativa.

Amb aquesta proposició de llei, es contemplaven uns permisos iguals i intransferibles per a mares i pares de dues setmanes obligatòries a partir del naixement o l'adopció de la criatura i catorze setmanes més que es podien prendre en el transcurs del primer any de vida (quatre d'elles obligatòries i deu voluntàries).[33] A partir d'aquí, va començar una tramitació parlamentària en què els partits podien presentar esmenes, i que continua oberta mentre acabo d'escriure aquest llibre. De fet, el PSOE aposta per una llei on aquests permisos s'agafin obligatòriament després del part o l'adopció, i en conseqüència siguin simultanis; i Units Podem, com exigeix la PPiiNA, defensa que el permís de la mare i el pare puguin intercalar-se, ja que considera que d'aquesta manera tots dos desenvoluparien plenament el rol de cuidadors. Amb aquesta opció la criatura podria estar a càrrec dels seus pares fins a trenta setmanes.

Els Pressupostos Generals de l'Estat per al 2019, que van pactar el govern socialista amb Units Podem l'octubre de 2018, van significar un pas més en aquesta direcció, i preveuen una equiparació gradual dels permisos de maternitat i paternitat fins a arribar a les setze setmanes el 2021. El 2019, el permís paternal s'ampliaria a vuit setmanes, el 2020 a dotze i el 2021 arribaria a les setze.[34] De la tramitació parlamentària i dels acords als quals s'arribi dependran les mesures finals que inclogui aquesta llei.

Qui defensa les mares?

El petit devia tenir poc més de quatre mesos, era un dia d'estiu, quan vaig començar a trobar-me molt malament, amb un dolor intensíssim al pit. Sense saber gaire bé què fer, i en trobar-me sola amb el nadó, vaig decidir trucar a urgències. Al cap d'una bona estona, en què no sabia si podria resistir la pressió que sentia al tòrax, va arribar una metgessa. Em va auscultar, em va prendre la pressió, i al veure la criatura va tenir clar el diagnòstic. No es pot ser mama primerenca, tot ens desborda. En realitat, jo no tenia res greu. La metgessa em va explicar que ella també era mare, i que el seu bebè era tan petit com el meu, però que no podia estar amb ell. S'havia vist obligada a tornar a la feina, el seu lloc de treball era precari, venia de l'Amèrica Llatina, i si no s'hagués reincorporat després de la baixa per maternitat hauria perdut el lloc de treball.

Ara que el debat sobre una llei de permisos de paternitat i maternitat iguals i intransferibles ha arribat tan lluny des del punt de vista institucional i ens diuen que això és un pas endavant cap a la igualtat, penso en aquesta mare, i en tantes d'altres, que amb un nadó de tot just quatre mesos, i a contracor, l'han de deixar a càrrec de tercers per tornar a la feina. Mares que han hagut d'interrompre la lactància materna o que han de fer tot tipus de malabarismes per treure's la llet i criatures que passen hores, moltes fins i tot més de vuit al dia, sense els seus progenitors. L'acord polític entorn a aquesta iniciativa sembla molt gran, però els que li donen suport obvien el desig i les necessitats d'aquestes dones i les criatures.

Jo em pregunto: qui defensa les mares? Qui exigeix un permís de maternitat que vagi més enllà de les exigües setze setmanes actuals? Ningú ho sap, ningú contesta. Les dones que des de fa anys reclamen augmentar la baixa per maternitat han estat ignorades per les institucions, amb l'argument que no hi havia diners. Sorprèn, aleshores, com d'un temps ençà, els partits han assumit, de manera relativament ràpida, la demanda d'ampliació del permís paternal, amb el cost econòmic que suposa. Tal vegada una de les raons sigui perquè no és una reivindicació exclusiva de les dones. La demanda d'ampliació del permís maternal així mateix desperta recels en determinats sectors del feminisme que veuen la maternitat i la criança com una font d'opressió.

Així com hi ha un grup fort de pressió feminista ben connectat, d'orientació liberal i socialdemòcrata, que ha exigit permisos iguals i intransferibles per a homes i dones, buscant equiparar el permís dels pares a les setze setmanes de les mares, assegurant que això permetria acabar amb la discriminació laboral materna, qui defensa augmentar les miserables setze setmanes de baixa de què disposem les mames? La PPiiNA no ho inclou en les seves demandes, ja que considera que fer-ho ampliaria la bretxa de gènere en la corresponsabilitat i les cures.

Augmentar la baixa paternal és important perquè els pares s'impliquin en la criança i acompanyin a la mare en un període tan intens i esgotador com és el puerperi. Tanmateix, aquesta demanda no es pot deslligar de l'exigència d'ampliar el permís maternal, i més encara quan aquest és tan reduït com l'actual. El debat sobre els permisos iguals i intransferibles té a veure amb el repartiment igualitari del treball de cures i amb combatre la discriminació laboral, però també amb el model de maternitat i paternitat i la relació entre la cura i l'àmbit productiu. Però aquest segon aspecte queda invisibilitzat en el debat.

Un 80% de les mares el primer any de vida de la seva criatura volen estar amb ella. Ho recull una enquesta feta a escala europea l'any 2010. Aquesta xifra disminueix a mesura que augmenta l'edat del petit. Les mares, que representen un 76% de les dones a Europa, coincideixen en voler mantenir-se actives en el mercat laboral i tenir temps per estar amb els infants.[35] No obstant això, hi ha qui pensa que aquesta demanda no es pot tolerar, que és el patriarcat que ens té abduïdes, i que tenir cura dels menuts és sinònim de renunciar voluntàriament a tota la resta. Les mares tenim dret a recuperar-nos del part, a alletar els nostres nadons. Però la baixa actual ni tan sols permet la lactància materna exclusiva a demanda fins als sis mesos, com recomana l'OMS. Els permisos iguals i intransferibles de només setze setmanes per progenitor infravaloren la dimensió corporal de la maternitat. S'obvia la contribució física de la dona a la maternitat biològica i les implicacions que això té per als primers estadis de la criança. La paradoxa és que, en nom de la igualtat, es minimitza la feina imprescindible de les dones en l'embaràs, el part i la lactància.

D'aquí que, un cop aprovada la proposició de llei, el juny de 2018, comencessin a emergir tota una sèrie de veus discordants amb aquesta mesura, tant a títol individual com col·lectiu. Una de les iniciatives més significatives va ser la creació de la Plataforma Petra (Plataforma de Mares Feministes per l'Ampliació dels Permisos Transferibles), que exigeix uns permisos parentals més llargs i transferibles, i reivindica la mare com a subjecte polític. L'Associació Espanyola de Pediatria d'Atenció Primària (AEPap) també es va posicionar de manera crítica, al considerar aquesta proposta incompatible amb la lactància materna exclusiva fins als sis mesos. Per l'AEPap, la prioritat hauria de ser «allargar el permís de les mares com a mínim durant sis mesos i que les llicències dels pares siguin transferibles».[36]

Els nadons tenen dret a estar ben acompanyats, alimentats i cuidats pels seus progenitors, però vivim en una societat adultocèntrica, on tot gira al voltant dels grans, i no ens parem a escoltar els més petits ni a reflexionar sobre quin model de cures i criança ens cal. Una realitat que queda reflectida en la història que em va explicar una amiga arran del part d'una coneguda seva en una prestigiosa clínica privada de Barcelona. Després de donar a llum, i en el transcurs de l'ingrés hospitalari, les infermeres els van oferir, a la mare i la parella, emportar-se de l'habitació el nadó durant unes tres o quatre hores, quan ells volguessin, per així poder descansar. Quan m'ho va explicar, no m'ho podia creure. «Que els professionals sanitaris oferien un *descans* del nadó després de néixer, un *recés*, a la mama i el papa?» Els progenitors ho van acceptar. Però el que més em va escandalitzar de tot plegat no va ser que ells hi accedissin, sinó que els professionals d'aquest hospital, com a especialistes, se suposa, en el part, els ho oferissin. I el que necessitava el nadó, no comptava? Doncs, no.

Quan els permisos iguals i intransferibles es legislen com un dret individual del pare i la mare, hauríem de preguntar-nos: on queda el dret de la criatura? Aquesta que vol i li cal mamar, que necessita passar el màxim temps possible amb els progenitors. Les seves necessitats, sembla, no importen. L'opció dels permisos iguals i intransferibles de setze setmanes en què es pot encadenar la baixa materna i paterna permet acompanyar per més temps el nadó que aquella en què les dues baixes s'han d'agafar de forma simultània, però, igualment, té un problema, i és que fa molt difícil la lactància materna després dels primers quatre mesos de vida. Si es fessin efectius aquests permisos iguals i intransferibles, l'Estat espanyol se situaria al capdavant dels països europeus amb el permís paternal remunerat al 100% i intransferible més extens, amb quatre mesos, per davant dels tres de Suècia i Islàndia i els dos de Noruega, Finlàndia i Alemanya, mentre que estem a la cua del continent juntament amb els països que tenen la baixa per maternitat retribuïda més curta.[37] Un despropòsit. Lluitar per l'equiparació dels permisos, però no per l'allargament del de maternitat, esbiaixa el debat, i només posa l'èmfasi en una part del problema.

Aquesta mesura, es diu, ens beneficia com a dones, perquè promourà una major igualtat a la feina i acabarà amb la discriminació que patim, ja que per llei tots dos sexes haurem de tenir cura de la criatura durant els seus primers mesos de vida, però seria ingenu pensar que una sola disposició que a més ni tan sols beneficia el 100% de les mares, ja que no totes tenen accés a aquesta prestació, i que està acotada a un període curt de temps, significarà una major equitat laboral. De fet, aquesta no es sinó una mesura parcial. Els perjudicis que patim les mares a la feina van molt més enllà de la baixa per maternitat, no poden reduir-se a aquesta qüestió, i tenen a veure amb un mercat de treball profundament patriarcal i en com es reparteix quotidianament la tasca de cures.

Augmentar el permís patern no és negatiu, al contrari. El problema rau en mantenir un esquema de permisos que, per la seva curta durada, supedita la maternitat i la criança a l'ocupació, avantposant productivitat a cures i, fins i tot en el cas que tots dos permisos poguessin agafar-se de manera consecutiva, dificulta la lactància materna. És molt legítim optar per tornar a l'empresa poc després de donar a llum, però, què passa si el que vols és prendre't el teu temps, recuperar-te i tenir cura del nadó? Només les mares que s'ho puguin permetre, com ja passa, ho podran fer. Tenir cura dels infants acaba convertint-se en un privilegi només accessible als que econòmicament s'ho poden costejar.

Amb aquesta proposició de llei, a més, s'estigmatitza la maternitat, en la mesura que la criança és considerada un fre per al desenvolupament professional, menyspreant, un cop més, la seva importància social, política i econòmica. Es renuncia, d'aquesta manera, a crear un paradigma alternatiu que col·loqui les cures en el centre, i ens dobleguem als designis productivistes del capital. L'important, se sobreentén, no és criar, sinó competir, ascendir, en el mercat laboral o sobreviure en la precarietat.

Les famílies monoparentals, tan necessitades de temps i suport, tampoc surten beneficiades amb aquesta mesura, que només contempla un model de família biparental. Com denuncia la Federació d'Associacions de Mares Solteres (FAMS), aquesta proposta vetlla exclusivament per les famílies que tenen dos progenitors i discrimina les criatures de les famílies monoparentals.[38] La mesura també deixa fora un 36% de mares que donen a llum, amb dades de 2016, però que a l'estar a l'atur o no haver cotitzat prou no reben cap tipus de prestació.[39] Vistes les xifres de desocupació i pobresa infantil, no seria més lògic impulsar ajudes a la maternitat i a la paternitat no contributives i beneficiar els que més ho necessiten? Per què les prestacions paternals i maternals han d'estar supeditades a l'ocupació? La cura de la petita infància no hauria de ser un dret universal?

Amb aquesta mesura, ens venen la moto que els homes treballaran més a casa. Tot i que són bones notícies per als pares que volen dedicar hores a la criatura, dubto molt que aquells no implicats cuidin més amb aquesta llei. El que ha demostrat la mateixa proposta en altres països on s'ha implementat és que *per se* no modifica la corresponsabilitat, i fins i tot alguns pares ni l'han arribat a utilitzar i s'ha hagut de retirar o reduir la mesura *a posteriori*, com va passar a Dinamarca o Noruega.[40] La capacitat dels permisos iguals i intransferibles per aconseguir un repartiment equitatiu del treball de cures entre la mare i el pare depèn de la seva durada i que s'apliquin en el marc d'un sistema garant de drets. Aquí, una cosa i l'altra són insuficients. La durada total dels permisos és curta i les ajudes socials són escasses. En conseqüència, malgrat l'aprovació d'aquests permisos, qui seguirà cuidant el nadó el dia de demà serà la dona.[41]

Ha arribat l'hora de dir-ho: l'esquerra té un problema, i greu, amb la maternitat, la criança i la família. Això s'explica per l'ús que el patriarcat ha fet d'aquestes esferes com a instrument de control i supeditació de les dones. En la mesura que l'esquerra no és capaç de reivindicar la maternitat i la criança en clau emancipadora, igualitària i feminista ens deixa, com a mares, òrfenes políticament, i cedeix tot el terreny a la dreta o s'adapta a un feminisme liberal.

Comença a ser hora de reivindicar el paper de la maternitat i la cura sense essencialismes ni idealitzacions. No volem quedar-nos a casa, sinó donar a la maternitat el valor social, polític, econòmic i històric que té i exigir que sigui responsabilitat de totes i tots.

Tenir cura de les criatures

Quan mares i pares treballen fora de casa, qui té cura dels infants? La incorporació de les dones al món laboral ha destapat la ingent quantitat de treball invisible i no remunerat que aquestes han carregat sobre les seves espatlles. No només són les que per regla general, en una esgotadora doble jornada de treball laboral i domèstic, es fan càrrec dels petits, sinó també de la gent gran, de les persones dependents, i s'encarreguen de les tasques de la llar (menjars, neteja...). De fet, mentre les dones, a l'Estat espanyol, amb dades de l'Enquesta d'Ús del Temps 2009-2010, dedicaven quatre hores i mitja al dia a les tasques de la llar i a la família, els homes hi destinaven la meitat del temps, poc més de dues hores.[42]

A banda d'assumir una major quantitat de feina, les dones es responsabilitzen de les tasques de coordinació i organització de la vida domèstica, cosa que es fa més complexa quan hi ha persones dependents a càrrec. La il·lustradora Emma Clit va dibuixar aquesta realitat al còmic *Charge émotionnelle* ['La càrrega emocional'], on recorda que les dones hem d'estar sempre alerta i tenir-ho tot al cap.[43] Una càrrega mental i emocional que és resultat de compaginar treball domèstic i assalariat, i que significa haver-nos de desdoblar en permanència per articular dos àmbits que funcionen amb lògiques i temps diferents. Les dones tenim una «doble presència» constant en l'esfera productiva i reproductiva, i no fem només una feina darrere l'altra.[44] En definitiva, estar a càrrec de l'organització del treball de cures implica que mai podem desconnectar-ne.

Si les dones no fan les tasques domèstiques, ni la parella tampoc, s'acaba contractant a tercers, via externalització *low cost*, principalment dones, moltes immigrants. Són elles les que acaben fent-se càrrec de les criatures, dones que, paradoxes de la vida, en molts casos han hagut de deixar enrere fills i filles, així com altres persones dependents, per cuidar de les nostres. El problema de la cura i la reproducció no ha fet sinó traslladar-se a altres dones menys privilegiades, en un procés amb un evident biaix de classe i ètnia.[45] Es tracta d'una cadena global de cures que transfereix a escala transnacional la «feina maternal».[46]

Les escoles infantils, públiques o privades, són l'altre indret on les criatures es queden a càrrec de tercers. Un dels seus inconvenients, més enllà del debat sobre el model pedagògic i l'edat d'escolarització, és que les ràtios (el nombre d'infants per educador i aula), així com el sou dels treballadors, en general dones, estan més pensats en la viabilitat econòmica que en la qualitat de la cura i l'ocupació. Quantes bones professionals no poden fer adequadament la feina per unes ràtios impossibles amb un educador per cada vuit criatures de zero a un any, un per cada tretze d'un a dos anys i un per cada vint de dos a tres anys?[47] Així mateix, no dona prestigi treballar en un centre d'educació infantil o de primària, els salaris són baixos i el reconeixement social és nul. Molt simptomàtic que la nostra societat valori i pagui més a aquells que «cuiden» d'ordinadors i màquines que els que ho fan de persones.

Si no podem pagar a algú perquè atengui el petit i no és possible deixar-lo a l'escola, sempre queda l'opció dels avis i les àvies, que a més surten gratis, un fenomen que és comú al conjunt d'Europa. S'estima que un 50% d'aquests, amb dades de 2010, té cura gairebé diària de netes i nets. Els avis se n'encarreguen unes dècimes més que les àvies, però aquestes en tenen cura durant més hores, un total de 6,2 hores al dia per les 5,3 d'ells.[48] Es tracta de persones grans que pateixen una situació de doble dependència, al ser un col·lectiu perceptor de cures que alhora ha de cuidar-ne un altre, ni que sigui temporalment. És clar que els avis i les àvies gaudeixen estant amb els menuts, però si passen moltes hores amb ells i acaben substituint la figura dels progenitors, això pot afectar negativament la seva salut física i psíquica. Alguns estudis ho han anomenat la «síndrome de l'àvia esclava», que genera esgotament i problemes cardíacs i circulatoris, així com situacions d'estrès i ansietat a l'haver de dur a terme una tasca educativa sobrevinguda, i s'arrisquen fins i tot a un enfrontament de criteris amb els seus descendents.[49]

Davant d'aquests escenaris, «què en queda, de la família —es pregunta l'autora de *¿Dónde está mi tribu?*, Carolina del Olmo—, quan els pares només veuen els infants a l'hora de banyar-los i per sopar, mentre que la resta del temps se n'encarreguen diversos professionals?». Del Olmo, que defensa que l'Estat ha de destinar recursos i donar suport a la cura de les criatures, subratlla al mateix temps la necessitat de ser «molt crítics amb l'ideal de criança institucionalitzat que s'ha imposat com un corró».[50] Una dinàmica que constata com vivim en un ambient social i econòmic que menysprea la dependència humana.

Tanmateix, deixar els petits amb terceres persones no sempre és fàcil anímicament per a mares i pares. Cal anar a treballar, però a la vegada volem tenir-ne cura, acompanyar-los a l'hora de sopar, banyar-los, jugar-hi, mostrar-los estima i afecte. Al final, ni la teva vida ni el teu cos donen per a més. Ho constata una majoria de progenitors, un 75%, que al preguntar-los pel temps que dediquen als petits, afirmen sentir-se «cansats», «aclaparats», «frustrats», «culpables», «atrapats», «tristos», «impotents»... per no poder-los dedicar l'atenció desitjada, segons una enquesta de 2017.[51] La principal raó per no estar més temps amb ells era, en gairebé vuit de cada deu casos, la feina. L'enquesta també assenyalava que un 20% dels progenitors passaven menys de dues hores al dia amb les criatures. Són mares i pares desapareguts.[52] El problema, però, no és la maternitat, és el capitalisme i el patriarcat, estúpid!*

* Emulant la popular frase de Bill Clinton a la campanya de les presidencials dels Estats Units, l'any 1992: «És l'economia, estúpid!», que posteriorment ha estat adaptada a múltiples contextos.

Quan finalment em vaig quedar embarassada, ja feia anys que treballava com a autònoma. El mercat laboral s'ha tornat tan precari que un bon dia em vaig dir: precària per precària, doncs precària per compte propi. Així que, en la mesura que s'acostava la data del part, d'haver de gestionar la baixa o planificar el postpart, no ho vaig haver de negociar amb ningú més que amb mi i la meva parella. Em va anar bé, però per a moltes aquest és un moment difícil. A la feina sovint no et miren amb bons ulls si et quedes embarassada.

Les primeres contraccions van aparèixer molt abans de la setmana trenta-set, quan l'embaràs arriba a terme. No me la podia jugar que el menut naixés abans d'hora. Vaig cancel·lar feines, vaig agafar la baixa, i a descansar. Al final, després dels dies d'espera, les hores al sofà, els nombrosos llibres llegits, la data en què el part es podia produir sense problemes va arribar. Però vaig seguir prenent-me les coses amb calma —el físic tampoc acompanyava—. Ho vaig preparar tot per a la seva arribada, i a esperar.

El petit va néixer just el dia previst. Vaig arribar a trigar no sé si fins a dues setmanes a sortir de casa després del part, a tornar a baixar aquelles estretes i velles escales del pis del Raval, a Barcelona. Vaig anar reconnectant-me amb la realitat a poc a poc. Sentia que volia fer de tot amb el bebè a sobre, ensenyar-li al món que tenia un fill preciós. Així ho vaig fer en el transcurs dels quatre mesos de baixa, i els següents.

Me'n vaig anar amb el nadó a reunions, a fer conferències i fins i tot me'l vaig emportar a tertúlies de televisió (això sí, es quedava entre bastidors!). Sense el suport de la meva família, i en particular de la meva parella, hauria estat impossible. Per sort, la seva feina li permetia estar molt de temps amb nosaltres, la qual cosa va ser de gran ajuda. Amb pocs mesos, em vaig endur el nen a Lisboa, a Portugal, on vaig anar a parlar sobre els impactes del TTIP (Tractat Transatlàntic de Comerç i Inversions) en l'agricultura, i a Madrid, a una xerrada sobre el futur de l'alimentació. Això sí, la invitació havia d'incloure sempre un viatge per a un acompanyant que pogués donar-me suport i fer-se càrrec del petit mentre jo parlava. A Portugal van venir els meus pares, a Madrid la sogra, i ens ho vam passar la mar de bé. D'aquesta manera, vaig intentar compaginar la criança amb les activitats personals i laborals.

En el meu cas, va ser possible per les característiques de la feina i l'entorn familiar. Sovint, no és tan fàcil. A l'empresa, un cop acaba la raquítica baixa de maternitat de la qual disposem, les criatures no hi són benvingudes. Treballar es considera incompatible amb la criança. Òbviament hi ha feines en què no et podràs emportar el nadó, però en d'altres potser no és tan difícil. O, per què no oferir a la mare treballar des de casa, si ella ho vol? La flexibilitat, tan característica del nostre precari mercat laboral, és pràcticament nul·la quan parlem de criança.

Algunes dones, després de tenir criatures, i davant d'aquesta realitat, han començat nous projectes laborals amb l'objectiu de fer compatible treball i criança. No és fàcil, però moltes no volen renunciar a estar amb els nadons i tampoc a la feina. En els últims temps, en aquest sentit, s'han obert a diverses ciutats espais de *coworking*, utilitzats especialment per les mares, que inclouen un lloc per a l'acompanyament dels menors. Tanmateix, el límit fonamental d'aquestes iniciatives és el biaix de classe, només accessible a un determinat perfil socioeconòmic. Per a la gran majoria de mares, l'única opció és el treball assalariat per compte aliè, en general mal remunerat i organitzat amb criteris que no tenen res a veure amb les necessitats personals.

1.2. Maternitat(s)

Mares soles

Els canvis socials han propiciat l'emergència de nous models familiars, en particular el de les mares que crien en solitari. Actualment, a l'Estat espanyol, un 10% de les famílies són monoparentals, amb un sol progenitor al capdavant. Però més que de monoparentalitat, hauríem de parlar de monomarentalitat, ja que un 83% d'aquestes famílies estan encapçalades per dones, amb dades de 2017, la majoria de les quals són vídues (40%) o separades/divorciades (39%), encara que hi ha també, en un percentatge més baix, dones solteres (14%) o que estan formalment casades (7%).[53] Es tracta de la feminització de la monoparentalitat. Les meves amigues en són un exemple. La gran majoria són mares soles fruit de divorcis, separacions o perquè han decidit ser mares en solitari. En aquestes circumstàncies, el suport de la xarxa familiar és clau.

Aquestes famílies, però, no ho tenen fàcil. Seguim vivint en una societat eminentment patriarcal que, malgrat el pas del temps i les resistències, intenta imposar un determinat arquetip de maternitat, i també de família. Les pràctiques que se surten de la norma no encaixen. Així m'ho explicava una amiga que tota sola tira endavant el seu fill i la seva filla des que de ben petits el pare va marxar. «A l'escola, les altres mares em tracten a cavall entre la reprovació i la compassió, com si criar en solitari fos una raresa. Els seus comentaris, fins i tot quan intenten ser comprensius, tenen una càrrega paternalista, com si jo i les meves criatures fóssim unes dissortades».

De mares soles n'hi ha hagut tota la vida, ja que les dones es casaven més joves que els marits i vivien més anys.[54] El que diferencia la monomarentalitat actual de la del passat és que, en bona mesura, és fruit de divorcis o separacions, i també del fenomen a l'alça de la monomarentalitat escollida: dones que decideixen tenir i criar els seus infants en solitari no perquè hagin perdut o trencat amb la parella, sinó perquè així ho han triat.

Cada cop són més les dones que, davant la dificultat per trobar una parella amb qui tenir descendents i sentint el desig de ser mares, apropant-se en molts casos a l'edat límit aconsellable per aconseguir la gestació, decideixen emprendre una maternitat pel seu compte. Un fet que no és exclusiu d'aquí. En altres països del nostre entorn geogràfic i cultural la tendència és similar, o fins i tot més gran, com en el cas dels Estats Units. Una dinàmica que té molt a veure amb els canvis socioculturals, l'entrada de la dona al mercat laboral i la seva independència econòmica, així com amb una major autonomia personal en les relacions i un menor pes de la institució eclesiàstica i familiar. En conseqüència, es considera que ja no cal tenir un marit per criar.

La majoria són dones solteres, de més de trenta-cinc anys, amb estudis universitaris, que treballen per compte aliè en ocupacions d'alta qualificació, econòmicament solvents i que viuen soles amb els seus infants, en general un, segons indica el principal estudi en la matèria.[55] Hi ha també d'altres perfils, com dones a l'atur, mileuristes, autònomes, algunes que conviuen amb els pares, etc. Això fa que sigui necessari mirar la maternitat en solitari lliurement escollida des del prisma de la diversitat.

Una maternitat que s'aconsegueix mitjançant tècniques de reproducció assistida, l'adopció o mantenint relacions sexuals amb un donant conegut. A l'Estat espanyol, amb dades dels anys 2000 al 2004, el 2,7% dels processos de reproducció assistida i un 9,4% de les adopcions internacionals van ser fetes per una dona sola.[56] Hi ha les que ho planifiquen durant anys i d'altres que es troben amb una maternitat biològica no buscada, però que decideixen des de l'inici assumir-la pel seu compte. Allò que les distingeix, a totes elles, de les maternitats en solitari no escollides és el fet d'haver-ho triat. Tot i que l'edat és un element sovint clau a l'hora de prendre la decisió, voler ser mare no respon tant al compliment d'un mandat social, sinó a un desig profund que es topa amb un rellotge biològic que imposa els seus temps: o tens criatures ara o mai.[57]

Aquestes són maternitats que confronten el model normatiu de família nuclear biparental i heterosexual, com també ho fan les famílies homoparentals, enfrontant-se a aquelles narratives patriarcals que consideren que el matrimoni amb una parella de l'altre sexe i la figura del pare són imprescindibles per tenir descendència i que sigui legítima. Mares que planten cara a l'estigma que impera encara en expressions com el de «mare soltera» o «mare sola», que tenen una càrrega ideològica que les associa a solitud, abandó i deshonra.

Al marge del caràcter particular de les mares soles per elecció, la monomarentalitat en general és sinònim de pobresa. Les famílies monoparentals, en la immensa majoria encapçalades per dones, són les més colpejades per la crisi, la precarietat i les dificultats econòmiques. Ho indiquen les xifres: un 40,6% de les llars que tenen un adult al capdavant i una o més criatures a càrrec es troben en situació de risc de pobresa i exclusió. Aquestes són famílies que han d'enfrontar més mancances materials: un 54% no tenen capacitat per gestionar despeses imprevistes, i un 47% no poden anar de vacances ni tan sols una setmana a l'any, amb dades de 2017.[58] Si ets dona, sense parella i amb criatures, tens tots els números per ser pobra.

La manca d'ajuts a les famílies monoparentals és absoluta. Un 67% de les mares en aquesta situació no reben cap tipus de prestació econòmica. Moltes viuen angoixades per no tenir recursos econòmics suficients per cobrir les necessitats dels seus infants. Més de la meitat, un 52%, no tenen feina i moltes treballen en condicions precàries, amb xifres de l'any 2013.[59] «Tinc dos fills al meu càrrec. La meva situació econòmica és desastrosa, no tinc feina i només tinc la pensió que em passa el meu marit: 300 euros al mes. Amb aquests diners he de pagar el pis, l'aigua, la llum, l'escola...», explica una mare sola.[60] Una situació que acaba passant factura a la salut d'aquestes dones, i a la de les seves filles i fills.

Per aquest motiu, les famílies monoparentals exigeixen al Govern espanyol una llei que les defineixi com a tal, doni resposta a les seves necessitats i els ofereixi cobertura davant situacions de desigualtat, com ja passa amb les famílies nombroses. De fet, el nombre de famílies monoparentals triplica el de famílies nombroses,[61] però no reben el mateix suport ni ajut. Un fet que només s'explica per una qüestió política i ideològica que discrimina els progenitors sense parella i amb infants, en concret les mares soles, que són la majoria.

Catalunya i el País Valencià són les úniques comunitats autònomes que compten amb marcs jurídics específics que defineixen les famílies monoparentals com a model familiar i regulen la seva situació i drets.[62] A Catalunya, des de l'any 2009, la legislació reconeix les famílies monoparentals i n'equipara els drets als de les famílies nombroses.* No obstant això, una investigació duta a terme pel Síndic de Greuges el 2017 va destapar que les ajudes a ambdós models de família no estaven plenament homologades i, en conseqüència, el Síndic va instar la Generalitat de Catalunya a garantir les mateixes mesures de discriminació positiva tant a les famílies monoparentals com a les nombroses, tal com recollia la llei.[63] Al País Valencià, el 2018 va entrar en vigor el decret de famílies monoparentals, el qual en regula el reconeixement.[64]

El debat a poc a poc s'ha anat obrint també en altres parlaments autonòmics, amb resultats desiguals. Ho hem vist en el transcurs del 2018 a Andalusia, Madrid, Galícia i Navarra. A Andalusia, el govern autonòmic va anunciar, a mitjan any, que tenia previst desenvolupar un decret específic per crear el primer registre andalús de famílies monoparentals,[65] però en finalitzar la legislatura la iniciativa encara no s'havia dut a terme, i per tant la proposa, va quedar en paper mullat. Tot i així, es van aconseguir alguns avenços i concessions específiques en la nova Llei de promoció de la igualtat de gènere a Andalusia, aprovada el 2018. A l'Assemblea de Madrid, al setembre, PP i Ciutadans van vetar la proposició de llei impulsada per Podem per definir legalment aquestes famílies, i en van posposar el reconeixement fins al 2021.[66] A Galícia, també al setembre, a iniciativa del Bloc Nacionalista Gallec, es va instar el Parlament a aprovar una legislació que reconegués les especificitats i els drets dels nuclis familiars monoparentals, però el Partit Popular va impedir que la proposta prosperés.[67] El Parlament de Navarra, a l'octubre, va aprovar per unanimitat la presa en consideració de la proposició de llei foral per a l'acreditació de les famílies monopa-

* Tot i que la llei que reconeix les famílies monoparentals data de 2003, no va ser fins l'aprovació del Decret 151/2009 que aquest dret es va fer efectiu.

rentals, impulsada per Podem.[68] Veurem, en totes aquestes comunitats, com evoluciona el debat.

Sense un entorn personal, familiar, social i institucional que et doni suport és molt difícil ser mare per compte propi. Tenir criatures en aquestes circumstàncies acaba sent un privilegi. «Sempre he pensat en ser mare pel meu compte, amb inseminació artificial. Ho faria ja, aquest any. Ho faria si tingués un sou decent i un contracte decent», explica una jove de trenta anys. Una altra, amb un salari que amb prou feines arriba als 900 euros al mes, afegeix: «No tinc nòvio i això em frustra. He pensat en apuntar-me a una llista d'aquestes per adoptar però... jo sola? I si no puc mantenir-lo? I si me'n donen un quan en tingui gairebé quaranta? M'agradaria poder decidir quan tenir-lo, per mi m'inseminaria demà. Però és caríssim. Només em queda esperar i veure si en uns dos o tres anys la meva situació ha canviat una mica».[69]

La falta d'ajudes no és una cosa que afecti només les famílies monoparentals. En general, el Govern espanyol, independentment del color polític, no ha desenvolupat mesures significatives que tinguin com a objectiu ajudar les famílies, la infància i la criança, a diferència d'altres països europeus.[70] Tenir cura de les criatures depèn de la situació particular de cadascú, de tenir feina, patrimoni, xarxes familiars. La manca de suport a la criança té un clar biaix de classe, i s'acarnissa en particular amb els sectors més pobres. Les famílies monoparentals són les més castigades, ja que una persona sola tindrà, normalment, menys renda i temps per dedicar a la família.[71]

Maternitats adoptives

Les formes de ser mare són múltiples, i no es limiten a la maternitat biològica. Les maternitats adoptives en són un exemple. En les últimes dècades, la percepció que se'n té ha canviat de manera significativa; ha deixat de ser un fenomen invisible, fins i tot tabú, per passar a ser una pràctica socialment normalitzada.

A l'Estat espanyol, l'any 2016, es van portar a terme 567 adopcions internacionals, un 29% menys que l'any anterior, i 588 adopcions de criatures nascudes aquí, un 6% més que el 2015.[72] Les adopcions internacionals segueixen una tendència a la baixa, i han retrocedit un 90% respecte a les que es van produir el 2004, quan se'n van fer unes 5.500 i l'Estat espanyol era el país europeu on hi havia més processos d'adopció internacional i el segon del món, just per darrere dels Estats Units. Una dinàmica descendent que no és exclusiva d'aquí. A escala global, el nombre d'adopcions internacionals entre els anys 2004 i 2011 va caure un 52%.[73]

Les causes tenen a veure amb el fet que la majoria dels països d'origen han reformat la legislació per limitar el perfil de les persones que adopten, en certs casos prohibint l'adopció a parelles homosexuals o a persones soles, i fins i tot alguns ara veten les adopcions internacionals. L'administració espanyola, per la seva banda, ha suspès o limitat la tramitació d'adopcions amb determinats països fins a tenir garanties que el procés es duu a terme correctament. També han canviat les característiques de les criatures a adoptar, amb majors de sis anys i amb infants amb necessitats especials. Les traves burocràtiques en l'assignació inicial del menor i en el transcurs del procés són habituals, i els tràmits d'adopció sovint es retarden o fins i tot queden paralitzats de manera definitiva,[74] cosa que desanima d'altres famílies a iniciar el procediment.

L'adopció de menors nascuts a l'Estat espanyol, en canvi, s'ha mantingut més estable, i fins i tot es dona una lleugera tendència a l'alça. Les dificultats per adoptar internacionalment han comportat un increment de les peticions per iniciar aquest procés aquí. Entre els anys 2014 i 2015, el nombre de sol·licituds es va duplicar, i va passar de les 1.400 a les gairebé 2.900, mentre que del 2015 al 2016 la xifra va retrocedir fins a les 1.500.[75]

La maternitat adoptiva implica una tríada: la mare que adopta, la mare biològica, les seves respectives famílies, i el menor. La mare adoptiva, sola o en parella, arriba a la maternitat després de renunciar a una maternitat biològica, ja sigui de manera voluntària o obligatòria, per problemes d'infertilitat, i fins pot arribar a l'adopció després d'un llarg procés de reproducció assistida. La mare biològica que, en alguns casos, renuncia a la maternitat i dona la criatura en adopció —ja sigui per motius econòmics, personals, familiars— o bé, en d'altres, se li retira la custòdia, però lluita per obtenir-la de nou. I, finalment, el menor adoptat, que porta una motxilla pròpia des que va ser engendrat fins arribar a la nova família, amb una sèrie de necessitats específiques. La comprensió i acceptació d'aquesta tríada és fonamental per al desenvolupament satisfactori del procés d'adopció.[76]

Ho explica així una mare adoptiva: «Jo crec que hem de tenir cura en no restar importància de les mares biològiques de les nostres filles. La meva té tres mares: la mare biològica, la d'acollida i jo. Cadascuna li hem donat alguna cosa, i ella porta una mica de totes nosaltres». Però hi ha mares adoptives que opinen d'una manera molt diferent. «De mare només n'hi ha una, [per això] jo mai he pensat en parlar-los als meus fills de segones o terceres mares. Crec que els seria molt difícil d'entendre-ho i els crearia dubtes inútils. Quan els parlo de la mare biològica, dic "la senyora que et va portar a la panxeta" i ja està. Sempre serà "la senyora". Mai els diria "la teva primera mama". Per a ells, la seva mare seré sempre jo», explica una altra. La maternitat múltiple, el multimaternatge, genera una gran incomoditat, malgrat ser una part inherent de tot procés d'adopció. Negar-la o amagar-la vulnera els drets dels que han estat adoptats. Es tracta dels silencis de l'adopció que encara, per desgràcia, perduren.[77]

La maternitat adoptiva i la biològica tenen molts punts en comú: voler el millor per al fill o la filla, la qualitat del vincle, el sentiment de pertinença, l'assumpció d'uns determinats rols. Tanmateix, es construeix des d'una experiència vital i corporal diferent. La maternitat adoptiva requereix d'uns processos administratius específics, que varien en funció de si es tracta d'una adopció estatal (amb tràmits per aconseguir el certificat d'idoneïtat, realització d'entrevistes, cursos de preparació, acolliment familiar preadoptiu, resolució del jutge sobre l'adopció) o internacional (contactar amb l'organisme competent que gestiona els processos d'adopció, obtenir la idoneïtat, iniciar un procés administratiu aquí i després al país d'origen de la criatura, esperar la concessió de l'adopció, així com la resolució judicial que la validi), i implica una vivència emocional particular (fruit d'haver d'afrontar un procés administratiu extremament llarg i extenuant, acceptar una no maternitat biològica, assumir la història del petit, gestionar el com li ho expliquem). El mateix passa amb altres formes d'accedir a la maternitat, que tenen les seves particularitats, com la que es produeix mitjançant tècniques de reproducció assistida. La diferència mai hauria de ser motiu de discriminació o estigma, sinó de riquesa.

«Una família adoptiva no és el mateix que una família biològica», afirmava el psicòleg H. David Kirk en el seu influent llibre *Shared Fate* ['Destí comú']. Segons l'autor, el que fa que una família adoptiva tingui èxit no és que s'assembli a una família biològica, sinó que sigui conscient, com a família, que en el procés caldrà fer front a diferències per a les quals potser no es tenen totes les respostes, però que s'està disposat a tirar endavant, perquè ser pare o mare, adoptiu o biològic, és procurar a les criatures un desenvolupament el més complet i feliç possible.[78]

Madrastres

Si hi ha un personatge antagònic a la mare ideal, aquesta és la madrastra, estigmatitzada en mil i una històries. Al parlar de madrastres, a qui no li ve al cap la madrastra de la Blancaneus, que va ordenar assassinar-la; la de Hänsel i Gretel, que va convèncer el pare dels petits per abandonar-los al bosc, o la de la Ventafocs, que va maltractar la jove vexant-la amb durs treballs domèstics. Els contes dels Germans Grimm, la majoria àmpliament difosos per Walt Disney, han fet molt de mal a les madrastres de carn i ossos, però també a les dones en general. Els seus personatges femenins, sempre malvats o subalterns, han quedat instal·lats en l'imaginari col·lectiu. En canvi, no ha succeït el mateix amb la figura del padrastre, que té un caràcter més ambigu i pot ser considerat un mal home o el salvador de la mare.

Els sentiments de les madrastres, però, no tenen res a veure amb el que diuen els contes. Ho explica l'escriptora Jenn Díaz a *Diario de una madre sin hijo*, un relat a cavall entre la ficció i l'autobiografia a partir de l'experiència d'exercir com a mare de la filla del seu company. «Aquesta és la meva vida i a vostès els la mostro: la vida d'una mare. No té gaire valor social perquè no he tingut fills, però treballo i m'esforço per educar, estimar i ensenyar-li coses (...). Em preocupo si li passa quelcom, el mateix si necessita afecte, la felicito si fa alguna cosa bé i la corregeixo si considero que s'ha equivocat —tot igual que una mare, fins i tot el cansament. Avantposo els seus interessos als meus i em sacrifico sense parar atenció al que fa que tot sigui diferent: no és la meva filla», escriu.[79]

En una societat com l'actual, amb estructures familiars canviants, fruit de l'increment de divorcis i separacions, les madrastres ja no són una raresa. El 2017 es van registrar 102.000 sentències de nul·litat, separació i divorci, un 1% més que l'any anterior.[80] Una tendència que ha donat lloc a l'increment de famílies integrades per dos adults, on un d'ells com a mínim aporta les criatures d'una relació anterior. Són el que s'anomenen nuclis familiars «reconstituïts».[81] A l'Estat espanyol, el 2011, un 7,4% de les parelles heterosexuals amb almenys un descendent menor de divuit anys configurava una família d'aquest tipus. Tot i que en els darrers anys el creixement d'aquest model ha estat important, continua sent inferior al d'altres models familiars, com els nuclis monoparentals, sorgits també de processos de divorci o separació.[82] A Catalunya, gairebé un de cada deu fills o filles viu en una d'aquestes famílies, les quals representen el 6,6% dels nuclis familiars amb descendents, amb dades de 2011.[83] No és un fenomen inèdit, ja que en altres períodes històrics amb altes taxes de mortalitat, les persones vídues refeien la vida amb noves parelles, juntament amb les seves criatures.

Si bé la dinàmica de reconstitució familiar està molt vinculada a l'augment del nombre de divorcis, l'increment de la immigració també ha tingut un impacte directe en aquesta tendència a l'alça. De fet, el 2011, en un 42% d'aquestes parelles, un dels dos membres (19,6%) o bé tots dos (22,4%) eren d'origen estranger, majoritàriament llatinoamericà.[84]

Els prejudicis que pesen sobre les madrastres afegeixen encara més dificultats a una situació ja de per si difícil: construir una família amb adults i menors que venen d'experiències anteriors. Per acabar amb l'estigma, hi ha qui proposa un canvi de nomenclatura. Aquest és l'objectiu del projecte Va de papus, que ofereix a aquestes famílies recursos (terminològics, literaris, psicològics...) per avançar en els respectius projectes familiars. Així, paraules com *madrastra* i *padrastre* troben una alternativa en noms com *mamu* i *papu* o *mare afí* i *pare afí*. També difonen el concepte de *família enllaçada*, enfront d'altres més utilitzats com el de *família reconstituïda* o *recomposta*, els quals carreguen amb una sèrie de connotacions negatives, com una cosa a refer-se, un tornar a intentar-ho, arrossegant un judici de valors sobre el que és correcte o desitjable.[85] Una proposta que s'inspira en les reflexions de la terapeuta familiar argentina Dora Davison, la qual promou a l'Amèrica Llatina el terme alternatiu de famílies *ensamblades*.[86] Acabar amb els prejudicis implica també repensar les paraules.

El ventre és meu

Un dels debats recents sobre la maternitat, i objecte de polèmica, és el que té a veure amb la maternitat subrogada, els ventres de lloguer. En particular, arran del registre al Congrés dels Diputats, el juny de 2017, d'una proposta de llei per part de Ciutadans amb l'objectiu d'autoritzar aquesta pràctica, actualment prohibida en l'ordenament jurídic. Una iniciativa política que més que respondre a una demanda real generalitzada, buscava satisfer els interessos del negoci creixent de la reproducció assistida

La gestació subrogada no és una tècnica reproductiva més, sinó un procés biològic mercantilitzat pel sistema capitalista, que busca apropiar-se de la capacitat de gestació de les dones i convertir l'úter i l'embaràs en objecte de negoci. Els contractes signats, de caràcter irreversible, obliguen les mares gestants a renunciar al seu cos, a la dieta alimentària o a altres pautes de vida quotidiana en el transcurs dels nou mesos que dura l'embaràs, un fet que vulnera les seves llibertats individuals. S'arriba a afirmar que la mare subrogada no té res a veure amb el nadó perquè l'embrió no porta la seva càrrega genètica. Però s'ha demostrat que les dones embarassades poden arribar a modificar el genoma de l'embrió encara que l'òvul sigui d'una altra dona, un procés que es dona abans que aquest s'implanti a l'endometri,[87] i els seus hàbits són determinants en el desenvolupament embrionari. La mare gestant, tanmateix, és mare perquè durant nou mesos porta dins seu aquest nadó.

No són poques les mares subrogades que han estat obligades a avortar un dels fetus, en general en casos d'embarassos múltiples, i és la part contractant la que tria de quin desprendre's, sovint en funció del sexe. Si la dona s'hi nega, és denunciada, ja que no té dret a retractar-se del contracte signat. Fins i tot en casos en què aquesta s'ha ofert a fer-se càrrec del fetus del qual se l'obligava a avortar, se li ha rebutjat la petició. Melissa Cook n'és un exemple, una mare de quatre criatures, de quaranta-vuit anys de Califòrnia als Estats Units, i que va ser contractada per un home de cinquanta anys de Geòrgia perquè se li implantessin tres embrions, a canvi d'una remuneració de 33.000 dòlars (uns 28.000 euros). Al cap d'unes setmanes, quan es va constatar que els tres embrions s'havien implantat amb èxit, l'home va començar a pressionar-la perquè n'avortés un. En cas de no fer-ho, la va amenaçar de portar-la a la ruïna econòmica. Melissa Cook va decidir, malgrat el que havia signat i les coaccions rebudes, seguir endavant amb l'embaràs múltiple, i a la setmana trenta de gestació va donar a llum els trigèmins.

Tanmateix, ni tan sols va poder veure els nadons després del part ni saber si es trobaven en bon estat de salut. Tota informació li va ser negada, per ordre expressa del pare contractant. Una situació que es dona sovint. Els trigèmins van haver de passar tres mesos a l'hospital a causa de la seva prematuritat, dels quals el pare tan sols va estar amb ells entre tres i quatre dies.

Melissa Cook va portar el cas als tribunals, on va demanar la custòdia del nadó que volien que avortés, i fins i tot es va oferir a fer-se càrrec dels altres dos si es trobaven atesos en males condicions, com diverses fonts semblaven indicar. El Tribunal Federal, el maig de 2016, va denegar-li la demanda. Un dels arguments esgrimits va ser que «no es podien tenir en compte els drets dels infants».[88] Mig any més tard, l'octubre de 2017, va ser la germana del pare contractant qui va denunciar, amb proves fefaents, les males condicions en què l'home mantenia els infants, als quals obligava fins i tot a menjar del terra.[89] Melissa Cook continua la batalla judicial, apel·lant ara al Tribunal Suprem. Experts de l'Organització de les Nacions Unides assenyalen que en la mesura que el mercat de la subrogació s'estén, les criatures corren el risc de convertir-se en meres mercaderies.[90]

En altres països on es permet aquesta pràctica, com a Ucraïna, l'Índia, Tailàndia o Rússia, s'han confirmat també múltiples abusos. El Govern espanyol, per posar un cas, desaconsella iniciar aquest procediment a Ucraïna, perquè no hi ha garanties sobre el tracte que es dona a les mares gestants ni transparència suficient per part de les clíniques.[91] La BBC, l'any 2016, va portar a terme una investigació sobre les condicions amb què es trobaven les mares subrogades a l'Índia. El seu perfil era el d'una dona pobra que, fruit de la misèria i els deutes familiars contrets, decidia ser mare gestant a canvi d'unes 200 mil rupies (2.500 euros). Les dones, com destapava la investigació, havien de romandre tancades els nou mesos d'embaràs en centres que no podien abandonar sota cap concepte, on els controlaven els hàbits alimentaris, les hores de descans, la medicació, i només podien rebre els seus familiars com a molt un cop al mes. Quan naixia el nadó, ni tan sols podien veure'l. Se'ls negava tota informació sobre el seu estat de salut. Les dones índies entrevistades expressaven el dolor i l'angoixa viscudes, fins i tot mesos i anys després del part, pel lliurament del bebè, i en particular per no saber absolutament res sobre la situació de l'infant.[92]

I, què passa amb el bebè que és allunyat de la mare gestant només néixer? Qui té en compte les conseqüències que això tindrà per a aquesta criatura? «El nadó gestat per subrogació, igual que tots els de la nostra espècie, espera trobar-se en néixer amb la dona que l'ha gestat i que per a ell és la seva única mare —explica la psiquiatra infantil i perinatal Ibone Olza—. Ser separat d'aquesta només néixer i probablement no tornar-la a veure més significa un trauma i una pèrdua enormes, equivalents al fet que la mare mori en el part. (...) La gestació subrogada comporta infringir una ferida psíquica enorme a un nadó». Hi haurà, tal vegada, qui pensarà que el mateix li succeeix a una criatura donada en adopció, però hi ha una gran diferència. «L'abandonament o rebuig que precedeix l'adopció —com afirma Olza— (...) és una cosa que, si ets el fill o la filla, "et passa". Que decideixin gestar-te al ventre d'una mare de la qual et separaran només néixer és una cosa que "et fan" (...). La teva família decideix fer-te passar per aquest embaràs i part amb separació posterior, i causar-te el dany de la separació, posant per davant de tot el seu presumpte dret a ser pares».[93]

Unes pràctiques que ens recorden la trama de la sèrie de ficció *The Handmaid's Tale* ['El conte de la serventa'] (2017-2018), on en una societat distòpica sotmesa a un govern totalitari, i en què els índexs de fertilitat han caigut en picat, les dones fèrtils són convertides en esclaves dels líders de la pàtria, amb l'objectiu que, després de violar-les, els garanteixin descendència. «No som concubines, som úters amb potes», afirmava la protagonista principal, Offred, en el segon episodi de la primera temporada. La ficció a vegades s'apropa perillosament a la realitat.

La maternitat subrogada és possible per les desigualtats econòmiques, que empenyen dones pobres a llogar els seus ventres perquè d'altres puguin tenir infants. No hi ha una demanda social de dones que vulguin ser gestants altruistes. Així mateix, contractar un procés de gestació subrogada no és a l'abast de totes les butxaques. El cost pot anar dels 45.000 i 60.000 euros en països com Tailàndia, Ucraïna o Mèxic fins als 100.000 euros o més als Estats Units.[94] Voler ser mare o pare és comprensible, però no es poden avantposar desitjos individuals a drets col·lectius i de tercers, com els de les criatures i les mares gestants. I un altre tema que no podem oblidar: l'ingent negoci privat darrere dels ventres de lloguer.

Mares, nadons i política institucional

N'hi ha que no suporten que les dones decidim com i on criar. La maternitat està ben vista i acceptada sempre que es limiti a l'àmbit de la llar, a l'espai l'individual, que cadascuna s'ho manegui com pugui, això és el que volen, sense qüestionar les dinàmiques del treball productiu, el model socioeconòmic ni el sistema patriarcal. Quan la diputada de Podem Carolina Bescansa va aparèixer amb el seu nadó de sis mesos a la sessió de constitució de les Corts al Congrés dels Diputats, el gener de 2016, i li va donar mamar a l'escó, la indignació, entre determinats sectors, va ser màxima. «Que el porti a la llar d'infants del Congrés, que per això hi és», van exclamar alguns.[95] En el món dels partits i els càrrecs públics, les criatures només són benvingudes per fer-se fotos en campanya electoral.

Una cosa semblant li va passar a l'alcaldessa de Barcelona, Ada Colau, quan just després de guanyar les eleccions municipals, el maig de 2015, va confessar que el que portaria pitjor seria passar poc temps amb el seu fill. «Si vol ser mare, que se'n vagi a casa i s'oblidi de ser alcaldessa», va etzibar-me una tertuliana, que per a més inri anava de feminista, en un plató de televisió. Quan Ada Colau va donar a llum per segona vegada, dos anys després d'assumir el càrrec, el debat es va plantejar de nou. Es pot ser mare i alcaldessa? N'hi ha que creuen que no, especialment si es vol dedicar temps als infants.

Per als que així parlen, el problema no és un càrrec i una institució que impedeixen i fan gairebé impossible la conciliació entre la vida política i la personal, sinó el fet d'expressar en públic aquesta queixa. Ser alcaldessa comporta unes responsabilitats importants i compromisos que no tenen horari, però, això ha de ser incompatible amb la criança? La cura dels petits, per a alguns, que fins i tot s'autoanomenen progressistes, hauria d'estar relegada a la llar, a l'esfera privada i invisible. Una conciliació difícil amb la qual es troben quotidianament milers de dones i homes anònims, les odissees dels quals no mereixen cap atenció ni generen debats públics.

Ada Colau no és la primera dona que té una criatura exercint un càrrec de màxima responsabilitat institucional, i encara menys l'única que l'ocupa sent mare. No oblidem Susana Díaz i Carme Chacón embarassades al capdavant de la Junta d'Andalusia o del Ministeri de Defensa, respectivament, o Soraya Sáenz de Santamaría, que va assumir el càrrec de vicepresidenta del Govern pocs dies després de donar a llum. La diferència rau en el fet que, mentre que elles van fingir que no hi havia cap problema, i van afirmar que conciliaven amb normalitat, Colau ha expressat el seu malestar per la dificultat que implica compaginar el càrrec d'alcaldessa amb el fet de ser mare.

Però, quina societat construirem si aquells que estan al capdavant de les institucions donen l'esquena a la maternitat? I dic maternitat entesa com l'exercici de cuidar, independentment que ho faci la mare o el pare. Un treball de cures imprescindible per al sosteniment i la reproducció de la vida, però menyspreat en una societat capitalista, mercantilitzada i individualista com l'actual. Visibilitzar i donar centralitat a la maternitat, la criança i les cures és el que tant molesta. No és el fet de ser mare en si, sinó una determinada manera d'entendre com ser-ho.

1.3. Un destí ineludible

Ser mare i feminista

Quan amb tota la il·lusió del món em vaig quedar embarassada, i vaig començar a preguntar-me sobre el part i la criança, vaig adonar-me que al llarg dels meus anys d'activisme, d'assistir a múltiples assemblees, debats, reunions, formacions, etc., moltes de les quals de caràcter feminista, mai ningú havia plantejat el tema de la maternitat. Sí que havia llegit, discutit, sortit al carrer en defensa del dret a l'avortament, que no és sinó una altra cara de la maternitat, però la idea de ser mare en si, del que implica socialment i políticament, mai ningú, en cap dels diversos espais en què havia participat, no l'havia esmentat.

Crec que és molt significativa l'experiència en primera persona que explicava Patricia Merino al llibre *Maternidad, igualdad, fraternidad*, quan en l'eclosió del moviment dels indignats, el 2011, a Madrid, va recórrer assemblees, comissions de treball, reunions de l'àrea de feminismes, i va intentar aportar algunes propostes sobre infància, família i conciliació. Quina va ser la resposta? «Quan el personal escoltava les paraules *infants*, *criança*, *mares* i *pobresa*, el desinterès se'ls dibuixava a la cara.»[96] Les seves propostes no van tenir acollida. La maternitat és un tema menystingut i oblidat pels moviments socials, també pels feminismes. Tot i que a poc a poc això ha començat a canviar.

No és fàcil ser mare, o pare, i anar a assemblees que comencen tard i acaben a hores intempestives, on és difícil a més portar els petits (que corren, criden i no s'estan quiets). La militància no està pensada perquè sigui compatible amb la criança. És clar que hi ha progenitors que se les empesquen per encaixar-hi, però no és fàcil. Una mare sola m'explicava com podia assistir a les reunions de l'assemblea de barri perquè tenia el suport de la gent que en formava part. Acollir progenitors i els seus petits en àmbits d'activisme social només és possible si els repensem des del punt de vista de les cures.

Abans de quedar-me embarassada, i quan en els espais on participava començaven a haver-hi dones que pensaven tenir criatures i alguna en tenia i les portava a les reunions, es va començar a plantejar que algú se'n fes càrrec mentre la resta estàvem reunits. El problema era que només hi havia un nen per cuidar, no era una demanda generalitzada. Què vull dir amb això? Que en la mesura que molts adults amb infants a càrrec ja no es troben en els espais de militància, la necessitat no es fa evident. És un peix que es mossega la cua. Això no vol dir que no hi hagi excepcions. La multiplicació d'espais que plantegen alternatives en la vida quotidiana (grups de consum ecològic, xarxes d'intercanvi, horts urbans...), per les seves característiques i perquè sovint compten amb famílies amb menuts, incorporen més fàcilment aquesta demanda.

En els darrers anys, però, l'interès i el debat sobre la maternitat han anat a més. No sense tensions, la maternitat s'ha fet un lloc en els debats feministes i polítics. La crisi dels sistemes de benestar i la mercantilització generalitzada de la vida, d'una banda, i el canvi del paper de la dona en la societat i en l'estructura familiar, de l'altra, han revitalitzat les discussions sobre el que implica ser mare. Al mateix temps ha emergit una nova generació de dones, en un context d'aparent consecució de mesures igualitàries i on tenir infants ja no és vist com un destí ineludible, que es replantegen el paper i el significat de la maternitat en clau emancipadora i d'experiència que val la pena ser viscuda.

Preguntar-se per la maternitat

«El meu organisme rebutjava el paper de mare (...) Aquell mal període no volia acabar de passar, va ser un temps lent i angoixant. A la nit, coixejant, portava la nena amunt i avall pel passadís i ja no li xiuxiuejava paraules sense sentit, la ignorava i intentava pensar en mi, sempre tenia un llibre a la mà, una revista, encara que no aconseguia llegir gaire (...) Les coses que escrivia van perdre energia, només intentava demostrar la meva habilitat formal i acabava fent un garbuix sense substància».[97] Així s'expressava Elena Greco, Lenù, una de les dues protagonistes principals de la novel·la *Una fuig, l'altra es queda*, d'Elena Ferrante, tercer volum de la saga *L'amiga genial*, pocs mesos després de donar a llum la seva filla Adele. Lenù, escriptora, es veia desbordada per una maternitat recent, amb una bebè que plorava a tothora, i que li impedia desenvolupar el seu treball literari.

Les vivències de Lenù ens plantegen alguns dilemes clàssics de la maternitat. Un tema pel qual artistes i escriptores s'han preguntat sovint a través de la ficció o de relats autobiogràfics, interrogant-se sobre com articular la pràctica de la maternitat i el treball creatiu. D'aquesta manera, han portat al seu terreny els problemes més generals que tenim les dones per compaginar vida personal, professional i criança. Un món, el de les mares, que sovint queda reduït a les de la nostra mateixa condició, les dones que et trobes al parc amb els petits, a l'espai de criança, al grup de postpart, cercles socials molt estrets que venen determinats per la condició materna.[98]

L'escriptora Jane Lazarre, a *The Mother Knot* ['El nus matern'], les seves memòries publicades el 1976, narrava el sentiment de pèrdua d'identitat personal al convertir-se en mare. «Ens estremirem de fred al saludar-nos i comentarem alguna cosa sobre el temps o el nadó, però sobre els marits no direm absolutament res, ells, que fins que no caigui la nit no tornaran a casa per ajudar-nos amb els nens xops, gelats o malhumorats; i de nosaltres, en parlarem menys encara. Pels fills, pels homes absents i per nosaltres mateixes, només som mares. Soc la mare del Benjamin i, d'aquí a uns minuts, diré 'bon dia' a la mama del Matthew», escrivia.[99] La maternitat aclapara, absorbeix. Com gaudir i aprendre'n sense ser consumida? Sense quedar reduïda a «mare» o «mare de»? Aquest és el dilema de moltes feministes que no han volgut renunciar a tenir infants.

Malgrat aquestes reflexions, la maternitat és una de les grans absents de la literatura. Trobem infinitud de manuals, revistes i llibres d'autoajuda sobre l'embaràs i la criança, però si busquem en la novel·la, la poesia, el teatre, hi ha molt poques obres. La literatura ha estat des d'antic territori masculí. Quan la maternitat apareix en els textos firmats per homes, ho fa des del punt de vista del marit o el fill.[100] La vida de les mares queda invisibilitzada, i malgrat que hi ha hagut escriptores que han deixat constància de les seves vivències en obres notables, els treballs que han escrit no han tingut la mateixa difusió que els dels seus homòlegs masculins. El patriarcat no només ha silenciat l'experiència materna en l'àmbit social, sinó també en el cultural.

Ambivalència

La maternitat implica un nou equilibri vital, marcat per la tensió interna i les contradiccions. «Els meus fills em causen el sofriment més exquisit que hagi experimentat mai. Es tracta del patiment de l'ambivalència: l'alternança mortal entre el ressentiment amarg i els nervis sense límits, i la major gratificació i tendresa. (...) Potser sigui un monstre —una antidona—, un ésser sense voluntat, dirigit, i sense recursos per experimentar els consols normals i atractius de l'amor, la maternitat i l'alegria en els altres», escrivia Adrienne Rich el 1976.[101]

Ambivalència ha estat des d'aleshores un concepte clau per a la reflexió feminista sobre la maternitat, tant en el sentit psicològic com en el cultural o el social. Aquesta forma part intrínseca del fet de ser mare, és quelcom omnipresent, que s'expressa a partir de sentiments, actituds i pensaments contradictoris.[102] Una idea que recorre tot l'assaig autobiogràfic *The Mother Knot* de Jane Lazarre, per a qui «l'únic etern i natural en la maternitat és l'ambivalència i com es manifesta durant els cicles de separació i unió amb els nostres fills, que se succeeixen contínuament».[103] Acceptar l'ambivalència com a part consubstancial de la maternitat ens ajuda a tenir una experiència materna positiva i evitar el sentiment de culpa quan la frustració ens desborda. No hi ha cap altra persona a qui estimem tant com als nostres fills i filles, però sovint no podem més amb ells.

Les reflexions d'Adrienne Rich o Jane Lazarre sobre l'ambivalència, i les cares contraposades de la maternitat, corresponen a un període històric en què les relacions entre patriarcat, emancipació femenina i maternitat eren molt més rígides que avui. Les seves experiències personals reflecteixen dificultats vitals més grans que les de la nostra generació, però les obres que van escriure segueixen constituint un bon punt de partida per entendre la complexitat i els sentiments contradictoris que implica ser mare. Rich i Lazarre van inaugurar una reflexió assagística i autobiogràfica de la maternitat, en clau feminista, que ha tingut continuïtat en altres veus. Una de les últimes, la de la poetessa Hollie McNish amb *Nobody Told Me* ['Ningú em va dir'], a cavall entre el diari i la compilació de poemes, on l'autora retrata, amb tota cruesa, els primers anys de la seva maternitat, entre l'esgotament i la tendresa, la por i l'amor.[104]

L'experiència ambivalent ve molt determinada per la posició social de les mares. Les dones de classe mitjana i alta, i de nivell cultural elevat, es debaten entre com fer compatible la maternitat i la carrera professional, i busquen la manera d'encaixar el nou rol de mare en la identitat pròpia. Les seves reflexions les podem llegir en llibres i articles que han escrit. Però, què passa amb aquelles a qui no veiem, escoltem ni llegim? Per a les mares pobres, l'ambivalència ve marcada per les dificultats econòmiques. Com alimentar i vestir a les criatures si amb prou feines s'arriba a final de mes? Com tenir-ne cura si no es disposa de temps lliure? Heus aquí les seves preocupacions i angoixes.

L'ambivalència pot prendre formes múltiples i tenir conseqüències diverses, amb un caràcter positiu o negatiu. D'una banda, pot ser gestionable i ajudar-nos en la relació quotidiana amb l'infant, a buscar respostes creatives als reptes que ens planteja la maternitat. De l'altra, pot ser ingestionable i generar-nos un sentiment de rebuig cap al nadó.[105] D'aquí que sigui tan important assumir amb normalitat les contradiccions de la maternitat. Tenir un nadó dona lloc a una munió de sentiments ambivalents. Pots viure en l'eufòria més absoluta, sentir un amor incondicional pel petit, i al mateix temps estar esgotada i no poder més amb el treball de cures que necessita.

Més enllà, ser mare pot resultar una experiència ja no ambivalent sinó traumàtica, amb dones que es penedeixen d'haver donat a llum. Ho afirma l'escriptora Orna Donath en el polèmic llibre *Regretting Motherhood* ['Mares penedides'].[106] Una obra que té la virtut d'entrar en un terreny poc explorat, el del penediment de la condició materna. Tanmateix, acaba construint una etiqueta simplificadora que pot cridar l'atenció, però que obstrueix una anàlisi més de fons. Donath parteix a més d'un àmbit d'estudi sociològic molt particular, el d'un grup de dones jueves d'Israel, amb unes trajectòries vitals marcades pel context social i religiós, que es fa difícil generalitzar. Malgrat tot, parlar de la dimensió traumàtica de la maternitat, de la no-reconciliació de les dones amb l'experiència materna, permet trencar amb l'ideal de maternitat patriarcal de sempre o amb la seva versió moderna consumista.

El tabú de la depressió postpart

El postpart de color rosa que ens ven la premsa del cor, amb famoses que als pocs dies de parir tornen a estar «estupendes», recuperen la figura i reprenen la vida pública, no ens fa cap favor com a mares. La maternitat i el postpart no són això. Una de les cares conegudes de Hollywood, l'actriu Keira Knightley, protagonista de pel·lícules com *Pride & Prejudice* ['Orgull i prejudici'] (2005), ho denunciava després de donar a llum. Knightley, que va tenir la seva filla just un dia abans que la princesa britànica Kate Middleton infantés la seva, el maig de 2015, criticava que aquesta última set hores després de parir ja posés davant les càmeres dels mitjans de comunicació presentant la bebè, «amb el maquillatge perfecte i els talons posats. El rostre que el món sencer volia veure». Una imatge que xocava amb la seva experiència:

«Amaga. Amaga el dolor, els cossos partint-se en dos, els pits gotejant, les hormones enfurismades. Posa't guapa. Que se't vegi glamurosa, no mostris el teu camp de batalla, Kate. Set hores després de batallar entre la vida i la mort, set hores després que el cos es trenqui, i que la vida, sagnant, cridant, sorgeixi de tu. No ho ensenyis. No ho expliquis. Queda't aquí dreta amb la teva nena i que et retratin un grapat de fotògrafs homes».[107] S'amaguen les cicatrius de l'embaràs i el part, com si la maternitat biològica fos possible sense cos.[108]

El puerperi, així com el conjunt del postpart, és un moment delicat per a la mare, perquè més enllà dels canvis hormonals, físics, en la vida quotidiana, en la relació de parella, poden emergir una sèrie d'emocions, fruit de les dificultats per complir amb els preceptes de la maternitat patriarcal, no sempre ben acceptades socialment. Se'ns diu que hem de ser súper mares, però en el postpart mai s'arriba a tot, encara menys si criem en soledat o si hem d'alternar la cura de la criatura amb altres tasques domèstiques o laborals. Una situació que pot donar lloc a un sentiment de frustració que ens fa creure que no servim per a res, que no en sabem, que no som bones mares.

La depressió postpart és la principal malaltia que pateixen les dones que acaben de parir. Als països desenvolupats, es calcula que afecta entre un 6,5% i un 13% de les dones en el transcurs de l'embaràs o el primer any després del part, i al voltant d'un 19% tenen un episodi depressiu en els tres primers mesos després de donar a llum, amb dades d'estudis publicats entre els anys vuitanta i principis de la dècada del 2000.[109] A l'Estat espanyol, i segons un estudi del Servei d'Obstetrícia i Ginecologia de l'Hospital Clínic de Barcelona, un 10% de les mares pateix depressió postpart en el puerperi, amb una depressió major en el 3,6% dels casos i una menor en el 6,5%.[110] La meva mare, després de parir-me, també va pensar que no seria capaç de tirar endavant. «No podia parar de plorar. Eres tan petita, tan dependent de mi, que pensava que no podria. I si et trobaves malament, i si et passava alguna cosa, com ho sabria? Què fer? Quanta responsabilitat! El teu pare se n'anava a primera hora del matí a treballar. Sort en vaig tenir de l'avi Ton i la iaia Elena, que venien cada dia a ajudar-me. Si no arriba a ser per ells, no sé què hauria fet. Jo era tan jove, amb vint-i-quatre anys, que tot em venia gran», em confessa la mare.

Les causes de la depressió postpart són múltiples, però haver patit violència obstètrica, amb un part altament intervingut, una cesària que no calia o la separació del nadó tan sols néixer, ens converteix en candidates. Les dones pobres també tenen més possibilitats de patir-la. Ho constata un estudi realitzat a l'estat d'Iowa, als Estats Units, amb dades de 1995 a 1997, que concloïa que un 40% de les dones amb ingressos inferiors a 20.000 dòlars anuals havien patit una depressió postpart, en contrast amb el 13% de les dones amb ingressos superiors als 80.000 dòlars.[111] El naixement d'un nadó, per a les dones amb pocs recursos econòmics és una font afegida de preocupacions i estrès, la qual cosa és caldo de cultiu per a la depressió postpart. Tenir una xarxa de suport pot ajudar a prevenir-la.

Una novel·la que ens presenta amb tota cruesa el patiment i la incomprensió cap a la depressió postpart és *No Mama No*, de Verity Bargate, on la seva protagonista, Jodie, narra en primera persona la profunda frustració que sent després de donar a llum el seu segon fill, Orlando, quan esperava en realitat tenir una nena. Un malestar que l'aboca a la depressió i a la neurosi. «El matí del dia que havíem de tornar a casa vaig demanar parlar amb la infermera o amb un metge (...). Vaig començar a balbucejar que m'enviaven a casa amb una criatura que no volia i que no podia fer-me responsable dels meus actes, i que vivia en un pis alt i que què passaria si tirava la criatura per la finestra perquè no la volia, no la volia, no la volia (...). Va dir-me [la metgessa] que no m'havia de preocupar, que jo sabia el que sentia i amb això ja tenia guanyada la meitat de la batalla (...). Tot s'arreglaria perquè em donaria unes pastilles estupendes que em farien sentir millor», explica.[112]

La depressió postpart és una qüestió incòmoda, fins a cert punt tabú, perquè mostra la cara fosca de la maternitat, aquella que s'oposa a l'ideal de mare feliç i angelical que ens han venut. Per aquest motiu, les dones que la pateixen es neguen a demanar ajuda, l'amaguen, se n'avergonyeixen, perquè consideren que això no és el que s'espera d'elles. La nostra cultura s'ha basat en silenciar la vida interior de les mares, en particular les experiències negatives o ambivalents. En conseqüència, les mares acabem disfressant la complexitat de la vivència materna. Així és la «màscara de la maternitat»,[113] un procés individual i col·lectiu que amaga les dificultats que implica ser mare i fa veure que en realitat no passa res, que tampoc n'hi ha per a tant o que tot va bé. La màscara silencia la maternitat real en favor d'una maternitat mitificada, en què la nostra experiència veritable no compta gaire. Amagar la depressió postpart és una de les conseqüències més dramàtiques.

Ho recull la novel·la gràfica *Good Moms Have Scary Thoughts* ['Les bones mames tenen pensaments esfereïdors'], de Karen Kleiman i Molly McIntyre, amb il·lustracions de mares que acaben de parir i que neguen com se senten. En una de les vinyetes, veiem una dona que li diu a una mare amb un nadó: «estàs fantàstica!». I ella li respon que «moltes gràcies». Però nosaltres podem llegir el que la mare pensa realment: «Estàs de broma? Que estic fantàstica? Si estic flàccida, nerviosa i deforme. No m'he dutxat des de fa dies. Em mortifica que em vegin en públic. Em comparo amb totes vosaltres, i intento aparentar que estic bé, perquè així ningú s'adoni de com de malament em sento. Per què em preocupa tant com estic? Per què? Com se suposa que s'ha de sentir una mare?».[114] Amb aquestes il·lustracions, les autores busquen trencar el silenci de la depressió postpart, que les mares s'hi reconeguin, vegin que no estan soles i expressin el que senten.

La sanitat pública hauria de tenir com a prioritat acabar amb la depressió postpart. Tanmateix, s'hi dediquen pocs recursos. El postpart és el gran oblidat. Jo, com tantes altres mares, després de parir vaig apuntar-me a classes de gimnàstica hipopressiva, que van molt bé per recuperar la musculatura abdominal i atenuar problemes d'incontinència urinària i prolapse d'òrgans pelvians. Anava al centre cívic del barri, en horari de matí, i a banda de les mares que feia relativament poc havíem donat a llum hi havia també moltes dones grans. El sol pelvià, el conjunt de músculs que formen el terra de la pelvis, és aquell gran desconegut per les dones fins que tenim criatures o som grans, i comença a donar problemes. Un dia després de classe, parlant de com havíem arribat fins allà, diverses mares em van explicar com després del part, al tenir problemes d'incontinència urinària o dolor en reprendre les relacions sexuals, van anar al metge, però aquest els va dir que això era normal, que ja els passaria. Les molèsties, però, no van remetre, i van acabar buscant-se la vida pel seu compte. Si això succeeix a vegades amb les conseqüències físiques de l'embaràs i el part, imagineu-vos amb les psicològiques. La situació és encara pitjor.

El servei públic de salut no compta amb recursos suficients per detectar i tractar la depressió postpart. Moltes de les mares que la pateixen no són diagnosticades. «Amb prou feines hi ha psicòlegs en els equips obstètrics o de neonatologia. (...) No tenim pràcticament unitats ni programes de psiquiatria perinatal ni existeixen les anomenades "unitats mare-nadó" on es poden ingressar de manera conjunta les mares que requereixen un ingrés psiquiàtric en el postpart [i el seu bebè], a diferència del que passa en altres països europeus», sentencia Ibone Olza.[115] Però la detecció primerenca és fonamental. El nou protocol de seguiment de l'embaràs a Catalunya, presentat el 2018, inclou com a novetat un cribratge sistemàtic per detectar estats depressius o d'ansietat en el transcurs de l'embaràs i el postpart, un pas endavant.[116] També ho és l'obertura del primer hospital de dia de salut mental per a mares amb nadons, a principis de 2018, a la Maternitat de l'Hospital Clínic de Barcelona.

La depressió postpart és precisament el tema central del relat clàssic *El paper de paret groc*, de Charlotte Perkins Gilman, escrit el 1890. Una història que narra la depressió d'una dona casada que acaba de donar a llum la qual és obligada, per prescripció mèdica, a fer repòs absolut. Davant d'aquesta recomanació, es retira a descansar a una casa de camp, acompanyada del seu marit, i es tanca en un dormitori decorat amb paper de color groc. «Tinc absolutament prohibit *treballar* fins que torni a estar bona. Personalment, no estic gens d'acord amb les seves idees. Personalment crec que una feina que m'agradés, a més d'una mica de diversió i canvi, m'aniria molt bé. Però, què s'hi pot fer? Sí que vaig escriure durant un temps, tot i que no ho volien; però *cansa* moltíssim haver de ferho amb tants subterfugis, o trobar-se amb una forta oposició», afirma la protagonista.[117]

El relat de Gilman s'inspirava en la seva experiència personal. Després del naixement de la seva primera filla, el 1885, l'escriptora va caure en una profunda depressió, que va arrossegar durant tres anys. El metge li va recomanar una cura de repòs, que la va condemnar a la inactivitat i l'ostracisme, i li va desaconsellar qualsevol tipus de treball intel·lectual i tasca que no fos la domèstica. Un tractament que va agreujar encara més el seu estat de salut i la va conduir al col·lapse emocional. No va ser fins que va decidir saltar-se els consells mèdics i tornar a l'activitat que va començar a millorar.

El conte *El paper de paret groc* va generar gran escàndol a l'època. Un metge va arribar a afirmar que no s'hauria d'haver escrit perquè era perillós per a la salut mental dels pacients. Tot i que, com la mateixa autora va explicar, sembla que la lectura de l'obra va portar l'especialista que l'havia atès a modificar els seus tractaments. Charlotte Perkins Gilman va escriure aquest relat per ajudar altres dones amb depressió postpart, instant-les a no seguir els consells mèdics i no sotmetre's a cures de repòs que en realitat eren contraindicades per superar la depressió puerperal.

El teu deure

En el transcurs de la història, la maternitat, com a construcció social i cultural, s'ha convertit en un destí ineludible per a moltes dones. La capacitat biològica femenina per gestar, sotmesa als dictats del patriarcat, ha esdevingut una font d'opressió. Les dones hem desaparegut rere la figura de la mare, en una societat patriarcal que identifica feminitat amb maternitat. Tot i que la funció materna ha anat variant en els diferents períodes històrics, segons l'època i el lloc, les mares hem estat sempre, d'una manera o altra, subjectes subordinats.

Hi ha indicis que apunten a l'existència de societats prepatriarcals més igualitàries en un període molt antic. Els descobriments arqueològics assenyalen que es tractaria de societats pròsperes i en pau, amb una forma de vida sedentària i arrelada a la terra. Sembla lògic que els nostres avantpassats, en la prehistòria, a l'observar que la vida emergia del cos de les dones, es plantegessin a partir d'aquesta constatació les preguntes universals sobre l'origen de l'univers, la vida i la mort. D'aquí que les formes més primitives de representació de poder diví en forma humana fossin majoritàriament femenines, amb deïtats amb pits i panxes prominents que representaven dones embarassades. Una cultura no estratificada, sense jerarquies notables, que fou derrotada per la invasió de pobles guerrers que van imposar una forma d'organització social patriarcal.[118]

A l'antiga Grècia, la funció de la dona era gestar, parir i criar, la maternitat era un deure i una obligació, i aquelles que no tenien descendència eren condemnades a l'ostracisme.[119] Les mares, en donar a llum, però, no perdien necessàriament el seu rol en la vida pública, i podien seguir participant en les cerimònies religioses, mantenint un vincle social més enllà del relacionat amb la condició materna.[120] Tanmateix, es considerava que les criatures eren engendrades pel marit, el qual tenia dret exclusiu sobre la prole. La dependència que els homes tenien de les dones per poder donar continuïtat al llinatge sempre va ser motiu de preocupació, el qual va quedar reflectit en obres i mites com la tragèdia d'Eurípides, on Medea assassina les seves criatures i deixa sense descendència el seu espòs Jàson, que l'havia abandonada.[121]

A l'antiga Roma, el poder del pare era il·limitat. El nadó podia ser acceptat o rebutjat per aquest només néixer, al marge de la voluntat de la mare, i fins i tot podia adoptar altres criatures fora del matrimoni, ja fossin de germans o d'amics. Si l'espòs moria mentre la dona estava embarassada, el dret romà, que va instituir el poder paternal, ungia com a legítim hereu el fetus. La dona deixava de ser considerada esposa, ni tan sols mare, per ser tractada com a mer recipient, l'úter on residia el nadó abans de néixer.[122]

Les dones romanes de classe alta delegaven la criança en esclaves, i no alletaven les criatures, sinó que deixaven la lactància a càrrec de terceres. Els moralistes les acusaven de voler preservar la llibertat, la bellesa dels pits, però és possible que algunes intentessin desvincular-se d'un bebè la supervivència del qual no estava garantida, ja que els índexs de mortalitat infantil eren molt elevats. Hi havia també la pressió que exercien els marits, que volien privilegiar el llinatge, i pensaven que la llet materna, com la sang, transmetia trets hereditaris. En conseqüència, temien per la influència que podia exercir la lactància i el vincle matern en els descendents. Per aquest motiu, els fills barons eren apartats sovint de les mares.[123] Des del bressol de la civilització occidental, veiem com la maternitat ha estat utilitzada com a instrument de control de les dones.

D'Eva a la verge Maria

La tradició judeocristiana va aprofundir en la supeditació de la dona a l'home. La figura materna va quedar personificada, primer, en la imatge d'Eva i, després, en la de la verge Maria. En el Gènesi, la dona, representada per Eva, és considerada culpable de pecar al prendre la fruita prohibida del jardí de l'Edèn i arrossegar Adam. «Multiplicaré els teus dolors en el part, i donaràs a llum els teus fills amb dolor. Desitjaràs el teu home, i ell et dominarà»,[124] va ser la condemna. Un càstig que perdura fins a l'actualitat. Després del pecat original, Eva va rebre el seu nom, que significa «mare de tots els éssers vius»,[125] «aquella que dona vida». En altres passatges de la Bíblia, apareix la figura de la dona-mare, que gesta i té cura del nadó, però que és incapaç d'engendrar-lo si no és per voluntat divina. És el déu masculí el que fecunda verges, ancianes i dones estèrils.[126]

El culte a la verge Maria, mare de Jesús, té uns fonaments històrics escassos, ja que aquesta pràcticament no es citada en els Evangelis de Marc, Mateu, Lluc i Joan. Tanmateix, l'afecte popular va desenvolupar una mitologia exuberant, que es va expressar sobretot en els anomenats evangelis apòcrifs, difosos a finals del segle I i en el transcurs del segle II, dedicats a la vida de Maria (educació, concepció miraculosa, matrimoni i maternitat). La veneració a Maria, en aquell període, va substituir l'adoració anterior a deesses diferents. Ara s'adorava una sola dona, que era filla, esposa i mare de Déu. La seva virginitat era un atribut de virtut, un exemple a seguir per a tota dona en la societat moralista de l'època, i la lactància, un símbol no només d'aliment vital, sinó de sacrifici matern.[127] Un culte a Maria, i a tot el que significava, que pot interpretar-se com una mostra de devoció per la maternitat.[128]

La Reforma protestant, al segle XVI, als països del centre i el nord d'Europa, va marcar un punt d'inflexió en la veneració a la figura de Maria, en rebutjar la seva santedat i considerar-la una dona més, a qui no s'havia de rendir culte. Al sud d'Europa, en canvi, la Contrareforma catòlica, com a resposta a la Reforma protestant, va reafirmar els elements de dogma entorn la mare de Jesús. Negar-ne la virginitat, per exemple, era constitutiu de blasfèmia.[129] La Contrarreforma va eliminar les imatges de Maria embarassada i lactant. L'art havia de transmetre només el dolor i el patiment de Jesús, i tota la iconografia havia d'estar al seu servei, desterrant aquelles imatges pròximes a la carnalitat i la naturalesa.[130]

La maternitat a l'edat mitjana

Les societats de l'edat mitjana, entre el segle V i XV, eren profundament estamentals, i es caracteritzaven per una estricta jerarquia social i per l'omnipresència de la doble autoritat de la monarquia i l'Església.[131] La funció i l'experiència materna canviaven depenent de l'estrat social.

La pagesia, que representava més del 80% de la població, necessitava una descendència nombrosa per assegurar-se mans per treballar la terra i tenir cura dels grans. La maternitat per a les dones del camp era una càrrega pesada, que les feia envellir ràpidament, perdre fills i filles (la mortalitat infantil era molt elevada) i morir aviat. Les mares donaven de mamar fins que les criatures tenien un any o més, i la lactància els era útil com a mecanisme anticonceptiu. La pagesa treballava a l'hort i a la granja, i contribuïa a l'alimentació familiar. Si tenia excedents, els venia al mercat, i així podia disposar d'una modesta autonomia econòmica. El treball que feia era compatible amb la criança, ja que els petits podien acompanyar-la. Tanmateix, les més pobres havien de desprendre's aviat dels infants, que amb tan sols deu anys o menys eren enviats a servir com a criats.[132]

La lactància mercenària, que donava una mare diferent de la pròpia a canvi d'una remuneració, era exercida per les dones pageses, les quals acollien a les seves llars els nadons de les classes altes durant la lactància.[133] Una pràctica que va contribuir a estrènyer els llaços entre el camp i la ciutat, ja que algunes criatures arribaven a passar fins a tres anys a casa la dida. Les nodrisses exercien una autèntica professió, reconeguda com a tal, i la seva competència no era posada en dubte, tot i l'existència d'algunes males pràctiques, amb dides que prenien a càrrec bebès dels hospicis, per un salari modest, als quals gairebé no alimentaven.[134]

Aquest costum, però, no es basava en un pacte entre dones, sinó que eren els homes els que arribaven a un acord, signant un contracte pel qual el nutrici, l'espòs de la dida, es comprometia, a canvi d'una retribució econòmica, a alletar i a tenir cura del fill o la filla del pare. Les dones ni apareixien en el contracte, en un signe clar del poder masculí sobre la maternitat i la lactància. El que en principi podia semblar una relació de gènere era en realitat una relació entre classes socials.[135]

La dona noble, si no era mare o monja no era res. La maternitat era un peatge obligatori si volia formar part de la vida laica. Les dames de classe alta no sempre criaven els petits, els confiaven sovint a dides, criades o institutrius, i no acostumaven a alletar-los. Això feia que poguessin tenir més descendència, ja que si donaven el pit les possibilitats de quedar-se embarassades de nou disminuïen, alhora que es creia que les relacions sexuals durant la lactància afectaven negativament la qualitat de la llet, i per tant el nadó.[136] Els pits de les aristòcrates eren objecte de delit masculí, l'art els idealitzava i havien de seguir els cànons marcats per l'estètica de les noves corts. En conseqüència, eren els pits de les dones pobres, convertits en eina de treball, els que alimentaven els infants de la noblesa, mitjançant contractes de lactància.[137]

Les dones artesanes treballaven al domicili familiar, on es trobava el taller, junt al seu marit, i podien compatibilitzar la feina amb tenir cura de les criatures i altres tasques domèstiques. Una dinàmica que en els segles posteriors, amb el capitalisme industrial, desapareixeria.[138]

Caça de bruixes

A l'edat mitjana, tot allò relacionat amb la maternitat era considerat un assumpte de dones. La mare, malgrat estar subordinada jurídicament, comptava amb una certa autonomia en l'àmbit propi. El control masculí, exercit pel marit o els sacerdots, es mantenia lluny, i eren les dones les que transmetien els sabers i les pràctiques vinculades a l'embaràs, el part, la lactància i la criança. Al segle XV, però, amb l'inici de la caça de bruixes, que s'estendria fins al segle XVII, les coses van canviar.

Les llevadores, que fins aleshores havien actuat amb total llibertat, van començar a ser acusades de màgia i bruixeria, de ser còmplices d'infanticidis. Les denúncies es basaven en tot tipus de fantasies misògines —que si devoraven els nadons, deixaven impotents els homes tallant-los el penis, copulaven amb el diable...—, formulades per les autoritats eclesiàstiques i seculars, que portaven a terme les persecucions. Tanmateix, els crims de què se les acusava no eren sinó actuacions mèdiques per atendre el part, practicar avortaments, subministrar mètodes anticonceptius.[139] En realitat, el que es perseguia era el saber de les dones.

La feina de les guaridores, com les llevadores, que atenien la pagesia sense recursos, era considerada una amenaça política, religiosa i sexual, i es buscava apartar-les de la pràctica mèdica. Per aquest motiu, la persecució que van patir va seguir procediments ben regulats per llei i executats per l'Església, tant catòlica com protestant, i l'Estat. Va ser una campanya de terror, desencadenada per les classes dominants, que va posar moltes dones en el punt de mira, perseguint-les, torturant-les i executant-les per milers durant més de tres segles.

El control del cos i la capacitat de reproducció de les dones es va convertir en un objectiu, en la mesura que el treball assalariat esdevenia la principal font de riquesa. Calia controlar els cossos que gestaven i parien aquella mà d'obra necessària. La caça de bruixes va permetre acabar amb l'autonomia sexual i reproductiva femenina, però es volia anar més enllà. Per aquest motiu, es van establir noves formes de vigilància sobre l'embaràs i la maternitat i es va condemnar l'infanticidi amb la pena capital, acusant i ajusticiant la mare si el nadó naixia mort o moria durant el part.[140]

La monarquia i l'Església, per tal de tenir les llevadores sota control, va obligar-les a inscriure's en un registre sota la supervisió masculina.[141] Mentre l'Estat perseguia guaridores i llevadores, validava la feina de metges i cirurgians. La caça de bruixes va aplanar el camí a la professió mèdica, que va establir les seves bases sobre la destrucció de les xarxes de suport mutu amb què comptaven les dones i les va deixar en una situació de vulnerabilitat i dependència respecte a aquesta professió emergent.[142]

Glorificar la mare

A partir de finals del segle XVIII, l'autoritat moral i social de la monarquia i l'Església va perdre força, amb la fi de l'Antic Règim i la secularització de la societat. La rígida jerarquia social es va veure sacsejada per la primera industrialització. La concepció tradicional de la maternitat, la infància i la família va començar a trontollar.

La maternitat va adquirir una nova dimensió més enllà de la funció reproductora. La condició materna *per se* va començar a ser exaltada i glorificada, assenyalant que eren les mares les que havien de fer-se càrrec en exclusiva de les criatures. La lactància materna va prendre especial rellevància, mentre que la lactància mercenària va passar a ser considerada antinatural i va començar a entrar en declivi amb ritmes desiguals als països occidentals, fins la seva total desaparició al segle XX. La contractació de nodrisses va disminuir entre les famílies aristòcrates i de classe mitjana urbana. En canvi, les dones treballadores en la indústria, amb jornades impossibles, van seguir contractant-les, al no tenir cap altra opció i no poder donar mamar als nadons.[143]

Ser mare es convertia en l'eix central de la identitat femenina, en el destí ineludible de tota dona, al marge del seu origen o classe social. Els arguments religiosos, cientifistes i naturalistes buscaven convèncer les dones perquè donessin prioritat a la criança enfront d'altres aspectes de la seva vida. Les mares van ser arraconades a l'esfera privada perquè tinguessin cura dels infants, a la vegada que se les apartava de l'àmbit públic. Així va ser el procés de «maternalització de la dona», quan la condició de mare es va convertir en l'única identitat possible, una identitat exclusiva i excloent.[144]

Aquesta dinàmica va tenir lloc en el món occidental i les seves regions d'influència, entre finals del segle XVIII i principis del segle XX, en paral·lel a una sèrie de canvis socials, polítics i econòmics que van donar lloc a un nou model de societat capitalista industrial. La «maternalització de la dona» va ser resultat de naturalitzar la funció materna; individualitzar les tasques de cura; deixar la criança en mans exclusives de les mares; i moralitzar les pràctiques que li eren pròpies.[145]

La maternalització implicava no només que les dones podien ser mares, un fet obvi, sinó que «només podien ser mares»;[146] així ho determinava la naturalesa femenina. L'oci, l'educació, el plaer, la feina remunerada, la militància... eren percebuts com una amenaça per a la reproducció i, en conseqüència, per a tot allò que se'n derivava: la família, la societat, l'Estat. La dona no paria ja únicament infants sinó ciutadans i patriotes. La seva responsabilitat, engendrar i criar, anava més enllà de la biologia, es tractava ara d'una funció social, sotmesa al control masculí.

L'obra *Emili o de l'educació*, escrita el 1762, per Jean-Jacques Rousseau, un dels teòrics de les relacions maternofilials més influents de la Il·lustració, va tenir gran predicament en aquest període, en particular entre certs grups de la burgesia i l'aristocràcia. Rousseau va establir les bases de l'ideal de família burgesa, lloant el vincle conjugal (profundament desigual), glorificant la maternitat, enaltint la innocència infantil, elogiant el vincle entre la mare i el nadó i la lactància materna.[147] Si fins aleshores la família s'havia fundat en el llinatge, i la dona era considerada més filla que mare, a partir de l'obra de Rousseau la figura «esposa-mare» adquireix un paper central, i la maternitat es converteix en font de respecte i drets, tot i que aquests no anaven més enllà dels vinculats amb la criança i l'alimentació dels infants. El pare era el responsable de l'educació de les criatures, l'encarregat de transmetre'ls uns valors d'acord amb els principis socials de l'època.[148] Els escrits de Rousseau van recalcar la subordinació de les dones als marits, les quals sempre havien d'estar a punt per a satisfer-ne els desitjos.

La seva coetània Mary Wollstonecraft, autora de *A Vindication of the Rights of Woman* ['Vindicació dels drets de la dona'], obra fundacional del feminisme, escrita el 1792, on defensava la igualtat entre sexes, la independència econòmica de les dones i la necessitat de la seva participació política, no va tenir la mateixa acollida. Wollstonecraft, des d'una perspectiva il·lustrada, donant especial rellevància a la naturalesa i a la raó, va lloar les cures que les mares dedicaven als infants, però considerava que aquestes no s'havien d'imposar, sinó que havien de ser fruit de la seva presa de consciència per exercir una responsabilitat cívica. Les dones i les mares tenien dret a l'educació, i a participar en les decisions polítiques. «Per ser una bona mare, la dona ha de tenir judici i aquesta independència mental que poques dones que han estat educades per dependre completament dels marits tenen», sentenciava Wollstonecraft.[149]

Amb la Revolució Francesa, moltíssimes dones van sortir al carrer i van participar en manifestacions i debats públics. La maternitat va servir, en una primera etapa de la revolució, per justificar la promoció política del sexe femení.[150] Les dones eren, en definitiva, les mares de les generacions futures. Fins i tot, escrivia la historiadora Yvonne Knibiehler, «l'imaginari revolucionari va reemplaçar la imatge del rei (...) per la de les poderoses figures femenines: Llibertat, Nació, República, dides generoses, que oferien els seus pits».[151] La maternitat va aconseguir un rang polític simbòlic, i moltes dones i mares van descobrir la seva dimensió política. Però, pocs anys després, amb el govern de la Convenció, el mateix argument va ser utilitzat per excloure-les de la vida pública, impedir-ne l'entrada a les assemblees polítiques, prohibir les societats de dones i perseguir, amb la guillotina o l'exili, aquelles que més s'havien significat.

En la Declaració dels Drets de l'Home i del Ciutadà, un dels textos fonamentals de la Revolució Francesa, les dones ja no van veure reconeguts els seus drets de ciutadania. L'escriptora Olimpia de Gouges va escriure a mode de rèplica la Declaració dels Drets de la Dona i de la Ciutadana, on reclamava que la dona, com l'home, «té dret a ser portada al cadafal i, també, dret a pujar a la tribuna».[152] Això mateix li va succeir. Olimpia de Gouges va morir guillotinada, el 1793, a l'anomenada plaça de la Revolució a París.

La Il·lustració i la Revolució Francesa van donar lloc a l'emergència d'un primer feminisme, quan les dones van constatar que les consignes d'igualtat, llibertat i fraternitat de l'època no les incloïen. Les feministes del segle XVIII, amb noms com Mary Wollstonecraft o Olimpia de Gouges, van reivindicar l'accés a l'educació, al vot, al treball remunerat i als drets matrimonials i sobre els descendents.[153]

L'ideal de família i infància

El concepte d'infància i família va canviar en aquest període al mateix temps que el de maternitat. La infància va adquirir un caràcter innocent i bondadós, i va passar a ser considerada una etapa cabdal de l'ésser humà, en contrast amb el període anterior, en què havia primat la seva funció productiva com a mà d'obra. El rol cuidador matern, en conseqüència, va ser enaltit.[154] Una nova percepció de la infantesa va emergir, especialment entre les classes benestants, arran de l'obra de Jean-Jacques Rousseau. La revalorització de la infància va ser un aspecte central de la ideologia patriarcal moderna sobre la maternitat.[155]

Amb l'aparició de la família urbana burgesa, el nucli familiar es va reduir als cònjuges i els descendents. L'ascens del capitalisme va consolidar un sistema de familia nuclear, amb una maternitat centrada en la criança dels infants, la qual cosa va donar lloc, de manera contradictòria, a la idealització i a la degradació de les funcions de les dones.[156] Un model d'organització familiar i de criança que, encara que ens pugui sorprendre, ha estat excepcional en termes històrics.[157] Mentre les famílies que vivien en el món rural o d'origen treballador es mantenien extenses, amb una àmplia xarxa familiar i veïnal de suport mutu.[158]

Un altre factor que va contribuir a idealitzar la figura de la mare va ser l'interès dels Estats per augmentar la natalitat i combatre les altes taxes de mortalitat infantil. Les epidèmies i les guerres al segle XVII van conduir a un lent però progressiu descens de la població. A França, en aquesta època, un 25% dels nadons morien amb menys d'un any, i un 25% més ho feia abans dels deu.[159] Els arguments natalistes, al segle XVIII, van ser la resposta a la crisi demogràfica, ja que el declivi poblacional era percebut com un element de debilitat del poder de l'Estat. Una preocupació que es va estendre des de l'Imperi napoleònic (1799-1815) fins ben entrat el segle XX. Si els homes contribuïen a la nació amb el servei militar, les dones ho feien amb la maternitat.[160]

Mare abnegada versus mare consumida

Les dones burgeses i de classe mitjana, les quals disposaven de més temps lliure, van ser les primeres en assumir aquest ideal de mare i esposa abnegada, com una manera de reafirmar el seu rol. Però les dones treballadores i pageses, en definitiva les de classe social baixa, que no tenien pràcticament hores per dedicar als infants, o bé aquelles que imitaven o aspiraven a l'aristocràcia, amb interessos socials i culturals, van ser menys proclius a aquesta ideologia maternal.[161] La incipient incorporació de la dona al mercat de treball amb la industrialització, a finals del segle XIX i principis del segle XX, amb jornades laborals extenuants de fins a catorze hores diàries, va donar lloc a un nou prototip de mare, exhausta i consumida, incapaç d'assumir les tasques maternes, amb moltes criatures però febles i malaltisses.

La novel·la *The Jungle* ['La jungla'] d'Upton Sinclair, escrita el 1906, ho retratava a la perfecció en el personatge d'Ona Lukoszaite, jove mare treballadora als infames escorxadors de Chicago de principis del segle XX. «Segons el consell del metge, havia de quedar-se quieta a casa i alletar el fill en benefici de la salut de tots dos; però a això s'hi avantposava la necessitat de treballar, i deixava que Teta Elzbieta tingués cura del nen i l'alimentés amb aquell verí blancblavós que anomenaven llet a la botiga de la cantonada. Així doncs, l'Ona, amb motiu del part, només va perdre una setmana de salari (...), però a costa de la seva salut, ja que aviat contrauria una d'aquelles innombrables afeccions que les dones agrupen sota el nom de "malalties de la matriu", de la qual mai, al llarg de la vida, aconseguiria recuperar-se».[162]

Les altes taxes de mortalitat infantil de l'època, així com les condicions infrahumanes que suportaven aquestes mares, van ser percebudes com una amenaça a la maternitat i a la família. Les lluites populars, en particular les de les dones, van aconseguir la conquesta, per primera vegada, a l'Alemanya de Bismarck, el 1878, d'un permís de maternitat de tres setmanes de descans després del part, i el 1883, al mateix país, una llei que atorgava una ajuda econòmica a les mares. Però aquestes mesures sovint van ser incomplertes. En altres estats europeus, als anys següents, es van aprovar permisos i mesures de suport similars.[163] Els primers jardins d'infància al continent van obrir les portes a principis del segle XIX, impulsats per homes (els quals tenien el poder i els diners), encara que les dones mecenes ràpidament s'hi van mobilitzar a favor al considerar aquestes iniciatives com una obra d'amor maternal.[164]

Sufragistes i socialistes

Les lluites de la primera onada feminista,* des de finals del segle XIX fins a meitat del segle XX, van ser les responsables d'aconseguir importants avenços en prestacions i subsidis per maternitat i família a l'Europa occidental. Les feministes de l'època van veure amb bons ulls la intervenció de l'Estat en l'educació i la criança, perquè, tot i que això els restava autonomia, era percebut com un fet oposat a la reclusió d'aquestes pràctiques en l'àmbit privat.[165] Davant les destrosses socials provocades pel capitalisme industrial en formació, la reacció del feminisme va ser la de revaloritzar la maternitat i contraposar els valors maternals, col·lectius, a la lògica individualista

* Hi ha diverses periodització de la història del feminisme. En aquest llibre, s'utilitza la més habitual que considera l'etapa de la revolució francesa com un moment precursor del feminisme, la fase sufragista de finals del segle XIX com la primera onada i el moviment dels anys seixanta i setanta com la segona.

del capitalisme. La seva lluita es va centrar en reivindicar respecte i més drets per a les mares.[166]

Les sufragistes van exigir tenir drets socials i polítics en igualtat de condicions que els homes (accés al vot, a l'educació, a la propietat...) i posar fi a tota una sèrie de lleis discriminatòries amb el sexe femení.[167] Les seves demandes es van inspirar en l'agenda política sorgida anys abans, el 1848, en la trobada feminista de Seneca Falls, en un petit poble de Nova York, als Estats Units.[168] Una lluita que va impactar en la vida quotidiana de moltes d'aquestes dones. «Compartíem amb alegria una vida que mai abans havíem conegut. La majoria de les meves companyes de lluita eren esposes i mares, i van passar coses insòlites en la seva vida domèstica. Els marits arribaven a casa, a la nit, amb una nova ansietat. Els fills van canviar ràpidament la seva actitud de condescendència afectuosa cap a la "pobra i estimada mama" per una d'admiració i sorpresa. Al dissipar-se la fumera de l'amor maternal, ja que la mare estava massa ocupada per preocupar-se per ells, i només ho podia fer de tant en tant, els fills van descobrir que els era simpàtica, que "era una gran persona", que era valenta», escrivia la novel·lista Ida Alexa Ross Wylie, a partir de la seva experiència en el moviment sufragista anglès.[169]

El feminisme socialista va anar encara més enllà, i va defensar un canvi polític i social, el qual havia de permetre aconseguir les tan anhelades justícia i igualtat entre sexes. L'escriptora i pensadora Flora Tristán, a cavall entre el feminisme il·lustrat i el socialista, en va ser precursora. A la seva obra *L'union ouvrière* ['La unió obrera'], apostava per assolir la igualtat a partir de l'autoemancipació de la classe obrera, i instava els treballadors, homes, reticents que les dones abandonessin la llar, a fer seva la lluita per la igualtat, en particular en l'àmbit laboral i educatiu, en benefici de tots.[170]

Tristán aspirava a millorar les condicions de vida de les mares de l'època a partir d'un altre model de família i maternitat, en el marc d'una societat nova. Un dels objectius era canviar lleis tan injustes com la que donava preeminència als homes en la custòdia de les criatures si la parella se separava o posar fi a la desigualtat legal i hereditària entre descendents legítims i il·legítims. Per Flora Tristán, l'abandó de les criatures i l'infanticidi eren conseqüència de les desigualtats econòmiques, socials i jurídiques entre sexes. «Com que les dones estan excloses de totes les professions, quan els fills no tenen un pare que els mantingui, l'únic recurs que els queda és l'infanticidi, el robatori o la prostitució», assenyalava.[171] No era estrany que moltes abandonessin els petits, ja que les mares solteres quedaven estigmatitzades de per vida com a impúdiques, i els resultava molt difícil tirar endavant per si soles.[172]

Les bases per a un autèntic moviment socialista feminista van ser establertes per l'activista política Clara Zetkin, per a qui els problemes de la dona treballadora no derivaven de la relació amb els marits o els homes de la seva mateixa classe social, els obrers, sinó de l'explotació econòmica capitalista. Pels comunistes, com va exposar en el seu escrit *Lenin on the Women's Question* ['Lenin sobre la qüestió femenina'], la maternitat, en paraules de Lenin, no s'havia de plantejar com una tasca individual sinó social, acabant amb l'ideal de família petit burgesa.[173]

Per Zetkin, la maternitat proporcionava a les dones valors ètics útils, i defensava la necessitat de tenir una política activa per incorporar-les a la lluita pel socialisme, tenint en compte les seves necessitats particulars. «Moltes mullers i mares no poden assistir a les assemblees. La tasca d'agitació socialista entre les dones no pot ser la d'allunyar la dona proletària del seu deure com a mare i esposa. Per contra, l'agitació ha de procurar que puguin assumir la seva missió millor del que ho han fet fins ara, i això en interès de l'emancipació del proletariat», afirmava.[174]

Alexandra Kol·lontai, dirigent bolxevic de la Revolució Russa, va ser qui va articular millor la relació entre feminisme i marxisme. Per Kol·lontai, un procés revolucionari, amb la conseqüent abolició de la propietat privada i la incorporació de la dona al mercat de treball, no tenia per què implicar l'emancipació del sexe femení. Les dones necessitaven la revolució de la vida quotidiana, dels costums i de la relació entre els sexes, que encarnava, en paraules seves, «la dona nova», aquella dona amb independència econòmica, però també sentimental i psicològica. Kol·lontai, gran defensora del feminisme dins del partit i molt crítica amb el feminisme burgès, va defensar per a les dones l'amor lliure, la igualtat salarial, el dret a l'avortament i la socialització del treball domèstic i la cura de les criatures. Sovint les seves propostes van xocar amb l'hostilitat dels companys de files, que negaven la necessitat d'una lluita específica per a l'emancipació femenina.[175]

La protecció de la maternitat, independentment de si la mare estava casada o no, i la infància van ser altres de les seves prioritats, i va establir vincles entre els drets específics de les mares i els de les dones en general. Si l'Estat necessita criatures, sostenia Kol·lontai, ha de cuidar-les, posant en marxa institucions socials, com sales de lactants i jardins d'infància. «La maternitat no és ja un assumpte privat (...), sinó una funció social i addicional important de la dona», sentenciava.[176]

La maternitat havia de ser compatible amb la incorporació de la dona al treball assalariat, la qual cosa implicava socialitzar les tasques reproductives. «Si volem fer possible que les dones col·laborin en la producció, la col·lectivitat les ha d'alliberar de tota la càrrega de la maternitat, perquè si no la societat explota la seva funció natural. La feina remunerada i la maternitat es poden combinar quan l'educació dels infants deixa de ser una tasca privada de la família i esdevé una missió social de l'Estat», afirmava Kol·lontai.[177] Per això, va defensar mesures com els permisos per maternitat, escoles bressol i assistència mèdica per a embarassades i mares.[178]

Tant el feminisme sufragista com el feminisme socialista van coincidir en no qüestionar el paper de les dones com a mares. Al contrari, la maternitat era considerada una tasca central per a la reproducció social, i com a tal era utilitzada com a argument per reivindicar una sèrie de drets per a les dones, com ara el sufragi universal, l'accés a les activitats polítiques i lleis protectores de l'embaràs i la criança.

La figura de l'expert

A finals del segle XIX, el poder mèdic es va expandir. La ginecologia, l'obstetrícia i la pediatria es van convertir en disciplines exercides per homes; les dones difícilment hi tenien accés. L'atenció al part va desplaçar-se paulatinament de la llar a l'hospital. Les llevadores van haver d'abandonar la seva feina per compte propi, van passar a ocupar una posició subalterna als metges en els centres hospitalaris i es va perdre una de les formes més antigues de solidaritat femenina.[179] Una sèrie de canvis que van contribuir a la medicalització de la reproducció de la vida, i el cos de les dones va passar d'estar històricament subordinat a criteris religiosos a ser controlat pel saber tècnic-mèdic-mercantil.[180]

La pediatria va convertir-se, a finals del segle XIX, en una especialitat mèdica i la puericultura en una especialitat paramèdica. Naixia la figura de l'expert. Van aparèixer revistes, guies i catecismes sobre puericultura moderna, que tenien com a finalitat instruir les mares sobre com adormir el nadó, alimentar-lo, banyar-lo o donar-li el biberó.[181] Tot i que en molts països hi va haver un incipient moviment de mares, van ser els homes, en el seu rol d'especialistes, els que van acabar monopolitzant l'organització de les pràctiques de criança, la qual cosa va donar lloc a una professionalització de la maternitat.[182]

La tasca de formar les mares, durant molt de temps reticents als consells dels professionals de la salut, estava en marxa. Els metges de família tractaven les dones amb condescendència, en considerar que el coneixement femení era prescindible enfront del saber erudit de la maternitat que ells ostentaven. Tanmateix, com senyalaven Barbara Ehrenreich i Deirdre English a *Por tu propio bien*, «en massa ocasions, les teories dels experts eren globalment acientífiques, mentre que el saber tradicional de les dones es basava en segles d'observació i experiència. (...) L'ascens dels experts no va ser el triomf inevitable de la raó sobre l'error, del fet sobre el mite; va començar amb una amarga lluita que va enfrontar dones contra homes».[183] En el fons, el que es va produir va ser una pugna pel dret a curar.

Al final, l'autoritat mèdica va imposar-se. Ho explicava l'escriptora Doris Lessing en la seva autobiografia: «En aquells temps [a la Sud-àfrica dels anys quaranta], no t'atrevies a dir que el teu nadó s'havia "començat a moure" molt abans dels tres mesos i mig oficials (...). De res servia dir que el nen coneixia la teva veu quan naixia (...). Davant d'aquestes afirmacions, els metges deien, perdonant-te la vida, que eren imaginacions teves, les dones imaginaven coses, no havies de deixar-te portar per les teves fantasies. Avui la ciència ha donat la raó a aquestes històries de marasses. Però han deixat els metges de perdonar la vida a les joves? Ho dubto. Ha dit algun metge a una dona (...): "Ho sento, estàvem equivocats, sempre vau tenir la raó?"».[184]

Els experts van entrar a les nostres llars. La petita biblioteca dels meus avis materns n'era un exemple. Allà, entre els llibres que hi havia, se'n podien trobar alguns sobre sexualitat en parella. Quan la meva àvia, ja vídua, va haver d'abandonar casa seva per les pressions dels propietaris de l'immoble, perquè pagava una renda antiga, i vam buidar l'habitatge, em vaig quedar amb un d'aquests exemplars. El títol m'havia cridat l'atenció: *La higiene sexual en el matrimonio*. El conservo, amb aquella olor a vell dels llibres antics i les pàgines groguenques, i li tinc molt d'afecte per ser de qui era, tot i el caràcter retrògrad dels consells del Doctor Jaff, autor de l'obra, en consonància amb els dictats de l'època. Aquí, una de les seves recomanacions: «La posició horitzontal, és a dir, aquella en què l'home se situa delicadament sobre la dona, és l'actitud íntima de l'espècie humana, la més natural i instintiva per a la unió dels dos sexes. No és menys freqüent que un cop s'han satisfet els desitjos en aquesta posició, s'utilitzin posicions menys humanes. Aquestes, gairebé sempre, són molestes i nocives a la fecundació».[185] Així és com l'expert instruïa a dones i homes, en aquest cas, en uns hàbits sexuals moralment acceptables. D'altres títols de la col·lecció eren *Arte de conservar el amor sexual en el matrimonio* o *Arte de ser ma-*

dre, tots signats per doctors, homes. Aquests darrers faltaven a la biblioteca de la meva àvia. Tot i que no em vull ni imaginar els seus consells. Quan l'Església ja no va tenir la capacitat ni la influència per dictar uns hàbits de conducta considerats decents, van ser els experts els que van prendre el relleu.

L'ascens de la figura de l'expert, des de finals del segle XIX, va donar lloc al que s'ha anomenat una «maternitat científica»,[186] segons la qual la bona mare era aquella que seguia al peu de la lletra els consells dels experts. Una munió de llibres i revistes sobre criança van començar a ser publicats, substituint en part la transmissió de coneixements entre les dones de la comunitat. Una tendència que va anar a l'alça al llarg del segle XX. Als Estats Units, per exemple, si a principis dels anys setanta es publicaven anualment entre quatre i cinc llibres de maternitat, a finals dels vuitanta la xifra ja arribava a la quarantena, i a mitjans dels noranta se n'editaven més de seixanta,[187] molts dels quals compartien una mirada condescendent cap a l'embarassada.

Ho constatava Carme Riera a *Temps d'una espera*, el dietari que va escriure mentre estava embarassada de la seva filla. «Compr un munt de llibres sobre embarassos i embarassades. Tot el que trob. Em dispòs a nodrir-me de bibliografia *ad hoc*. (...) Ara, després de dues hores de llegir, m'adon que tot el que he pogut arreplegar no és altra cosa que una mena de guies per a futures mares, sospitoses de ser un poc curtes de gambals o anar sobreres d'innocència. O tal vegada no. Tal vegada només són com la majoria de divulgadors científics que les han escrites. Em molesta el to paternalista i alhora cofoi que solen emprar», relatava.[188]

Les recomanacions dels professionals de la salut han anat canviant al llarg del temps, fins al punt d'arribar-se a contradir, i el que abans era el millor, com per exemple donar el biberó, ara pot ser considerada l'última de les opcions. De fet, «si la criança dels petits és una ciència, es tracta d'una que canvia amb extraordinària rapidesa».[189] Seguir el consell d'alguns professionals pot portar a pràctiques equivocades, com a conseqüència d'una percepció patològica de l'embaràs i el part, però altres professionals, en canvi, poden fer-nos recomanacions valuoses, com practicar el pell amb pell després del part o donar mamar des del naixement. El problema amb els experts rau en seguir els seus consells acríticament, sense tenir en compte que aquests poden estar condicionats per interessos econòmics o per una mirada patriarcal de la salut i la societat.

1.4. Odi i amor a la mare

Contra la santíssima maternitat

Després de la Segona Guerra Mundial, a partir de 1945, en el món occidental es va imposar la glorificació de la maternitat i la consagració d'un model de família nuclear, en el marc d'una societat amb una moral sexual conservadora. La segona onada feminista dels anys seixanta i setanta, a l'escalf dels moviments socials i polítics de l'època, s'hi va rebel·lar, com era necessari. A la seva diana hi va col·locar l'ideal de la santíssima maternitat i el model de família patriarcal, reivindicant una sexualitat al marge de la reproducció i poder decidir, com a dones, sobre el nostre cos. Es van aconseguir importants avenços en matèria de contracepció i dret a l'avortament, així com canvis socioculturals significatius.

Tanmateix, aquesta rebel·lió va acabar amb una relació tensa, mal resolta, amb la maternitat; es va arribar a negar fins i tot l'experiència de ser mare i es va caure, en alguns àmbits, en un cert discurs antireproductiu. Un fet que no hauria de sorprendre'ns. La maternitat ha estat utilitzada pel patriarcat i el capitalisme com un instrument de supeditació i control de les dones, en arraconar-nos en l'àmbit domèstic, privat i invisible. La maternitat, com a obligació, ha significat un fre a les aspiracions femenines, un obstacle per a la igualtat i l'autonomia.[190] Els homes, en canvi, apareixien com a lliures de responsabilitats de cures, sense lligams, amb la possibilitat d'intervenir en la vida pública. L'alliberament de la dona passava per sortir de la llar, deixar de banda la criança i entrar en el món laboral. Amb la consecució de la independència econòmica es va creure que el problema de la maternitat desapareixeria,[191] i no es va voler fer una reflexió més profunda sobre el tema. Els dilemes i les contradiccions de la maternitat van enredar el feminisme.

Simone de Beauvoir, i la seva obra *El segon sexe*, va ser una de les principals referents i precursores d'aquesta segona onada, i va marcar tota una generació de feministes. «No es neix dona: s'arriba a ser-ho» va ser una de les seves frases més cèlebres, assenyalant que el gènere és una construcció social. «Cap destí biològic, psíquic, econòmic defineix la imatge que revesteix en el si de la societat la femella humana; el conjunt de la civilització elabora aquest producte intermedi entre el mascle i el castrat que s'acostuma a qualificar de femení», sentenciava De Beauvoir.[192] Les dones, afirmava, són considerades «els altres», els inferiors, mai visibilitzades com un ésser complet sinó construïdes com a alteritat a partir dels homes. La seva obra va parlar obertament de la menstruació, l'avortament, el divorci, i va significar un abans i un després en el pensament feminista.

De Beauvoir va reflexionar sobre com les dones vivien de manera molt diferent la maternitat, el part, la lactància i la criança. Ser mare constatava la complexa relació de la dona amb la seva biologia i la naturalesa. La dona com a presonera, assenyalava, d'un cos que menstrua, procrea, s'embarassa i dona a llum, un cos que, en definitiva, la condiciona, mentre que l'home quedava lliure d'aquest destí, ja que els atributs genitals masculins no obstaculitzaven l'experiència individual.

El malestar físic en la gestació, els vòmits i les nàusees, eren, segons De Beauvoir, un símptoma de com la dona es rebel·lava contra les lleis de la natura. Ho feia, afirmava, avergonyida de voler expulsar «un fetus que l'envaeix», però alhora desitjosa de retenir-lo per la «promesa de felicitat» que comporta. «L'embaràs és sobretot un drama que es desenvolupa en la dona, entre ella mateixa i ella mateixa; ho viu a la vegada com un enriquiment i una mutilació; el fetus és part del seu cos i és un paràsit que l'explota; ella el posseeix i és posseïda per ell», escrivia,[193] mostrant-nos una maternitat contradictòria, davant la maternitat perfecta i en equilibri que ens presenta el patriarcat.

De Beauvoir va analitzar els vincles entre la maternitat i el model de família patriarcal, i va assenyalar que la relació de les mares amb la prole estava condicionada per la dependència econòmica que tenien dels marits. Les dificultats que experimentaven les dones amb la maternitat i per fer-la compatible amb la vida pública eren fruit de l'estructura social. No obstant això, «en una societat adequadament organitzada, que es fes càrrec en gran mesura de l'infant, en la qual es cuidés i ajudés a la mare, la maternitat no seria totalment irreconciliable amb el treball femení», concloïa.[194]

Les interpretacions que s'han fet de la seva obra han estat diverses. Algunes autores han apuntat el caràcter misogin de l'anàlisi beauvorià de la maternitat, el seu fort determinisme biològic, així com una acceptació acrítica de valors i punts de vista tradicionals masculins. D'altres han destacat, en canvi, que no es tracta d'una innocent atribució de neutralitat als fets biològics, sinó d'una estratègia discursiva per subvertir aquest relat, denunciant la maternitat forçosa, imposada socialment i culturalment.[195] Al marge de les interpretacions de la seva obra, el discurs de De Beauvoir ha tingut una influència cabdal en el moviment feminista i en les seves reflexions sobre la maternitat.

Un altre dels textos de capçalera per a les feministes de la segona onada va ser *La mística de la feminitat*, de Betty Friedan, on l'autora es preguntava què havia passat amb totes aquelles dones estatunidenques que després de la Segona Guerra Mundial havien tornat a la llar, quins missatges les havien portat a renunciar a la seva carrera professional i dedicar-se en exclusiva a la família i la criança, en una llar que es presentava com a confortable. La resposta es trobava, segons Friedan, en aquella «mística de la feminitat» que els havien venut i les identificava en exclusiva com a mares i esposes, sempre abnegades, servicials, sexualment passives i dependents econòmicament del marit. Tot plegat donava lloc, com deia l'autora, a un «problema que no tenia nom», a un malestar i una insatisfacció constants. La seva obra va ser la reacció a una dècada dels cinquanta que va deixar una legió de mestresses de casa de classe mitjana tancades a casa, frustrades i amargades.[196] Moltes van trobar en aquest llibre, que ràpidament es va convertir en un veritable *best-seller* als Estats Units, una expressió de la pròpia angoixa.

Betty Friedan apel·lava a l'emancipació i autonomia femenina, seguint l'estela de Simone de Beauvoir. Com a feminista liberal reivindicava el dret de les dones, mares i esposes, a competir en el mercat de treball en igualtat de condicions que els homes, sense renunciar, però, a la maternitat i al matrimoni, exigint permisos per a l'embaràs i el part i jardins d'infància amb personal preparat.[197] El gran límit de la seva obra va ser el biaix de classe i ètnia, al centrar-se només en la vida de les dones nord-americanes blanques, de classe mitjana i amb estudis, obviant la situació de les dones treballadores i les afroamericanes.[198] De fet, la classe i l'ètnia han estat les grans absents en la reflexió feminista sobre la maternitat.[199]

Les dones afroamericanes de la generació de Betty Friedan no eren mestresses de casa recloses a la llar. La gran majoria treballava llargues jornades en feines precàries, i comptava amb xarxes comunitàries i veïnals extenses que els donaven suport.[200] El seu problema no era la maternitat, sinó el racisme, la pobresa i la precarietat laboral.[201] El feminisme negre, com a resultat d'una vivència subjectiva diferent, va tenir una visió més matisada de l'experiència maternal, on la figura de la mare com a lluitadora de la comunitat i la família sempre va estar present.[202]

Si Simone de Beauvoir i Betty Friedan van ser precursores d'un moviment feminista sobre el qual tindrien una important ascendència, autores com Kate Millet i Shulamith Firestone, alineades en l'anomenat feminisme radical de l'època, escriurien als anys setanta d'acord amb uns temps on la maternitat s'identificava com una immensa càrrega per a les dones. Tanmateix, en algunes de les seves tesis, potser es van passar de frenada. En particular, les formulacions de Firestone a *Dialectic of sex* ['Dialèctica del sexe'] on apostava per deixar la gestació en mans de la tecnologia, en el marc d'un sistema social alternatiu, que l'autora va conceptualitzar com a «socialisme cibernètic». «La reproducció de l'espècie a través d'un dels sexes en benefici de tots dos seria substituïda per la reproducció artificial (...). Es destruiria així la tirania de la família biològica», escrivia. El seu propòsit, posar fi a l'embaràs, el qual considerava «bàrbar», i a «la deformació temporal del cos de l'individu [la dona] en benefici de l'espècie».[203] Acabar amb la maternitat biològica, responsable de l'opressió de les dones. Una tesi que, per valorar-la en la seva justa mesura, cal emmarcar en el context en què es va formular.

Les idees de Firestone van ser desenvolupades en la novel·la *Woman on the Edge of Time* ['La dona en el llindar del temps'] de Marge Piercy. Una obra que presentava una societat futura igualitària, Mattapoisett, en què el sexe masculí i el femení havien desaparegut, la maternitat biològica havia estat reemplaçada per un sistema de reproducció artificial i la família nuclear, substituïda per un model de criança comunal.[204] Marge Piercy oferia una visió optimista de la tecnologia, presentada unilateralment com a alliberadora, una percepció que durant molt de temps va ser majoritària en l'esquerra. En realitat, la tecnologia per si mateixa no és ni alliberadora ni opressora, sinó que està condicionada per les relacions de poder que imperen en una societat. La tecnologia aplicada a la reproducció humana, de fet, pot ser utilitzada per desposseir les dones, privant-nos del control sobre el nostre cos, i alliberant els homes de la seva dependència respecte a nosaltres. Una situació que, en part, ja s'està donant. O si no, què són els ventres de lloguer?

A banda d'aquest enfocament tan crític amb la maternitat, hi havia en aquest període altres sectors que reivindicaven el caràcter positiu de l'experiència maternal. Es tractava de moviments contraculturals, naturalistes, ecologistes, en particular als Estats Units, que defensaven el part natural, la lactància materna, la criança respectuosa..., i es mostraven molt crítics amb la medicalització de l'embaràs i l'infantament.[205]

L'experiència materna

A partir de mitjans dels anys setanta, el feminisme va entomar el repte de pensar la maternitat en positiu. Un cop rebutjada la maternitat com a destí, algunes intel·lectuals i activistes van intentar pensar-la en una altra clau. Es tractava d'anar més enllà d'una simple negació de la maternitat, de desplaçar la càrrega de la criança cap a l'Estat o d'externalitzar la reproducció.

Les tesis d'Adrienne Rich a *Of Woman Born* van permetre a les feministes reconciliar-se amb la maternitat. La seva principal aportació va ser distingir entre la institució maternal imposada pel patriarcat, generadora de submissió, i la relació potencial de les dones amb l'experiència materna, establint una diferència clara entre els perjudicis de la primera i les virtuts de la segona. Per l'autora, no es tractava d'impugnar la maternitat, sinó el sentit en què la definia, la imposava i la restringia el patriarcat, el qual havia «domesticat la idea del poder maternal». Calia acabar amb «la institució maternal», situant les maternitats fora de l'esfera patriarcal, la qual cosa no significava «abolir la maternitat», sinó «propiciar la creació i el manteniment de la vida en el mateix terreny de la decisió, la lluita, la sorpresa, la imaginació i la intel·ligència conscient, com qualsevol altra dificultat, però com a tasca lliurement elegida».[206] A diferència d'altres feministes, que identificaven la capacitat reproductora del cos femení amb un llast per a l'emancipació, Rich reivindicava el cos de la dona «com un recurs, en lloc d'un destí».[207] L'alliberament de la dona passava per defensar i ressaltar les potencialitats femenines sexuals, reproductores i maternals, en oposició a la maternitat forçada.

El mateix any que Adrienne Rich publicava *Of Woman Born*, Dorothy Dinnerstein feia el mateix amb *The Mermaid and the Mi-*

notaur ['La sirena i el minotaure'], una altra influent contribució a la teoria feminista. En aquesta obra, l'autora analitzava com el confinament de la dona a l'esfera privada, dedicada a la cura dels infants, n'havia devaluat el rol, però, a la vegada, la seva capacitat per donar a llum i la instrucció que feia de les criatures la convertien en una amenaça per a la societat patriarcal. Dinnerstein defensava el repartiment igualitari del treball de cures entre homes i dones des de la primera infància, i considerava que la implicació masculina en la criança posaria fi al model de masculinitat patriarcal.[208]

El 1978, Nancy Chodorow va publicar *The Reproduction of Mothering* ['La reproducció de la maternitat'], on reivindicava equiparar la figura materna i la paterna, i repartir igualitariament el treball de cures.[209] Unes pràctiques que havien d'assentar les bases per a un nou model de família i evitar la reproducció dels rols de gènere tradicionals en els futurs adults. Tant Dinnerstein com Chodorow pensaven que la maternitat era compatible amb posar fi a la desigualtat entre tots dos sexes dins la família, però la visió que tenien de la maternitat estava molt marcada per la seva condició de classe mitjana i per una mirada productivista, centrada en l'ocupació.

Una altra de les obres de referència va ser *Maternal Thinking* ['Pensament maternal'] de Sara Ruddick, on l'autora desenvolupava el concepte de «pensament maternal» i «pràctica maternal», en un intent de revaloritzar la maternitat i la cura sense recórrer a arguments biològics o essencialistes.[210] El seu treball permetia entendre la maternitat de manera relacional a partir de l'estudi de la interacció entre mares i criatures. Ruddick va presentar el «pensament maternal» com a complex, rebutjant les tesis que sostenien que les funcions maternes eren instintives i automàtiques, i assenyalava que la maternitat era una pràctica que podia ser desenvolupada tant per dones com per homes. L'autora defensava que l'ètica de la cura i els valors de la maternitat podien servir per fundar una política pacifista, ja que els principis cooperatius en els quals es basa l'activitat materna són antagònics a l'individualisme que impera en el patriarcat. D'aquesta manera, apostava per la generalització del treball de les mares, i els valors que li eren propis, al conjunt de la societat. Si bé en alguns aspectes tendia a sobrevalorar-los, així com la seva capacitat de construcció d'una societat de pau.

La reflexió feminista sobre la maternitat va tenir continuïtat amb el feminisme cultural i el feminisme italià de la diferència sexual dels anys vuitanta, amb intel·lectuals com Luisa Muraro, autora de *L'ordine simbolico della madre* ['L'ordre simbòlic de la mare'],[211] entre altres pensadores, les quals van desenvolupar una concepció essencialista de la dona i la mare, en què se'n mistificava el rol i se l'identificava amb la natura.[212] El feminisme de la diferència va sorgir, i s'explica, en contraposició a l'hegemonia del feminisme de la igualtat de l'època, integrat per feministes liberals, socialistes i radicals, el qual —com el nom indica— defensava la igualtat de drets entre homes i dones. La controvèrsia entre el feminisme de la diferència i el de la igualtat va tenir com a punt culminant els anys vuitanta, en un context marcat pel reflux del moviment feminista i la seva progressiva institucionalització.

L'ecofeminisme, associat al pensament de Maria Mies o Vandana Shiva,[213] va assenyalar des de mitjans dels anys setanta els valors creatius i la funció espiritual de la maternitat. La dona, arran de la seva capacitat biològica, que li permet gestar i parir, tenia, segons les autores, un paper central en la defensa de la terra i la vida. Una posició ecomaternalista, que identificava feminitat amb valors com la cura, la no-violència, l'afecte i el respecte a la naturalesa.[214] L'ecofeminisme, inicialment des de plantejaments essencialistes i espirituals i, a partir dels anys noranta, des de postures constructivistes, va posar l'èmfasi en vincular feminisme i ecologisme, desigualtat de gènere i crisi ecològica, va revaloritzar la maternitat i la cura i va assenyalar la necessitat d'universalitzar aquestes pràctiques i els seus valors consubstancials.[215]

La maternitat ha estat un tema incòmode per al feminisme. El binomi dona-mare imposat pel patriarcat ha fet que una part molt significativa del feminisme rebutgés la maternitat, la negués, l'obviés, la menystingués. «Les dones són esclaves de la maternitat. La maternitat és una presó», afirmava l'escriptora Nawal El Saadawi en una entrevista, i a la pregunta «aleshores, la gran rebel·lia seria que les dones no tinguessin fills?», responia «sens dubte».[216] La maternitat, per a algunes feministes, és una condemna.

Tanmateix, el que en fa una càrrega pesada no és la maternitat en si, sinó la llosa en què l'ha convertit el patriarcat. La figura de la mare no és resultat de la capacitat biològica de la dona per gestar, parir i lactar, sinó d'una operació cultural i simbòlica que construeix la identitat femenina d'una manera única i homogènia entorn al fet de ser mare. Es tracta d'un ideal de maternitat, on tots els possibles anhels de la dona es restringeixen a un de sol: tenir criatures.[217] Un imaginari social matern que s'ha reproduït, amb variants, pels segles dels segles.

El patriarcat ha segrestat la maternitat. «A cada temps i lloc —com afirmava la psicòloga Victòria Sau—, són els homes els que decideixen com ha de ser, com ha d'actuar, què ha de fer» la mare. Una dona que s'ha convertit en «un fantasma», «una impostora», «una no-mare», en no tenir espai real ni simbòlic i ser reconeguda tan sols en funció del pare, en un món que gira sobre «un eix masculí egocèntric». D'aquesta manera, es constitueix el «buit de la maternitat», aquest buit de poder decidir i gestionar, de tenir influència i autoritat. «El "buit" deixat per una maternitat absent».[218]

Davant el segrest de la maternitat, el feminisme la va abandonar a la seva sort. Adrienne Rich, a *Of Woman Born*, va recuperar el terme *matrofòbia*, plantejat originàriament per la poetessa Lynn Sukenick. Per Rich, la matrofòbia no era només «la por a la mare o a la maternitat», sinó «la por a convertir-se en la pròpia mare». I afegia: «La matrofòbia pot considerar-se l'escissió femenina del jo, el desig d'expiar d'una vegada per totes l'esclavitud de les nostres mares, i convertir-nos en persones lliures».[219] Una mena de reacció agressiva de les filles a la violència patriarcal imposada sobre les mares.[220] Li ha passat el mateix a un determinat feminisme?

En la mesura que des d'opcions feministes es dona l'esquena a la maternitat, es crea també un «buit», una manca de sororitat. Aleshores, ens quedem sense dics de defensa. Les reflexions d'Adrianne Rich, que distingia entre la maternitat com a institució patriarcal i la maternitat com a experiència personal, ens ajuden a omplir aquest buit. No es tracta de renegar del fet de ser mares, sinó de les condicions en què ho som en el patriarcat. A partir de l'obra de Rich, ha estat comú en els debats en el món anglosaxó distingir entre *motherhood* (que fa referència a la institució) i *mothering* (en relació amb l'experiència subjectiva de les dones). A la vida real, totes dues, institució i experiència, *motherhood* i *mothering*, estan entrellaçades i en tensió permanent, ja que la maternitat com a institució condiciona i restringeix la pràctica i l'experiència materna.[221] El repte, des d'un plantejament feminista, consisteix en acabar amb la primera i alliberar la segona.

Capitalisme i cures

Al capital tampoc li han anat malament les coses amb la reclusió de les mares a la llar. La vulnerabilitat, que implica ser dependents, és inherent a la condició humana. Tots necessitem en un moment o altre de les nostres vides que ens cuidin, en particular quan som petits o molt grans o quan estem malalts, i qui ho fa? En general, dones, que són mà d'obra barata o fins i tot gratuïta.

La metàfora de l'iceberg, utilitzada per l'economia feminista per analitzar el sistema socioeconòmic, ho explica molt bé. L'economia capitalista funciona com un iceberg, del qual només en veiem la punta, una petita part, la de l'economia productiva, el treball assalariat. Tanmateix, la major part del bloc, si seguim amb la imatge, roman amagada sota l'aigua, i representa l'economia reproductiva, el treball de cures, el qual és invisible i invisibilitzat, però que sosté aquest mercat i li permet una ingent acumulació de riquesa.[222] Com mantenir jornades laborals incompatibles amb la vida personal i familiar, si no fos per qui cuida de les persones dependents, cuina, neteja? Si el treball de cures fos remunerat significaria ni més ni menys que el 53% del PIB de l'Estat espanyol.[223]

Avui el sistema té un altre problema: cada cop hi ha menys dones disposades a fer aquesta feina. Les mestresses de casa de sempre, en la mesura que s'han incorporat al mercat laboral, han desaparegut del mapa, mentre que la dependència, en concret associada a la vellesa, ha augmentat, i ho seguirà fent a causa de la tendència demogràfica. Es calcula que el 2050 la demanda de cures creixerà un 50%, un 47% de la qual en el segment de gent gran.[224] Aleshores, qui ens cuidarà? Tot plegat deriva en un problema de gran magnitud. Heus aquí la crisi de les cures.

Quan les dones no han pogut més, i davant la deixadesa de l'Estat, la poca implicació masculina i els alts preus de les empreses del sector, s'ha optat per externalitzar la seva feina en terceres persones. D'aquesta manera ho han gestionat les famílies amb rendes mitjanes i altes, que ho poden pagar, i han deixat el treball de cures en mans d'una legió de cuidadores *low cost*, moltes d'elles d'origen immigrant. Les tasques de reproducció, així, s'han concentrat en uns determinats sectors socials, ètnics i de gènere, a la cua de l'escala sociolaboral. Alhora, aquelles famílies amb rendes més baixes, davant la manca d'ajudes públiques, han hagut de respondre a aquesta necessitat en el si de la pròpia llar, amb les seves dones. Una dinàmica que ha generat un augment de les desigualtats de classe. Davant d'aquesta realitat, l'Estat se n'ha rentat les mans, i el desmantellament, via contrareforma, de la Llei de dependència, el 2012, n'és una mostra.[225]

La crisi de les cures, des de la perspectiva de la teoria de la reproducció social, s'explica com a resultat del funcionament del capitalisme financer contemporani i de les seves contradiccions socials i reproductives.[226] Aquest enfocament, defensat pel feminisme d'inspiració marxista, ofereix una visió global de com funciona el capitalisme, tenint en compte no només el procés d'acumulació de capital, sinó també la seva interacció amb les pràctiques que permeten la reproducció social (cura de persones grans, malaltes o criatures, abastiment d'aliments, tasques de la llar). Una teoria que posa l'èmfasi en com s'articulen les relacions d'explotació i les opressions de gènere o ètnia.[227]

Integrar la maternitat, i els aspectes que se'n deriven, com l'embaràs, el part, la lactància i la cura dels menors, en la teoria de la reproducció social és un tema pendent, així com entrar en diàleg amb el pensament feminista sobre la maternitat, des d'Adrienne Rich en endavant, i analitzar la intersecció entre els aspectes biològics i corporals de la maternitat, d'una banda, i els culturals i socials, de l'altra. La literatura sobre la reproducció social i sobre la maternitat haurien de dialogar més entre si.

La necessitat d'un model d'organització social que col·loqui les cures en el centre, les valori, les faci visibles i assenyali que són responsabilitat de tots, amb una imprescindible implicació de l'Estat, és imperiosa. Ser cuidat i cuidar és un dret i un deure en una societat que situï en un lloc prioritari la vulnerabilitat de la vida. No només es tracta de reivindicar la ciutadania sinó la *cuidadania*.[228] El problema el tenim amb una societat que menysprea la fragilitat humana.

Quan parlem de treball de cures, però, sembla que n'hi hagi unes de més importants que d'altres. Fins i tot aquells que el reivindiquen sovint donen més importància a les dependències de persones grans o malaltes que les que impliquen menors, quan la maternitat és *per se* part consubstancial de l'ètica de la cura.[229] La criança, tanmateix, no és un treball de cures més, no és tan fàcilment externalitzable, sobretot quan la criatura és petita,[230] cosa que moltes vegades s'oblida. Tot això evidencia com d'invisible és la maternitat, i la poca centralitat que té, en el si dels feminismes.

Quan el feminisme identifica llibertat i igualtat amb treball remunerat, tendeix a menystenir tot el que succeeix de portes endins de la llar. La maternitat forma part d'aquest pack. Malgrat que es reivindica un repartiment igualitari de les tasques de cura, aquestes acostumen a ser considerades una feina de segona, una càrrega, i la criança, com a part inherent d'aquestes tasques, de tercera. En aquest món ideal, com assenyala críticament Carolina León, autora de *Trincheras permanentes*, «exercir l'empatia, procurar afecte als altres humans (fills o qualsevol), preocupar-se de les seves necessitats és un destí vital de febles, subalterns, fracassats».[231]

No obstant això, el mite del treball assalariat com a única via de realització personal s'ha ensorrat, en un context de creixent precarietat. L'ocupació no ens fa lliures ni iguals. Òbviament una feina ens donarà independència econòmica (o una mica d'independència, perquè amb els salaris que es paguen!), però, això vol dir que ens sentirem més realitzats treballant en una feina precària que cuidant de persones que estimem o practicant les nostres aficions? La maternitat és una càrrega i el món laboral no? Per descomptat que l'objectiu d'igualtat en el mercat laboral és irrenunciable, però per desgràcia la feina, per a una gran majoria, és font de tot menys de satisfaccions, i no té més interès que el salari que es percep.

Quan des d'un feminisme institucionalitzat es diu, més explícitament o menys, que el que hem de fer és treballar, competir, triomfar, s'assumeix l'imaginari liberal. Des de posicions feministes s'acaba defensant una maternitat neoliberal, on la vida, la cura i la criança queden supeditades al mercat. Es tracta, com la filòsofa Nancy Fraser assenyala, de les amistats perilloses del feminisme amb el capitalisme. D'aquesta manera, un cert feminisme, defensor d'una societat de lliure mercat, acaba justificant noves formes de desigualtat i explotació, cosa que traeix els principis originals del moviment per a l'alliberament de les dones.[232]

Malgrat que les feministes liberals i socialdemòcrates insisteixen en la importància de l'accés i la promoció en el mercat de treball com a mecanisme central per a l'emancipació de les dones, resulta sorprenent que acceptin amb tanta facilitat la degradació de les condicions laborals, que el neoliberalisme ha imposat, i obviïn una demanda central respecte aquestes com és la reducció de la jornada de treball. Un fet que només s'explica per la seva connivència amb els interessos empresarials. La reducció de la jornada laboral és una vella aspiració de la qual ja ningú, per desgràcia, ni la majoria de sindicats, se'n recorda. Una demanda que és bàsica per canviar l'eix al voltant del qual gira l'organització social des de tres punts de vista: creació d'ocupació i reducció de l'atur, repartiment igualitari del treball de cures i augment del temps lliure.

Ser mares o ser lliures, quantes vegades se'ns ha plantejat aquesta dicotomia. La criança, és veritat, implica la pèrdua d'un cert grau de llibertat, tant per a les dones com per a qualsevol persona que criï, però el problema rau quan aquesta pèrdua de llibertat es veu agreujada, institucionalitzada i instrumentalitzada amb l'objectiu de subordinar les dones.[233] El problema no és la maternitat, sinó un sistema socioeconòmic que dona l'esquena a la criança i la cura, que nega que som éssers interdependents. Ser mare, o pare, compromès, tenir a càrrec una criatura, implica un grau de compromís personal, emocional, material i social elevat.[234] Valors que no estan en auge en una societat on prima la meritocràcia i l'individualisme.

Tota ètica feminista de la cura ha de presentar-se com a antagònica a una ètica reaccionària de la cura, que associa cuidar a una obligació moral de la dona.[235] Des d'una mirada emancipadora, la cura forma part consubstancial de la satisfacció de les necessitats humanes, com a font de reciprocitat, sense jerarquies de gènere. Defensar una ètica feminista de la cura no significa idealitzar-la, sinó entendre'n les complexitats i les càrregues. La criança és font de tensions múltiples, de plaer i enrabiades, d'alegria i cansament. La cura forma part de la vida, però n'és només una part. La revalorització de l'ètica de la cura no hauria de transmutar-se en una idealització neoromàntica de les relacions afectives o, encara menys, en carregar a les dones del treball de cures de tota la vida, però ara presentat com a font d'empoderament i realització personal.

El treball de cures, en termes de justícia de gènere, s'ha de plantejar des d'una doble perspectiva: el repartiment entre homes i dones i la socialització més enllà del nucli familiar.[236] Es tracta d'organitzar les cures i l'ocupació a partir d'un model de «cuidador universal», és a dir, persones que combinen treball remunerat i cures, i trenquen així la separació tradicional entre el rol de proveïdor i el de cuidador.[237] El repte consisteix en pensar un tipus d'organització social que ho faci possible. Una societat que aculli la cura i la maternitat en plenitud només serà possible si revaloritza aquestes tasques, les reparteix de forma igualitària entre homes i dones, les socialitza reforçant els serveis públics i les iniciatives comunitàries, redueix dràsticament la jornada laboral i, més en general, organitza la vida pública de manera permeable a les necessitats de les persones.

I, què passa amb la importància política de la cura? Aquí rau avui un dels principals debats dels feminismes. Cal polititzar les cures,[238] i polititzar també la maternitat, com un camp de batalla a guanyar. La controvèrsia entre el feminisme de la igualtat i la diferència, pròpia dels anys setanta i vuitanta, ha estat parcialment superada, i s'ha constituït un espai de síntesi. El feminisme contemporani, amb tota la seva diversitat i amb una nova generació de dones, sembla més sensible a abordar el debat de la maternitat, al marge de les relacions d'amor o odi.

Acabar amb la guerra entre mares

No obstant, hi ha qui s'entossudeix en insistir en una absurda guerra entre mares. Una polèmica, en bona mesura mediàtica, que es va posar de moda als Estats Units, on aquestes *mommy wars* ['guerra entre mares'] tenien com objectiu enfrontar mares treballadores amb mestresses de casa.[239] Fins i tot Hollywood s'ha sumat a aquesta controvèrsia, que reprodueix el discurs masclista que el pitjor enemic d'una dona és una altra dona. Pel·lícules com *Bad Moms* ['Males mares'] (2016) i la seva seqüela *A Bad Moms Christmas* ['Un nadal de males mares'] (2017) presenten la maternitat com un terreny de conflicte i competència entre progenitores, i consoliden així un imaginari de confrontació que no ens beneficia gens.

Al marge de les legítimes discrepàncies, a vegades profundes, entre acadèmiques i activistes sobre com fer front a la criança, les mares ens movem, en general, en una escala de grisos. Sens dubte, hi ha visions contraposades sobre la maternitat, però no es poden confondre amb una guerra entre mares que polaritzi la societat. A peu de carrer, ni la negació de la maternitat ni l'essencialització són un fet generalitzat. Hi ha tot un ventall de pràctiques que podem portar a terme i escollim, en particular, aquelles amb les quals ens sentim més identificades o les que bonament podem fer, la qual cosa no vol dir que siguin les que ens semblen millors. Quan la controvèrsia se centra en termes de bones o males mares, de contraposició en les formes de criança, el debat acaba jutjant conductes personals i no condueix enlloc. Aleshores és quan ens sentim qüestionades. No caiguem en falses polèmiques buides de contingut. Més que guerres mediàtiques entre mares, ens cal una discussió profunda sobre el model de societat que necessitem perquè totes, i tots, puguem criar i viure dignament.

La criança natural

El combat d'algunes feministes per liquidar la maternitat les ha portat a criticar durament, menysprear i fins i tot titllar de reaccionàries aquelles dones que donen una dimensió central a l'experiència materna, decideixen deixar la feina per estar amb les criatures o aposten per criar seguint les tesis del que s'ha anomenat la *criança amb afecció*. Un mètode de criança que defensa el vincle immediat mare-criatura després del part, la lactància materna, el porteig (portar l'infant a sobre), el collit (dormir amb el nadó) o atendre el petit tan bon punt plora, idees que formen part d'una pràctica més àmplia que rep el nom de *criança natural*. El matrimoni de pediatres estatunidencs William i Martha Sears, en la dècada dels vuitanta, van ser els que van desenvolupar aquest mètode, a partir dels treballs sobre la teoria de l'afecció del psicòleg britànic John Bowlby.

Les seves detractores consideren que aquesta opció implica un retorn de la dona a la llar, li resta independència econòmica i significa un retrocés respecte als drets i les llibertats que elles, com a feministes, van aconseguir després de dècades de lluita. Una de les seves màximes exponents és la filòsofa Elisabeth Badinter, que identifica aquest model de criança com «una nova forma d'esclavitud», que s'ha imposat, sosté, arran de la crisi econòmica, que ha portat moltes dones en edat de tenir criatures a preferir la llar i la criança a un mercat laboral precari.[240]

En el paquet de mares abduïdes per una maternitat que es titllada despectivament d'intensiva s'inclouen també aquelles que opten per un part sense epidural, les que donen la teta a demanda, pitjor si ho fan durant anys, o fins i tot les que fan servir bolquers reutilitzables. Per Badinter, aquestes dones s'han convertit en víctimes que, sense ser-ne conscients, donen l'esquena als avenços «que les han alliberat». La culpa és, segons l'autora, de la revolució encapçalada pel naturalisme, «que realça de nou el concepte anacrònic de l'instint maternal i elogia el masoquisme i el sacrifici femení, els quals constitueixen el pitjor perill per a l'emancipació de les dones i la igualtat de sexes». L'ecologia radical, el maternalisme i les ciències del comportament humà són, segons Badinter, les altres responsables.[241]

Més enllà del menyspreu cap a altres opcions de criança, la mirada d'Elisabeth Badinter, i d'aquelles que en comparteixen el diagnòstic, infantilitza les dones que les practiquen, i mostra un profund desconeixement sobre les seves motivacions. El desdeny no és la millor manera de construir sororitat. Fa temps, em vaig topar per internet amb una sèrie de vídeos d'unes jornades sobre maternitat. Quina va ser la meva sorpresa quan vaig escoltar, en el tancament d'una de les taules, els comentaris que algunes de les ponents feien de les dones que practicaven una criança natural. La burla, la manca de respecte, el judici moral, la superioritat personal i intel·lectual, així com les dades i les afirmacions falses, eren la tònica de les crítiques, en un auditori que no feia sinó riure'ls les gràcies, en el marc del que, segons el peu de pàgina dels vídeos, era una escola feminista. Un quadre tan indignant com vergonyós, i que ens hauria de fer reflexionar.

L'activista i escriptora Beatriz Gimeno, des d'una òptica similar a la de Badinter, considera que la revalorització de la maternitat, la defensa de la lactància materna i l'auge d'opcions de criança natural expressen un «replegament identitari» de les dones cap a la família i la cura, els seus espais tradicionals. Segons Gimeno, es tracta d'una reacció defensiva davant la precarització del mercat laboral i les condicions de vida, així com enfront les expectatives d'igualtat que no va aconseguir el feminisme.[242]

Tanmateix, no és la criança amb afecció la que ha creat una «mística de la maternitat», tunejant el concepte de «mística de la feminitat» de Betty Friedan, des de fa segles que la tenim entre nosaltres. La criança natural no relega la mare a la llar, sinó que planteja un model alternatiu de criança a l'hegemònic, deshumanitzat, tecnificat i supeditat al mercat.

Si bé es cert que les propostes de la criança amb afecció sorgeixen d'un entorn conservador, familiarista i reaccionari, el matrimoni Sears n'és un exemple, i que compten amb seguidors en aquests àmbits, la gran majoria dels que subscriuen aquestes pràctiques, en particular els col·lectius organitzats en grups de suport a la lactància materna i espais de criança compartida, ho fan des d'una perspectiva que té com a objectiu donar visibilitat i centralitat política a l'experiència maternal, alhora que defensen un model de maternitat emancipador que no té res a veure amb el conservadorisme tradicionalista. Tot i que un dels riscos és caure en la idealització de la criança, ja sigui emmirallant-se en cultures passades o mistificant la maternitat i la paternitat en relació amb la naturalesa. En realitat del que es tracta és de pensar una revalorització feminista i emancipadora de la criança que trenqui tant amb la maternitat patriarcal com amb la maternitat liberal.

Les noves maternitats feministes, desmercantilitzades i ecologistes poden llegir-se des del debat sobre el comú i els bens comuns. No signifiquen un replegament identitari, sinó un projecte defensiu per viure d'una altra manera, davant la mercantilització de la vida i els valors consumistes, i un intent ofensiu per reorganitzar la quotidianitat a partir d'altres paràmetres. Tanmateix, cal tenir en compte que el nostre entorn socioeconòmic condiciona, vulguem o no, el que podem fer, i restringeix el ventall de possibilitats. Cal intentar no establir un ideal matern inassumible, generador de malestar i culpa. Les maternitats emancipadores coexisteixen amb iniciatives de consum ecològic, models educatius no autoritaris, xarxes d'economia social i solidària..., i les seves fortaleses i límits, segurament, són similars a les d'aquests moviments. Però més enllà d'una opció personal, el repte consisteix en situar aquestes propostes en el marc d'un projecte social més ampli de canvi de sistema.

La criança així com la maternitat han de ser resocialitzades, no són assumptes particulars o familiars.[243] La qüestió és com passar d'un model individual o familiar de criança natural a un model social de criança natural, que parteixi d'una pràctica igualitària en termes de gènere, classe i ètnia. No es tracta de qüestionar com cuida aquesta mare o aquest pare, ja que les nostres decisions venen molt condicionades per un entorn socioeconòmic i laboral hostil, sinó plantejar quin sistema garanteix el dret a la cura. Aquí radica el principal debat sobre la criança, però aquest és el gran absent de les teories de l'afecció. Tanmateix, una altra forma de cuidar només serà possible en un model social alternatiu, la qual cosa implica preguntar-nos quin tipus de relacions personals, mercat de treball, iniciatives comunitàries i serveis públics necessitem perquè sigui factible.

La qüestió de l'instint

Un dels temes més polèmics a l'hora de reflexionar sobre la maternitat és la qüestió de l'instint. El patriarcat es va encarregar de deixar lligat i ben lligat això que «la dona és cuidadora per naturalesa», que «el seu instint la porta a ser mare». Per sort, les feministes han desmentit aquest determinisme. Les dones podem triar si volem tenir descendència o no. Reproduir-se és un imperatiu de l'espècie, no de l'individu.

No obstant això, la negació de l'instint ha portat amplis sectors del moviment feminista i científics socials a rebutjar la dimensió biològica de la reproducció humana, que existeix malgrat el caràcter sociocultural de la maternitat. L'embaràs, el part i el puerperi són una explosió d'hormones i neurotransmissors, com la progesterona, l'oxitocina, la dopamina, la prolactina, les endorfines. Tot plegat és un còctel que té com a objectiu facilitar la gestació i el naixement, així com el vincle entre la mare i la criatura. No podem desprendre'ns sense més de la nostra biologia.

És clar que hi ha casos de mares que, per diferents raons, han abandonat els seus nadons, però posar aquests exemples per negar ja no l'instint maternal, sinó la pulsió materna que porta una immensa majoria de mares a sentir un fort vincle amb els seus infants, no crec que sigui suficient per refutar aquesta realitat. De fet, «l'existència d'una resposta cuidadora innata davant d'una cria constitueix una de les hipòtesis d'adaptació evolutiva més versemblants que s'han formulat mai».[244] Una resposta cuidadora, una pulsió, que tant poden sentir dones com homes. No estem parlant d'un instint de maternitat ni de paternitat sinó de la necessitat que tenim els éssers humans de ser cuidats i el desig de cuidar. Desmuntar el mite de l'instint maternal no hauria de portar-nos a rebutjar la importància i l'anhel de la cura. Alliberar la cura del patriarcat no implica dissoldre-la, negar-la, sinó replantejar com l'entenem.

Sovint, hi ha mares que fan referència a l'instint per explicar aquesta pulsió que senten per cuidar i atendre el nadó. Més enllà del caràcter biològic del part i la lactància, hi ha un ús del concepte «instint» més cultural, construït a partir del contacte amb el petit. Un vincle que senten tant mares i pares biològics com adoptius, només mediat per una relació corporal diferent. S'associa instint, en aquests casos, a compromís amb la cura, desnaturalitzant el concepte i donant-li un caràcter social.[245]

La paraula *instint* s'utilitza d'aquesta manera per expressar un ímpetu personal que ens porta a actuar i a sentir en una direcció determinada, que no té per què ser compartida per altres mares. Hi ha dones que afirmen que «el seu instint» les condueix a donar el pit, però que consideren que a d'altres el seu les portarà a fer una altra cosa, rebutgen el caràcter determinista d'un instint biològic imposat pel patriarcat. Ho analitza l'antropòloga Marta Ausona, que assenyala com «l'instint és, en aquestes manifestacions, un llenguatge individualitzat del cos que permet oposar-se a certes convencions socials, ja que "jo sé el que sento", "jo segueixo el meu instint"». L'instint com a forma de reivindicar l'autonomia, al marge de les pràctiques hegemòniques.[246]

La maternitat és incòmoda perquè s'entossudeix a mostrar la nostra animalitat. Som éssers culturals, però tenim una realitat biològica, seguim formant part, per dir-ho d'alguna manera, del regne animal. Al néixer, en la vida extrauterina, els nadons són éssers dependents i vulnerables que busquen el cos de la mare per sobreviure, més fins i tot que les cries d'altres animals. Els bebès arriben al món sense moltes de les habilitats amb què compten les cries d'altres espècies, ja que si es desenvolupessin més en el si matern no podrien passar pel canal de part. Per aquest motiu, es parla d'un període de gestació intrauterí i un altre d'extrauterí. Ho veiem quan, després del part, el nadó ensuma fins a trobar el mugró de la mare per començar a lactar, fruit dels reflexos de cerca i succió-deglució. Ella, al mateix temps, experimenta una sèrie de canvis hormonals i cerebrals que faciliten el vincle amb la criatura, ja que amb l'estimulació del mugró es genera un augment de les hormones prolactina i oxitocina.[247] No es tracta d'una visió romàntica ni essencialista, són dades objectives.

La maternitat destapa, més fins i tot que d'altres vivències humanes, els vincles estrets entre biologia i cultura. La conducta de l'individu és biosocial.[248] I això molesta, perquè significa entrar en un terreny incòmode que tradicionalment ha estat domini del pensament conservador. D'aquí els prejudicis, per part de determinats moviments socials i sectors del feminisme, per defensar, visibilitzar i donar valor a tot allò que té a veure amb l'embaràs, el part, la lactància i la criança.

De la mateixa manera que és reduccionista acotar feminitat a maternitat, ho és també tot el contrari. Ser dona i ser mare no tenen per què coincidir, però tampoc són dissociables. «Si bé la maternitat no es redueix a la transmissió d'un patrimoni genètic, sinó que se situa en el pla de la transmissió simbòlica de la cultura» —afirma la psicoanalista Silvia Tubert—, «tampoc es pot negar que el procés biològic de la gestació es realitza segons una legalitat que escapa a la voluntat de la dona en el cos de la qual té lloc».[249] L'exercici de la maternitat significa l'articulació d'un cos en la cultura. Ni és purament natural ni només cultural, sinó que compromet tant una cosa com l'altra.

Al rescat

La maternitat, en un context de crisi de civilització, viu també les seves crisis particulars. Ho veiem en les dificultats que cada vegada tenen més dones per quedar-se embarassades, l'ajornament o fins i tot la renúncia forçada de la maternitat, els malabarismes per conciliar la criança amb la feina, les tensions amb el projecte de vida, la impossibilitat de tenir el nombre de criatures que es desitja, la insatisfacció de l'experiència materna i l'autoculpabilització. Heus aquí algunes mostres de les crisis múltiples, invisibles i no anomenades, de la maternitat. Pensar la maternitat des del feminisme implica rescatar-la de les seves crisis, i rescatar-nos a nosaltres de les crisis de la maternitat.

El patriarcat va confinar la maternitat a la llar, a la subalternitat, utilitzant-la com a mecanisme de domini sobre les dones. Però, ens hem de resignar a aquest significat? Qui ens aparta de l'esfera pública, nega llibertat i impedeix la nostra autonomia personal no és la maternitat en si, sinó el caràcter que se li ha donat. Adrienne Rich, a *Of Woman Born*, ho sintetitzava a la perfecció quan distingia entre l'experiència subjectiva de la maternitat i la institució maternal imposada.[250] Acceptar la maternitat patriarcal com l'única possible, implica renunciar a donar una perspectiva feminista a l'experiència materna. Negar-la comporta donar l'esquena a les dones mares, a les que ho hem estat i a les que ho seran, vol dir deixar-nos orfes de discurs i referents, seguir normativitzant el fet de ser mare sota els preceptes del patriarcat.

La maternitat és un terreny en disputa. Si prenem el principi feminista que allò personal és polític, el repte consisteix en polititzar la maternitat en sentit emancipador. No es tracta d'idealitzar-la ni de tenir-ne una visió romàntica, sinó de reconèixer el paper fonamental que té en la reproducció social i atorgar-li el valor que li correspon. Ja va sent hora que ens dotem de nous codis. Cal alliberar la maternitat del patriarcat. Les dones vam conquerir el dret a no ser mares, a acabar amb la maternitat com a destí, ara es tracta de poder decidir com volem viure aquesta experiència.

Les mares hem estat històricament considerades objectes, no individus autònoms. Veure'ns com a subjectes independents, amb necessitats pròpies, ha estat el desafiament de la reflexió feminista sobre la maternitat.[251] Però, què és una maternitat feminista? Hi ha acadèmiques que consideren que una mare feminista és aquella que qüestiona els mites de la maternitat, defensa tenir una feina remunerada, educa els infants de manera no sexista, comparteix una organització familiar no patriarcal i és activa políticament.[252] D'altres la defineixen com una mare que desafia l'*statu quo*, que no vol que les seves criatures reprodueixin els rols tradicionals de gènere.[253] També hi ha les que consideren que una maternitat feminista consisteix en deconstruir i posar fi al relat patriarcal de la maternitat, i fer possible un espai on s'articulin contranarratives.[254]

Una mama feminista, per mi, és una mare desobedient, insubmisa, rebel, una mama que no és objecte passiu sinó subjecte actiu, que es rebel·la tant contra la maternitat patriarcal com contra la maternitat neoliberal, però no renuncia a viure l'experiència materna. Es tracta, en paraules d'Adrienne Rich, d'una maternitat «fora de la llei i de la institució de la maternitat»,[255] cosa que implica una confrontació constant amb les normes socials establertes.

Una nova generació de dones i mares, segurament més lliures de prejudicis que les anteriors, reivindiquem la visibilitat i el reconeixement d'un treball que han fet les dones des d'antany. No es tracta d'una nova ofensiva del patriarcat, com algunes feministes han assenyalat, sinó de la presa de consciència de com unes pràctiques tan rellevants per a les societats humanes com són gestar, parir, alletar i criar, han estat relegades als marges, i de la necessitat de valorar-les, visibilitzar-les públicament i políticament i reivindicar-ne la responsabilitat col·lectiva en el marc d'un projecte social emancipador.

Un feminisme i una maternitat del 99%

El feminisme del 99%, com s'ha anomenat el nou feminisme que impugna alhora patriarcat i capitalisme, no concep la lluita feminista només com una guerra cultural, entre valors conservadors i progressistes.[256] Pel feminisme del 99%, l'embat per la igualtat és indissociable d'un canvi estructural de model econòmic i relacions socials.[257] En aquest sentit, s'oposa al feminisme liberal o progressista, afí al Partit Demòcrata als Estats Units o als partits socialdemòcrates a Europa, que planteja acabar amb les desigualtats de gènere sense tenir en compte les desigualtats de classe, cosa que implica més llibertat i igualtat només per a unes quantes dones, i en deixa fora la gran majoria.

El feminisme del 99% té el repte d'incloure la maternitat entre les seves reflexions programàtiques i preocupacions estratègiques. La maternitat no pot seguir sent un tema incòmode per al feminisme. Ben al contrari, aquest ha de donar-li el lloc que mereix en el si de la lluita per a l'emancipació de les dones; no mistificar-la, sinó assumir que és una part fonamental de la identitat femenina, alhora que les dones som molt més que mares.

Al feminisme emergent del 99% li correspon una maternitat del 99%, una maternitat popular, treballadora, mestissa, no limitada a determinades opcions sexuals ni a dones de classe mitjana, blanques i amb formació elevada. La maternitat del 99% és molt més que una guerra cultural, i implica un altre model d'organització social, mercat de treball, estructura familiar i serveis públics, és a dir, un mecanisme alternatiu de reproducció social. Necessitem un feminisme del 99%, una maternitat del 99% i un règim de cures[258] del 99%.

L'activisme maternal feminista, per la seva banda, té en el nou feminisme en ascens un aliat preferent, i el desafiament de sumar-se a aquesta empenta mobilitzadora, que va tenir en la Vaga de Dones del 8 de març de 2018 la seva màxima expressió. Necessitem una maternitat feminista i un feminisme que incorpori la maternitat.

Matriactivistes

Al llarg de la història, l'activisme maternal ha tingut moltes facetes, mares que han lluitat per recuperar les seves criatures desaparegudes, exigir menjar en temps de guerra, reivindicar escoles dignes. Les dones hem protagonitzat una infinitat de lluites com a mares. Una de les més commovedores tal vegada sigui la de les dones esclaves als segles XVIII i XIX als Estats Units, les quals van ser obligades a tenir criatures amb l'únic objectiu de proporcionar esclaus. Moltes s'hi van negar, sabent del destí que esperava als seus infants, i van utilitzar plantes medicinals per reduir la fertilitat.[259] Un activisme maternal per evitar ser mares que va quedar reflectit a les pàgines de la novel·la *Beloved* de Toni Morrison,[260] que narra la història d'una esclava fugitiva, Sethe, que va preferir acabar amb la vida de la seva filla abans que la poguessin capturar i esclavitzar.

L'activisme de les mares d'avui entronca amb totes aquestes lluites, però té com a especificitat que el camp en disputa és la maternitat. El sistema actual vulnera una sèrie de drets que com a mares hauríem de tenir garantits: el dret a un embaràs i a un part respectat, a donar el pit allà on faci falta, a gaudir de prestacions maternals suficients per assegurar una criança digna. Cada cop són més les mares que prenen consciència d'aquesta realitat i ho denuncien. És el que l'activista Jesusa Ricoy ha anomenat «matriactivisme».[261]

La lluita contra la violència obstètrica, la violència exercida contra les dones durant l'embaràs, el part o el puerperi per part dels professionals sanitaris, és un d'aquests camps de batalla. Associacions com El Part és Nostre, en el conjunt de l'Estat espanyol, o Dona Llum, a Catalunya, entre d'altres, han obert camí amb una feina imprescindible. Un activisme maternal que ha permès donar veu a dones que han patit aquesta situació d'abús, amplificar el debat i aconseguir canvis en l'atenció al part als centres hospitalaris. Avenços que es porten a terme lentament, ja que, tot i haver aconseguit modificacions significatives en els protocols, les inèrcies professionals són difícils de canviar.[262]

La reivindicació de la lactància materna a demanda, en qualsevol moment i lloc, l'aposta per models de criança alternatius al dominant, no autoritaris i respectuosos, l'exigència de permisos maternals més extensos que permetin fer compatible una criança digna amb l'ocupació o la reivindicació de millors serveis públics són d'altres àmbits on les mares es mobilitzen. Vet aquí unes maternitats polititzades, amb unes demandes que xoquen frontalment amb la lògica mercantil del capital i la submissió que imposa el patriarcat.

Una maternitat alternativa no significa un simple *lifestyle politics*, un altre estil de vida i de maternitat només accessible a classes mitjanes i altes, sinó que implica posar de relleu els vincles estrets entre neoliberalisme i maternitat, de com el primer dificulta l'experiència materna. Es tracta de lluitar per aconseguir canvis en el mercat de treball, els serveis públics, la institució familiar, en definitiva, en el model de reproducció social. Una altra maternitat necessita un altre tipus de societat.

Sororitat a la xarxa

Malgrat l'auge dels experts, buscar consell i ser escoltada per altres mares continua sent, en ple segle XXI, una necessitat tan important com ho era en el passat. Internet i les xarxes socials han estat un terreny fèrtil per teixir solidaritats, en una societat individualista on cada vegada ens trobem més aïllats i amb menys marcs comunitaris. El tantes vegades citat, i tan encertat, refrany africà que diu que per criar cal una tribu sencera, es materialitza ara en el núvol digital. Ho veiem en múltiples fòrums de debat, pàgines de Facebook, blocs, grups de WhatsApp, etc., que funcionen com a espai de suport per a mares, i també per a alguns pares.

Una tendència que ha anat a més en els darrers anys. Un exemple el tenim amb la proliferació d'una nodrida blogosfera materna. Les comunitats que allotgen pàgines web dedicades al tema han crescut de manera exponencial. Un cas és el de Madresfera, que acull actualment més de 4.300 dominis, quan el 2011, any de la seva fundació, amb prou feines arribava a la vintena. Tot un símptoma de l'interès i la necessitat que tantes mares tenen de compartir l'experiència de la criança, i la visibilitat que les xarxes han donat a una sèrie de temàtiques que fins fa poc quedaven recloses en la intimitat de la llar.

Des que es busca l'embaràs, passant pel part i fins ben entrada la criança, són moltes les dones que volen compartir aquest procés vital. Algunes s'animen a escriure un blog, d'altres se subscriuen a un fòrum, segueixen una pàgina de Facebook o s'ajunten en una llista de Twitter. Hi ha experiències anònimes i d'altres amb noms i cognoms.

En definitiva, es tracta d'intercanviar opinions, buscar consell, trobar suport o superar la soledat que significa criar en una societat com l'actual. Temes que fins fa poc podien ser considerats tabú, com la dificultat per quedar-se embarassada, l'adopció, començar un tractament de reproducció assistida o viure una pèrdua gestacional, troben un espai a la xarxa, on l'anonimat pot ser de gran ajuda. Allò que comença com una experiència vital que es comparteix amb un grup d'estranys, a poc a poc va donant pas a la configuració d'una comunitat, amb qui es pot establir una llarga relació virtual o inclús una amistat fora de la pantalla.

Els relats, però, tendeixen a ser de tipus diferent en funció de la xarxa social. Mentre que Instagram o Pinterest contribueixen, en general, a crear una imatge edulcorada de la maternitat, amb retrats fragmentats i idíl·lics de les criatures acabades de néixer, d'altres instruments com els blogs ofereixen una narració més personal i realista. Ho veiem en narracions sobre el part i el postpart, que donen una informació que contrasta amb l'asèptica explicació mèdica habitual. Molts d'aquests relats serveixen per a denunciar l'abús i la violència obstètrica patida, el dolor després d'una pèrdua gestacional, les pors que ens envaeixen en el puerperi, cròniques que permeten curar ferides i informar d'altres mares. Les xarxes socials han contribuït a qüotidianitzar la maternitat, mostrant una realitat que no té res a veure amb la dels reportatges edulcorats d'embarassos i postparts de famoses, que fins fa relativament poc eren l'únic referent publicat.[263]

Més enllà de la xarxa, hi ha també espais de trobada presencials on es materialitza la sororitat. Es tracta de grups de suport a la lactància materna, col·lectius de criança compartida, grups de postpart o associacions de suport a la mort perinatal i neonatal, que són de gran utilitat per rebre ajuda, no sentir-se sola i trencar el silenci. Hi ha espais centrats en l'activisme maternal, d'altres en l'autoajuda o que són una barreja de tots dos. Alguns són impulsats per l'administració pública, n'hi ha de creats a l'aixopluc d'associacions i cooperatives, i d'altres que es basen en l'autoorganització. La diversitat és la norma. Tots ells són instruments i espais, ja siguin digitals o analògics, que donen veu i visibilitat a les mares, a la seva experiència, i són una forma d'empoderament individual i col·lectiu. D'aquesta manera, es recupera l'autoestima personal, així com l'estima social negada.[264]

Què passa amb els pares?

Les transformacions de la maternitat, tant des del punt de vista social com subjectiu, tenen el seu correlat en la paternitat. La figura del pare s'ha entès, en el marc dels sistemes tradicionals de parentiu, en relació amb la mare,[265] però ambdues funcions han estat al llarg de la història concebudes socialment i culturalment de manera asimètrica. Mentre que el rol patern s'ha elevat a categoria de principi espiritual, conferint a l'home potestat absoluta sobre els descendents, el rol matern s'ha naturalitzat.

«No recordo on era el meu pare llavors. Sempre era en algun lloc, però aquell lloc no era mai amb nosaltres. O arribava molt tard o no venia (...). En la meva imaginació, el pare fa uns deu anys que corre, sense descansar, sempre amb la mateixa expressió i la mateixa postura». Aquesta és la figura del pare desaparegut, una constant en els contes de Kim Ae-ran a *Corre, pare, corre!*[266] Una absència que sovint es dona també en la vida real, en contraposició amb l'omnipresència de la mare.

Tanmateix, la pràctica maternal, com moltes feministes reivindiquen, hauria de ser exercida no només per les dones, sinó també pels homes, i deixar de ser una tasca pròpia del gènere femení, la qual cosa significa maternitzar la paternitat. Cal «subvertir l'actual divisió sexista del treball i reduir la importància del gènere com a principi estructural de l'organització social»,[267] amb la conseqüent corresponsabilització equivalent en la cura de les criatures.

Això no vol dir que pares i mares haguem de fer, o puguem fer, exactament el mateix en tots els estadis de la criança. En el cas de la maternitat biològica, en la fase d'exterogestació, els nou mesos següents al part, les tasques de la mare i el pare no són iguals.[268] Ho veiem, en particular, en la lactància materna i el pell amb pell just després de donar a llum, on el paper de la mare és fonamental. Però aquest fet no significa que la criança inicial sigui una cosa exclusiva de la dona. El pare pot estar també en contacte físic amb el nadó els primers dies després del part, de fet és important que així sigui, i que s'impliqui en altres facetes de la criança i el treball reproductiu. La maternitat és un deure també dels pares.

2. El part és meu

Abans de quedar-me embarassada, mai m'havia plantejat com pariria si es donava el cas. Sovint, com a dones, pensem en si volem o no tenir criatures, quines implicacions tindrà, de quina manera farem compatible la maternitat amb la vida personal i professional. Com a feministes reivindiquem l'imprescindible dret a decidir sobre els nostres cossos, a l'avortament, a la conciliació, a repartir el treball de cures, a la igualtat. Tanmateix, hi ha un dret que ens passa per alt exigir: el de com volem parir.

Sembla que el part és un mer tràmit. Abans i després del part, aixequem la veu per reivindicar els nostres drets com a dones, però els ignorem a l'hora de donar a llum. No obstant això, parir no és només un fet inevitable si estàs embarassada, sinó un moment decisiu en la nostra vida i la d'aquell que naixerà. Per aquest motiu, un cop vaig saber que tindria un fill i em vaig començar a plantejar on i com volia parir-lo, no tan sols em va sorprendre com teníem d'oblidada aquesta qüestió, sinó la poca importància que li donàvem, tant personalment com col·lectivament. El debat sobre el part respectat és el gran absent.

2.1. Ens han robat el part

Parlar de l'experiència del part, amb amigues i conegudes, significa sovint parlar de dolor, angoixa, por, impotència, i no tant pel part en si com pel tracte rebut i les intervencions mèdiques evitables. Cesàries innecessàries, tracte irrespectuós, episiotomies prescindibles, separació injustificada de mare i nadó només néixer, falta d'informació sobre els procediments, trencament evitable de la bossa d'aigües, parts induïts arbitràriament... són algunes de les experiències viscudes. Totes elles, justificades facultativament perquè «era necessari per al nadó» o «no hi havia una altra opció». Segur? A les mares ens forcen a creure-ho, i no són poques les que després de l'angoixa afirmen que «al final tot s'oblida». Però, quant deu haver patit una dona per voler oblidar un episodi com el part de la seva criatura?

Les mares, no comptem. A quantes ens han robat el part? La capacitat de decidir en un moment tan important de les nostres vides. Ens han dit que un part avui és un part controlat, en què no cal preocupar-se per res, sempre que ho deixem tot en mans dels professionals. Si no ho fem, pot ser perillós per a nosaltres i el nadó. Hem d'acceptar les regles del joc, així acabarem amb un bonic bebè entre braços. Se'ns fa creure que no estem preparades per donar a llum, que no podem, que no en sabem. L'actitud paternalista, en molts casos, ens inhibeix com a parteres, i l'estratègia de la por qualla. Una cara més del control patriarcal.

Com a dones tenim poc coneixement de la nostra sexualitat, dels genitals, del cicle menstrual, i això ens converteix en carn de canó de tot tipus de violències. No entendre el nostre cos en perpetua la cosificació i facilita que s'estableixin falsos mites. L'educació en la consciència corporal és clau per poder viure plenament i gaudir de l'experiència del part, el qual forma part de la nostra vida sexual.[1]

«Nosaltres parim, nosaltres decidim», diu la consigna feminista, però la realitat no és així. La capacitat de decidir de les dones a l'hora de donar a llum es queda sovint a la porta d'entrada dels hospitals. De ser protagonistes, passem a ser meres espectadores d'un part on d'altres prenen les decisions. Els desitjos, les necessitats i les expectatives que tenim no compten, molesten, i fins i tot de vegades ni ens les plantegem, perquè ningú ens ha preguntat. Massa parts són viscuts de manera traumàtica.

L'assistència al part històricament ha estat en mans de les dones, des de l'antiguitat fins no fa tants anys. La menstruació i el part es considerava que feien la dona impura, i els que l'ajudaven a parir en resultaven contaminats. Així, tan sols d'altres dones assistien a la partera, en una societat que menyspreava els seus cossos. Ja ho apuntaven els textos bíblics: «Quan una dona concebi i doni a llum un nen, restarà impura durant set dies, com ho és durant la menstruació. (...) La mare haurà de romandre trenta-tres dies més purificant-se del flux de sang. No tocarà cap cosa santa, ni anirà al santuari, fins que acabi el període de purificació». I si parís una nena? Tot plegat seria encara pitjor: «Si dona a llum una nena, la mare restarà impura durant dues setmanes, com ho és durant la menstruació, i romandrà seixanta-sis dies més purificant-se del flux de sang».[2] L'ombra del patriarcat és allargada.

A l'antiga Grècia i l'antiga Roma, les llevadores tenien un estatus i un reconeixement social elevat, perquè eren les úniques autoritzades a fer una exploració ginecològica, i en conseqüència posseir el control exclusiu de l'embaràs i el part. En el transcurs de l'edat mitjana, les coses van canviar, i en la mesura que l'Església va estendre la seva influència en el camp de la salut, en un context de pugna per aconseguir-ne el control, el desprestigi de les llevadores va ser un objectiu. No se les considerava professionals, malgrat els coneixements que tenien de plantes medicinals i remeis diversos, perquè moltes eren quasi analfabetes. El treball que feien gairebé mai era remunerat, en particular en l'àmbit rural, i es pensava que per la seva experiència tenien el deure d'atendre les dones de la comunitat sense esperar res a canvi. La majoria tenien un origen social modest, excepte les que atenien la noblesa.[3]

La caça de bruixes, del segle XV al XVII, va perseguir també les llevadores. Moltes van ser cremades a la foguera, en un període en què el coneixement estava vetat a les dones. El saber de les llevadores era percebut com una amenaça. Volien expulsar-les de la pràctica sanitària, acabar amb el pes tan important que tenien sobre la reproducció de la vida,[4] però la decència i el pudor de l'època dificultaven la realització d'exploracions ginecològiques satisfactòries per part dels homes, la qual cosa els va permetre, malgrat la persecució, mantenir la tasca que feien.

A finals del segle XV, a la Península Ibèrica, les dificultats per exercir de llevadora van anar en augment. L'Església, amb l'objectiu de controlar-les, va crear un registre de llicències, i qualsevol dona que volgués exercir com a llevadora havia de jurar fidelitat a la religió catòlica i propagar la tradició, per exemple, batejant el nadó només néixer. Tota llevadora havia de demostrar honradesa i devoció segons els cànons del catolicisme. El poder eclesiàstic i secular, a través de les institucions que regulaven l'exercici mèdic, va començar a supervisar-ne les pràctiques, distingint entre aquelles que, segons l'autoritat, exercien la medicina legal i les que ho feien il·legalment. Darrere d'aquest control, hi residia la voluntat d'arraconar la seva feina i deixar-les al marge del que eren les professions oficials.[5] Tanmateix, la gent del carrer va seguir sol·licitant-ne els serveis.

Quan els homes s'apoderaren del part

A Europa, a partir del segle XVII, en la mesura que el control de la natalitat es va convertir en un afer d'Estat, els homes van començar a atendre els parts, en particular aquells que requerien d'intervenció quirúrgica. El cos matern, segons els tractats mèdics de l'època, era considerat un ens dinàmic, amb fronteres inestables, que podia ser un i dos a la vegada, amb capacitat per donar a llum i alletar. Un fet que, des d'una perspectiva patriarcal, era vist com una amenaça, davant d'un cos masculí delimitat i unificat.[6] Cal tenir en compte que la institució mèdica formava part dels mecanismes amb què comptava l'Estat per controlar la societat i mantenir la força de producció.[7] En conseqüència, el domini sobre les dones i els cossos gestants era un objectiu, costés el que costés.

Els inicis de l'obstetrícia no estan exempts de polèmica, i dos dels seus pares, William Hunter i William Smellie, han estat acusats retrospectivament d'ordenar assassinar dones embarassades o que acabaven de donar a llum, a mitjan segle XVIII, en benefici dels seus estudis, per dibuixar els atles que publicaven, amb làmines i diagrames, sobre l'embaràs i el part.[8] Una mostra més de la violència exercida sobre els nostres cossos, i silenciada, en aquest cas, en nom de la ciència.

Malgrat que el saber mèdic apel·lava al coneixement científic, la realitat és que partia d'unes bases empíriques molt escasses, emmarcades en els límits que fixava l'Església, i amb una influència significativa de la superstició. L'accés als estudis de medicina era restringit als homes de classe alta, i es tractava d'una formació eminentment teòrica, sense cap tipus d'exercici pràctic. Les llevadores, en canvi, acumulaven anys d'experiència en l'atenció al part, que transmetien de generació en generació, un coneixement que els metges van menystenir.[9]

El paper predominant dels metges en l'infantament va tenir un impacte directe en la manera com les dones parien. En el passat, com mostren innumerables gravats i obres artístiques de l'antic Egipte, l'antiga Roma, les cultures precolombines, l'edat mitjana, etc., es donava a llum en posició vertical. Del part vertical, ja fos a la gatzoneta, en una cadira de part o a peu dret, es va passar a fer-ho en posició decúbit supí, és a dir, estirada en horitzontal i panxa amunt. Una postura establerta en funció de les necessitats del metge i no de la dona. L'obstetre François Mauriceau, al segle XVII, en va ser l'ideòleg, i el mètode es va anar estenent de manera gradual.

La medicalització del part va repercutir negativament en la mortalitat de mares i nounats. Els metges desconeixien les tècniques d'esterilització i higiene bàsiques, amb la qual cosa l'ús instrumental transmetia els gèrmens d'una dona a l'altra. Aquest fet va provocar un augment de la mortalitat maternoinfantil.[10] L'aparició del fòrceps com a instrument obstètric per a l'extracció fetal, al segle XVII, va tenir un paper decisiu en l'assentament de l'autoritat dels cirurgians, ja que només ells en podien fer ús.[11] A Madrid, a principis del segle XVIII, ja era considerat normal que un home atengués un part. El seu paper, cada cop més preponderant, va implicar la introducció de nous mètodes per escurçar el procés d'infantament, amb substàncies farmacològiques que augmentaven el dolor de la dona a causa de les fortes contraccions que provocaven o l'ús d'instruments obstètrics més sofisticats, ja que els metges no volien dedicar tant de temps a cada part.

La utilització d'aparells com el fòrceps va ser durament criticat per alguns professionals que els veien com innecessaris. Malgrat les crítiques, es van acabar imposant i van implicar la consolidació de l'autoritat dels metges i cirurgians barons, supeditant l'exercici de les llevadores, les quals no podien fer ús d'aquest material quirúrgic.[12] El cirurgià obstetre era considerat l'únic capaç de resoldre les complicacions d'un part. Així, es van anar definint els límits de la pràctica d'uns i altres i es va establir una jerarquia que ha perdurat fins a l'actualitat.

Tot i els intents per subestimar la feina de les llevadores, aquestes van ser capaces de mantenir un espai propi. L'activitat dels cirurgians i els metges va centrar-se sobretot a les ciutats, i només era accessible a les classes socials que s'ho podien permetre. La majoria de la població vivia en nuclis rurals, viles o cases aïllades on no arribava el cirurgià, i la feina de les llevadores, i d'altres dones amb experiència en el part, era imprescindible. Els metges que atenien els naixements als hospitals representaven l'autoritat científica, el domini quirúrgic, mentre que les llevadores van seguir en l'espai domèstic atenent els parts normals.[13] En la mesura que l'atenció al part va estar circumscrita a la llar, no va ser una tasca valorada ni socialment ni econòmicament. En canvi, al transcendir a l'esfera pública, als centres hospitalaris, aquesta feina va incrementar el seu prestigi i va començar a ser reconeguda com a tal, la qual cosa va despertar un interès encara més gran entre els homes.

La medicina moderna sempre ha vist el part com una patologia. De fet, allò que diferencia l'obstetrícia d'altres especialitats mèdiques és que tracta amb dones sanes, però ho fa com si estiguessin malaltes.[14] La medicalització del part va ser resultat d'una pugna pel control del cos femení i de la desconfiança dels homes en la nostra capacitat per donar a llum. Volia convertir-se en previsible un procés que es creia erròniament que no ho era. La societat té por d'una natura fora de control.[15] El triomf del part tecnocràtic va significar l'expropiació del cos de les dones i la institucionalització d'una forma de parir basada en el convenciment que no érem capaces de fer-ho.

Hegemonia mèdica

Al segle XX, l'hegemonia de la institució mèdica es va consolidar en l'àmbit de la salut. L'assistència al part, a partir de la dècada dels setanta, es va desplaçar quasi per complet als hospitals, la qual cosa va significar la fi del part domiciliari amb l'acompanyament d'una llevadora. La subordinació de les llevadores a l'autoritat mèdica va tenir conseqüències per a l'autonomia de les dones, i els va restar llibertat i capacitat de decisió a l'hora de parir.[16]

Quan el part va passar de l'àmbit privat al públic, el que era una experiència personal i íntima es va convertir en un procés industrialitzat, a la recerca de la màxima eficiència. Als hospitals, la dona que pareix ha d'estar estirada, immòbil, subjecta a màquines i envoltada d'estranys que li inspeccionen permanentment les zones íntimes. La cultura tecnocràtica va brutalitzar el part i va convertir-lo sovint en un acte de violència.[17]

Els avenços mèdics òbviament han aconseguit millores significatives en l'atenció a l'embaràs i al part, i han permès reduir de manera dràstica la mortalitat materna i neonatal. Però aquestes xifres continuen sent altes, ja que encara moren cada dia al món 830 dones per complicacions, la majoria evitables, relacionades amb l'embaràs o el part, en particular als països del sud, amb dades de 2015. Així mateix, la taxa mitjana de mortalitat neonatal és de 27 morts per cada 1.000 naixements als països d'ingressos baixos, per 3 morts per cada 1.000 als d'ingressos alts, el 2017.[18] Prevenir aquestes morts, hauria de ser compatible amb un part respectat.

El problema rau en el fet que una sèrie de procediments mèdics previstos per a moments excepcionals s'apliquen avui de manera rutinària. Una mostra: la realització sistemàtica d'episiotomies (tall en el perineu, en la musculatura entre la vagina i l'anus, per ampliar l'obertura vaginal), que s'ha demostrat que no ajuda la criatura ni evita els estrips, i en canvi pot deixar importants seqüeles, com ara disfunció de l'esfínter anal, dolors en les relacions sexuals, incontinència o dolor crònic.[19] Un altre exemple són les cesàries innecessàries. Hi ha casos en què aquestes intervencions són imprescindibles; l'inconvenient ve quan es fan per rutina, per agilitzar el treball mèdic, sense tenir en compte les conseqüències nefastes que poden tenir per a la salut de la mare i el nadó. Tanmateix, com més s'intervé en un part, més possibilitats hi ha que vagi malament, sorgeixin complicacions i s'hagi d'actuar de nou. La sobreactuació mèdica en els parts normals, i de baix risc, els converteix automàticament en processos d'alt risc.[20]

A demanda de la institució sanitària, s'han imposat un seguit de procediments que no faciliten el naixement, al contrari. Ho veiem amb el part sense moviment i en posició de decúbit supí, de tal manera que el ginecòleg no ha d'ajupir-se i té bon accés al perineu, però l'infantament resulta molt més dolorós per a la dona, avança més a poc a poc i no ajuda al descens de la criatura pel canal del part. A l'Estat espanyol, un 93% de les dones que donen a llum en els hospitals ho fan completament estirades.[21] El mateix podríem dir del monitoratge fetal electrònic que augmenta el nombre d'intervencions sense que hi hagi un benefici clar per al nounat.[22]

El part medicalitzat[23] erigeix la seva legitimitat en el coneixement científic, però algunes autores ho posen en qüestió, assenyalant el caràcter esbiaixat del saber dels experts, que està carregat de prejudicis i que dona l'esquena a l'experiència materna.[24] Un exemple el tenim en com s'ha aplicat l'anestèsia en el part en el transcurs de la història. Des que es va començar a subministrar, a finals del segle XIX, fins ben entrada la dècada dels seixanta, els metges pensaven que la fase més dolorosa de l'infantament era al final, quan la dona empenyia perquè sortís el nadó. Aquesta era la percepció d'un observador extern. Aleshores era quan s'administraven els analgèsics. En realitat, la fase amb més dolor, com han afirmat tantes mares al llarg del temps, i com ara accepta la comunitat mèdica, és just abans, en la darrera fase de la dilatació, en l'etapa coneguda com de transició, quan les contraccions són més freqüents. A les dones durant anys ens han subministrat l'anestèsia quan ja no la necessitàvem.[25]

A la meva mare li va passar una cosa semblant. M'ho explica al preguntar-li com va ser el seu primer part, és a dir, el meu naixement. Estirada al llit de l'hospital, ja amb contraccions molt fortes, i mig sedada, sentia com les infermeres comentaven l'última hora de la situació política. No en va, era el 18 de novembre de 1975, quan tothom estava pendent de l'anunci imminent de la mort del dictador Francisco Franco. Cap fàrmac li va estalviar el dolor en la fase de dilatació. De fet, ja estava empenyent quan li van subministrar l'anestèsia total i la van portar al quiròfan. Així que l'únic que avui pot explicar-me com vaig arribar al món és el meu pare, que va poder entrar a la sala d'operacions just quan jo començava a treure literalment el cap. Imagino que es va emocionar, el meu pare és de llàgrima fàcil. Tanmateix, no va poder agafar-me, sostenir-me ni abraçar-me. Tampoc ho va trobar a faltar. Si eres pare, amb el protocol de l'època, encara podies donar les gràcies si et deixaven entrar al quiròfan. Jo vaig néixer i, com tants d'altres nadons aleshores, vaig passar els primers minuts de vida en mans estranyes, essent pesada, auscultada, suposo que també agafada pels peus i posada cap per avall per veure si plorava. Era el protocol d'aleshores, per desgràcia. La meva mare no em va conèixer fins una bona estona després d'haver parit, ja a l'habitació de l'hospital. El primer que li van dir en obrir els ulls, mig adormida encara, m'explica, va ser:

«És una nena». Però no tenia ni forces per veure'm o agafar-me. Ma mare va quedar contenta amb l'assistència al part. Era el que tocava. Quatre anys més tard, quan el meu germà Marc va néixer, el protocol va ser exactament el mateix.

Ens han estafat

Però, com funciona un part? Un part no és sinó un procés fisiològic que tota dona embarassada, en la majoria dels casos, pot desenvolupar amb normalitat. El Ministeri de Sanitat, el 2007, en col·laboració amb organitzacions de professionals sanitaris i usuàries, va definir el part normal, en el marc de l'Estratègia d'atenció al part normal en el Sistema Nacional de Salut, com aquell que es desencadena per si sol entre la setmana trenta-set i quaranta-dos d'embaràs i evoluciona sense riscos, i en què el nadó neix espontàniament de cap, conclou amb la mare i el petit en bon estat de salut i no s'hi intervé llevat que sigui necessari.[26] La majoria de parts haurien de ser així.

Un part natural no és sinó un part normal, en el qual no hi ha intervencions mèdiques innecessàries i es respecten els ritmes de la dona i la criatura. Aquest pot ser a la llar, a una casa de parts o a l'hospital, per bé que en aquest últim l'entorn empeny cap a una major intervenció mèdica que dificulta dur-lo a terme de manera satisfactòria. El part natural és l'antítesi del part medicalitzat hegemònic.

Associacions d'usuàries, des de fa anys, reclamen el que s'ha anomenat «un part respectat», en què s'acati la fisiologia del part durant tot el procés —és a dir, que no s'intervingui mèdicament llevat que sigui imprescindible—, s'informi a la mare sobre el desenvolupament del part, perquè pugui prendre les decisions oportunes, i es tinguin sempre en compte les necessitats de la dona i el nadó. No és tan important el lloc on es porti a terme com l'actitud dels professionals que l'atenguin.[27] Un part respectat pot ser fins i tot un on hi hagi hagut intervenció mèdica, com una cesària, perquè no hi havia una altra opció, però en què s'informa adequadament a la dona dels inconvenients i els beneficis perquè pugui decidir.

Tanmateix, la institució sanitària aborda el part com si es tractés d'un procés patològic, n'entorpeix el desenvolupament normal i provoca, en conseqüència, una major intervenció. El part tecnocràtic[28] es va anar consolidant al llarg del segle XX. El fetus era vist com un ésser atrapat en el cos de la dona, i aquesta com un subjecte vulnerable o simplement un subjecte passiu.[29] El protagonista principal del part era el metge.

L'estandardització del part hospitalari pot analitzar-se, des d'una perspectiva antropològica, com un nou ritu de pas. Prenent la definició de l'antropòleg Arnold van Gennep, en el clàssic *Les rites de passage* ['Els ritus de pas'], el part implica una fase de separació (amb l'arribada de la dona a l'hospital, on queda aïllada del seu entorn), de transformació (amb la conseqüent intervenció mèdica) i d'agregació (quan ja ha donat a llum i es retroba amb els seus).[30] La partera passa de dona a mare, a través d'un procés reglat.

La lògica productivista i patriarcal dicta com hem de parir, prescindint de les nostres necessitats i les del nadó. «A les dones ens van estafar, un cop més, em temo, quan ens van vendre un fals alliberament obstètric, un alliberament convenient a tot un sistema patriarcal, un part controlat sense inconvenients ni dolor», afirma Jesusa Ricoy. I afegeix: «En realitat en la patologització dels parts es va sotmetre la nostra sexualitat, el coneixement dels nostres cossos (...), i em temo que va ser relativament ràpid; van aconseguir que en un parell de generacions les dones abracéssim, en un cúmul de malentesos sobre la nostra fisiologia, el part tecnocràtic fins a reclamar-lo com a propi, com si el nostre mai hagués existit».[31]

La medicalització i tecnificació del part té molts paral·lelismes amb la industrialització de l'agricultura i la ramaderia.[32] Les formes de néixer i alimentar-nos han tingut evolucions similars. El part tradicional, com l'agricultura pagesa, va ser abandonat, menyspreant el saber de les dones, en un cas, i el de la pagesia, sovint femenina, en l'altre, en nom d'un saber tecnicocientífic, moltes vegades inexacte. Unes transformacions que van tenir conseqüències nefastes en el naixement i l'alimentació. La vida va quedar supeditada a la productivitat i l'optimització de resultats, i es va acabar amb drets fonamentals, com el dret a un part respectat o a una alimentació saludable i sostenible. La manera com es neix i es menja diu molt d'una societat. La nostra es caracteritza per donar l'esquena a la natura.

El control dels nostres cossos

Cada un dels cicles vitals de les dones, des de la menstruació fins a la menopausa, s'han medicalitzat. Els nostres processos fisiològics són definits com a quadres patològics, als quals la medicina i la farmacologia s'espera que donin resposta, amb el consegüent benefici econòmic per a unes quantes empreses. «El pacient existeix perquè el sistema sanitari funcioni»,[33] o el que és el mateix, sense malalta no hi ha negoci. Normalitzem el dolor i el malestar associats a aquests processos, i ho considerem normal, quan no hauria de ser així.

La medicina tracta la salut de les dones des d'una perspectiva androcèntrica. Les investigacions mèdiques i epidemiològiques menyspreen les particularitats biològiques femenines, i la gran majoria d'assaigs clínics es duen a terme en exclusiva amb homes. Una pràctica que ens deixa en una situació de vulnerabilitat. Se'ns subministren fàrmacs que mai han estat testats en dones o se'ns fan diagnòstics sense tenir en compte la simptomatologia particular femenina.[34]

La medicina s'ha acarnissat en especial amb les dones, com afirmen alguns autors, amb actuacions sanitàries discutibles, innecessàries o abusives, com la vacuna contra el virus del papil·loma, la teràpia hormonal en la menopausa o alguns seguiments preventius per al càncer de mama i úter.[35] L'embaràs és un altre exemple, amb un nombre elevat de revisions i proves diagnòstiques, reclamades sovint per les mares, però que poden generar estrès i preocupació, i algunes de les quals són evitables.

Una pràctica tan rutinària en el seguiment de l'embaràs com és el control del pes, i que ens pot portar de corcoll, no es fa de la mateixa manera a tots els països. Els criteris de vegades varien entre estats. Aquí, la prova per detectar l'estreptococ del grup B és obligatòria entre les trenta-cinc i les trenta-set setmanes de gestació, mentre que al Regne Unit aquest examen no es fa, com en la majoria de països de l'Amèrica Llatina. Tot això ens porta a preguntar--nos si alguna d'aquestes proves es prescindible. Jo, en particular, vaig perdre gairebé cinc quilos en poc més d'un mes al principi de l'embaràs, a causa dels vòmits constants que tenia, així que al final de la gestació el meu pes era només lleugerament superior a l'inicial. Tot i així, en cada una de les visites al centre d'atenció primària, la llevadora m'insistia, i molt, que havia de mantenir el pes sota control, quan feia anys que no em veia tan prima.

El protocol de seguiment de l'embaràs sembla tenir com a objectiu educar en la submissió. Les mares som tractades de manera condescendent, en una relació jeràrquica i asimètrica amb els professionals de la salut,[36] als quals, se suposa, no podem qüestionar. Durant la preparació per al part es transmeten missatges pseudotranquilitzadors que ens insten a deixar tot el procés en mans de l'equip mèdic, amb afirmacions com ara «has de confiar que els professionals ho faran tot pel teu bé i el del nadó» o «no et preocupis, que a l'hospital tot estarà controlat». Al final, és com si «l'embaràs no pertanyés a la dona».[37]

No es tracta de negar la importància del seguiment mèdic. Hi ha proves valuoses, com les que permeten detectar anomalies cromosòmiques en el fetus, com el el triple *screening* o els tests de diagnòstic prenatal. El problema rau en la medicalització generalitzada de l'embaràs, el sobrediagnòstic i la subordinació de la mare, que és considerada un subjecte passiu. El desitjable seria un seguiment mèdic de la gestació que fos respectuós amb la dona, no patologitzador ni paternalista, amb una concepció empoderadora de l'experiència corporal de l'embaràs.

Per contra, paradoxalment, en el marc d'un sistema sanitari patriarcal, es menyspreen malalties que són exclusives de les dones, com l'endometriosi, o que ens afecten majoritàriament, com la fibromiàlgia, la síndrome de fatiga crònica o la sensibilitat química múltiple. El biaix masculí de la medicina perjudica la nostra salut, ja que invisibilitza malalties que ens són pròpies, les qualifica d'inferiors i les controla mitjançant la medicació sistemàtica.[38] Una realitat que evidencia la necessitat d'avançar cap a una investigació i una atenció mèdica amb perspectiva de gènere.

En el cas particular de l'endometriosi, una malaltia que colpeja una de cada deu dones en edat fèrtil, amb una simptomatologia incapacitant, que pot provocar regles molt doloroses i infertilitat, no es destinen recursos suficients per investigar-la i tractar-la. L'endometriosi és una malaltia invisible, una gran desconeguda per a la majoria de la societat, malgrat que afecta uns 176 milions de dones arreu del món,[39] i triga una mitjana de nou anys en ser diagnosticada. El dolor insuportable al tenir la regla és considerat normal, una cosa amb la qual les dones, un cop al mes, hem de conviure. No obstant això, l'endometriosi pot ser-ne una de les causes. Ho explica la novel·la de la dramaturga i actriu Estel Solé *Si no puc volar,* en paraules de la seva protagonista Ànnia: «M'ha vingut la regla! —vaig dir mentre arrencava a plorar. La mare em va mirar i va somriure (...). El que la mare no em va dir mai és que la regla em faria molt de mal, que cada mes m'hauria de prendre dues o tres pastilles per ferme passar el dolor, i que fins i tot hi hauria ocasions en què m'arribaria a estirar a terra despullada perquè el fred de les rajoles m'anestesiés els ovaris».[40] L'Ànnia té gairebé quaranta anys i, tot i desitjar-ho, no pot tenir criatures a causa de l'endometriosi. Una malaltia que Estel Solé coneix bé perquè la pateix.

La ciència ha utilitzat les diferències biològiques entre tots dos sexes per justificar l'opressió de les dones. Ens diuen que la menstruació ens fa febles o brutes, que som cuidadores, castes, enamoradisses i fidels per naturalesa. Les nostres particularitats, sense ser estudiades en profunditat i basant-se en mites, han servit com a excusa per subordinar-nos. Però, alhora, la ciència, com la medicina, ha ignorat sistemàticament les diferències biològiques reals entre homes i dones, i el cos masculí s'ha erigit com a patró universal. S'ha arribat a considerar que les malalties no tenien sexe, quan en realitat el sexe de referència era el de l'home. Un fet que ha invisibilitzat i menyspreat les nostres malalties particulars.[41]

Por de parir

El discurs hegemònic en relació amb l'embaràs i el part, imposat pel sistema sanitari, s'erigeix sobre dos pilars: el risc i el dolor,[42] a partir dels quals es construeix la visió que tenim d'aquests processos, amb la conseqüent supeditació i pèrdua d'autonomia femenina.

«De petita havia sentit a dir que et parteixen. I jo sempre havia tingut molta por de morir partida. Les dones, deien, moren partides... La feina ja comença quan es casen. I si no s'han ben partit, la llevadora les acaba de partir amb ganivet o a cops de vidre d'ampolla i ja queden així per sempre», deia la Colometa, la protagonista de *La plaça del diamant* de Mercè Rodoreda.[43] La por del que pugui succeir, d'aquell famós «per si de cas», ens condueix a deixar l'embaràs i el part en mans de l'equip sanitari, cosa que ens han inculcat des de la més tendra infància.

La dona acaba per desconfiar de les seves capacitats, assumeix com a inevitable el ritual medicalitzat i delega en els experts. És una por a partir de la qual s'erigeix l'autoritat mèdica, que és utilitzada com a mesura intimidatòria sobre l'embarassada. Són molts els testimonis que així ho expressen: «Amb una inducció en marxa, oxitocina a tope, amb la por al cos perquè s'havia "de treure el nadó d'allà" i "ja has trencat aigües i corre perill". Malgrat la meva resistència, vaig acabar cedint i desitjant que el meu part (tan somiat) acabés com més aviat millor», explica una mare.[44] L'amenaça de patiment de la criatura és un dels mecanismes més utilitzats, en el transcurs de l'embaràs i el part, per aconseguir la submissió de la mare.

No sé si heu sentit parlar alguna vegada de la carta del nadó mort. Aquest és un dels instruments que utilitza el personal sanitari per acabar de doblegar la voluntat de la dona si es nega a seguir els protocols establerts. Els professionals, al creure que és el millor pel bebè, menyspreen les conseqüències que això pot tenir per a la salut emocional de la mare, i en definitiva per a la de l'infant. A una de les meves amigues, la ginecòloga li va posar la carta al davant la setmana quaranta-un, quan ella va rebutjar una inducció al part. De fet, la ginecòloga ja li anava a induir a la setmana trenta-nou Ella s'hi havia resistit; volia un part natural, amb el menor risc possible de cesària, perquè ja n'havia patit una abans, innecessària a més, en un part no respectat, i comptava ara amb l'assessorament d'altres professionals que discrepaven d'aquesta opinió. Quan la ginecòloga li va treure la carta del nadó mort, on deia que si la nena moria seria sota la seva responsabilitat, la meva amiga, que ja estava avisada que això podria passar, va signar-la i va tornar a casa. La pressió i l'estrès emocional que va patir no té nom. La meva estimada amiga, amb tot en contra, va lluitar fins al final per tenir un part com ella volia, i era possible. La seva filla va néixer finalment al cap de molt pocs dies a l'hospital, per via vaginal i sense epidural. La ginecòloga que la va atendre, afortunadament, no va ser la que li va fer el seguiment de l'embaràs, sinó una altra professional que va respectar la seva voluntat.

Ho diuen, la por ens paralitza. Es calcula que un 58% de les dones embarassades a l'Estat espanyol té por de parir.[45] Un sentiment que la poeta Hollie McNish plasmava a *Nobody Told Me* ['Ningú em va dir']: «Tinc por de donar a llum. El part és la causa principal de mort entre les dones arreu del món (...). De fet, he canviat d'opinió. No vull tenir un nadó. Vull dir, vull un nadó. És només que no vull parir-lo. Vull ser un home. Estic espantada perquè ara ja no hi ha marxa enrere i no puc convertir-me en un home. (...) Estic a punt de parir i en l'única cosa en què puc pensar és en la mort».[46]

La por al perill ens immobilitza, i més en un context com el part de màxima vulnerabilitat, i neutralitza els nostres recursos i sabers. Una situació que ens porta a acceptar sense discussió els protocols mèdics, així com una sèrie de pràctiques que, malgrat el dolor i el patiment que ens poden generar, són percebudes com la millor opció, el que és normal i desitjable. Alguns autors descriuen aquesta actitud com a «subordinació tecnològica»,[47] la supeditació de les dones a un paradigma tecnocràtic que consisteix en la medicalització, la institucionalització i el monopoli del part. Així, les mares acabem considerant l'embaràs i l'infantament com un procés perillós i dolorosíssim, on el més important és que el nadó, com a producte, surti bé, és a dir, estigui viu. Vet aquí, el triomf tecnocràtic.[48]

Una por que pot resultar patològica, incapacitant, que pot requerir de tractament mèdic, i que rep el nom de tocofòbia o partufòbia. Pot afectar tant a mares primerenques com a aquelles que ja han donat a llum, però que han tingut una experiència de part traumàtic o de pèrdua del nadó. Una por que les pot portar a evitar o posposar un embaràs, i en cas de quedar-se embarassades, a optar fins i tot per avortar o donar a llum mitjançant una cesària programada. També hi ha dones que, davant la fòbia a gestar, escullen l'adopció. Els temors són més comuns i intensos entre aquelles que no han parit mai. A escala mundial, es calcula que la pateixen un 14% de les dones, una xifra que sembla que ha augmentat de l'any 2000 en endavant.[49]

«He vist els instruments de l'habitació blanca i neta. És un lloc de crits. No feliç. "Aquí vindràs quan arribi el moment". Les llums de la nit són planes com llunes vermelles. Entelades de sang. No estic preparada perquè res passi», deia la tercera dona del poemari sobre la maternitat *Three Women* ['Tres dones'], de Sylvia Plath, abans de donar a llum.[50] La por al nostre cos.

El dolor és l'altre gran pilar sobre el qual se sustenta el relat hegemònic entorn del part. Al llarg de la història, el dolor en el part ha estat utilitzat com a instrument de supeditació i control de la dona. Tanmateix, la manera com l'interpretem i vivim està molt determinada pel període històric i el context social.

A l'antiga Grècia, el dolor de la dona al donar a llum es comparava amb el del soldat que era ferit a la batalla.[51] En la cultura occidental catòlica, el dolor ha estat el mitjà a través del qual la mare ha expiat els seus pecats i s'ha purificat de l'embaràs. S'havia de parir amb dolor. Ho deia la Bíblia: «Multiplicaré els teus dolors en el part, i donaràs a llum els teus fills amb dolor».[52]

No va ser fins a mitjan segle XIX que la medicina va fer els primers passos per reduir el dolor de les parteres. El primer anestèsic que es va utilitzar va ser l'èter, que s'anava administrant en petites dosis, però tenia una olor picant i la recuperació després de subministrar-lo era lenta. Així, es van investigar noves substàncies i es va arribar al cloroform, que tenia alguns avantatges respecte l'èter, com ara una olor dolça i una recuperació més ràpida, i que es va acabar imposant. La popularitat li va arribar quan, el 1853, la reina Victòria d'Anglaterra va donar a llum el seu vuitè fill utilitzant aquesta substància per alleugerir el dolor. L'«anestèsia de la reina», com es va conèixer col·loquialment el cloroform, va tenir especial difusió al Regne Unit i als Estats Units, mentre que a països com França o l'Estat espanyol els metges van ser més reticents a subministrar-lo pels efectes secundaris que comportava. Anys més tard, es va demostrar l'alta toxicitat i el risc de mort que en suposava l'administració, i va deixar d'utilitzar-se.[53] El pes que l'Església seguia tenint en aquell temps li va permetre continuar donant valor al dolor en l'infantament.

A mesura que es va avançar cap a una societat més laica, i amb els progressos mèdics, el dolor en el part va començar a ser percebut com a innecessari. Un nombre cada cop més elevat de dones organitzades, especialment en els països anglosaxons, van exigir posar-li fi mitjançant el subministrament de fàrmacs. Els metges, de vegades reticents a subministrar-los, els proporcionaven per acontentar la clientela. Tanmateix, la ferma voluntat de les dones per acabar amb el dolor va deixar-les en mans exclusives dels facultatius, els únics autoritzats a subministrar-los, perquè les llevadores en tenien vetat l'ús. Un fet que va significar la pèrdua absoluta del control femení sobre el part.[54]

Si abans era l'Església catòlica la que dotava de sentit el dolor, ara és el sistema sanitari qui ocupa el lloc de la institució eclesiàstica. Mentrestant, s'obvia que el dolor és una experiència molt personal, que pot ser viscuda de manera diferent en funció de cada dona, i que no és igual per a totes. Avui s'imposa no sentir dolor, i un cop més la dona difícilment pot escollir. La societat actual no admet el dolor en cap circumstància vital. D'aquesta manera, quan hi ha embarassades que rebutgen l'anestèsia epidural i volen un part natural, els resulta molt difícil aconseguir-ho, perquè en un centre hospitalari, en un entorn hipermedicalitzat, tot condueix al subministrament de fàrmacs, i se'ls nega el dret a decidir sobre el part.

«Durant les primeres hores van venir a preguntar-me no una ni dues sinó fins a cinc persones diferents si em posaria l'epidural. A totes els vaig anar dient que no i totes i cadascuna d'elles em van dir el mateix: "Has de posar-te-la", "les contraccions cada cop seran pitjors i no ho podràs suportar", "per què no te la vols posar, si no passa absolutament res?", "ho passaràs molt malament, si no te la poses" (...). Després d'aguantar fins a sis hores lligada a una màquina sense possibilitat de moure'm ni mig mil·límetre (...), vaig accedir que me la posessin, completament acollonida amb els auguris que em vaticinaven», explicava la periodista Diana Oliver sobre el seu primer part.[55] L'amenaça d'un dolor insuportable és utilitzada per subordinar la dona, obviant els mecanismes dels quals ella disposa per alleugerir-lo. Si finalment la dona accepta l'anestèsia, això és interpretat com un èxit, un triomf, de l'equip sanitari.

En el moment en què una dona es prepara per un part natural, sap que el dolor té una finalitat, parir, i és conscient que aquest dolor desapareixerà un cop la criatura neixi. Es dota de sentit el dolor, la qual cosa el fa més suportable. Ho puc explicar per experiència pròpia. Vaig tenir un part normal, a casa, i vaig arribar a sentir moltíssim dolor, un dolor que en determinats moments semblava insuportable. Però disposava d'eines per sostenir-lo, persones al meu costat que m'acompanyaven. La meva parella i la llevadora estaven allà per deixar-me clar, si flaquejava, que «jo podia». Sabia que aquell dolor, de múltiples matisos i intensitats, formava part del procés. Hi ha també casos documentats de dones que pràcticament no han sentit dolor.[56] Fins i tot algunes han experimentat un orgasme durant el part. Un fet que no s'anomena, s'amaga, perquè és considerat tabú.

S'associa dolor a patiment, quan no és el mateix. La medicalització del part contribueix a alleugerir el dolor mitjançant el subministrament de fàrmacs, però les intervencions mèdiques innecessàries o el tracte rebut poden generar angoixa i produir patiment. En els centres hospitalaris, a més, les parteres depenen de tercers per reduir el dolor, a través de tractaments que queden fora del seu control. Un part natural, en canvi, provoca, en la majoria de casos, dolor, però no acostuma a haver-hi patiment, en particular si és a casa, atesa per una llevadora, perquè la dona es troba en un espai de confiança, íntim, segur, on se li respecten els temps. A banda, l'embarassada disposa de mecanismes propis per alleugerir o gestionar el dolor, en concret el moviment. El part té un component físic, però també psicològic. D'aquí que, independentment d'on es porti a terme, sigui tan important cuidar l'entorn com el tracte dispensat.

El robatori de nadons

La meva mare va néixer a l'hospital, a la Mútua Sabadellenca, l'any 1951. La iaia Elena havia donat a llum allà. El meu pare, en canvi, va néixer a casa, a Sabadell, el 1948. La iaia Montserrat l'havia parit al seu domicili, amb el suport d'una llevadora. Sempre vaig pensar que la iaia Elena era molt moderna, i donar a llum a l'hospital em ratificava en aquesta idea, mentre que la iaia Montserrat, que era més tradicional, lògicament havia parit a l'antiga, a casa. No hi havia dubte amb qui m'identificava jo. I pensava, quan m'ho explicaven, que el que havia fet la meva iaia paterna era una cosa molt, però que molt, feta a l'antiga. Recordant-ho, ric a cavall entre l'anècdota i la tristesa. Les iaies no van arribar a conèixer el meu fill. I ara que un dels temes que més m'apassiona és la maternitat, ja no tinc oportunitat de preguntar-los per la seva experiència.

La meva estimada iaia Elena, abans de tenir a ma mare, va patir primer un avortament, que va ser tractat a l'hospital, i després un embaràs en què la criatura, una nena, va néixer morta (no em vull ni imaginar pel que devia passar!). Ningú, però, va veure el cadàver de la petita, i la meva mare m'explica com cada any, per Tots Sants, a l'anar al cementiri a portar floretes als difunts, deixaven a la fossa comuna un ram de flors blanques. Em pregunto què va passar realment en aquell hospital. La nena va morir? Mai vam sospitar absolutament res fins que, ja fa alguns uns anys, van començar a emetre's reportatges sobre els nadons robats durant la dictadura. Aleshores, ja fou massa tard. La meva iaia va morir abans que li poguéssim preguntar sobre el tema. La mare amb prou feines recorda alguna cosa del que li van explicar sobre la seva germana, ni tan sols coneix amb exactitud l'hospital on va néixer, potser la Maternitat de Sabadell? No ho sap amb certesa.

El robatori de criatures als hospitals, amb el suport d'un sector de l'Església catòlica, va ser la cara més dramàtica, ja no només de l'expropiació dels nostres cossos, sinó dels nostres fills i filles. Els protocols hospitalaris de l'època, que impedien a la dona estar acompanyada en el part, que la portaven a donar a llum anestesiada i la separaven de la criatura només néixer, van afavorir aquestes pràctiques delictives.[57] A les mares, els deien que els seus nadons havien nascut morts o que havien mort poc després. Es calcula, encara que resulta difícil tenir dades exactes, que a l'Estat espanyol, entre els anys quaranta i noranta, van ser robats més de tres-cents mil nounats, segons les associacions d'afectats.[58]

Malgrat les múltiples denúncies i l'obertura de diligències d'investigació (més de dues mil), no va ser fins al juny del 2018 que es va celebrar, a l'Audiència Provincial de Madrid, el primer judici per un nadó robat en què es jutjava un dels responsables, el doctor Vela. Vuitanta anys després que comencessin els robatoris de nounats i més de quaranta després del final de la dictadura! La sentència, malgrat considerar l'acusat culpable de tots els delictes, el va absoldre a l'estimar que aquests havien prescrit des del 1987, any en què Inés Madrigal, la bebè robada que va portar el doctor Vela a judici, va complir la majoria d'edat. La Sala va assumir, d'aquesta manera, la tesi de la defensa. Inés Madrigal va decidir recórrer la sentència davant el Tribunal Suprem.[59]

Els col·lectius d'afectats denuncien com topen amb nombroses traves per aconseguir portar els acusats davant d'un jutge. La majoria de les diligències queden arxivades, adduint falta de proves, mort dels implicats i fins i tot prescripció, la qual cosa significa negar que el robatori de nadons va ser un delicte de lesa humanitat. El Ministeri de Justícia guarda gelosament les dades, i això fa difícil saber la xifra exacta de denúncies i quines segueixen obertes. El Govern no ajuda, ja sigui del Partit Popular, que nega el robatoris de nounats, o del PSOE, que no sap ni contesta. No hi ha interès perquè es jutgin els casos. La impunitat és la norma, en un país amb una Transició que va tenir com a pilars centrals l'amnèsia i la continuïtat.

El robatori de nadons va ser una pràctica habitual durant la dictadura franquista. El que va començar com un crim polític, amb bebès robats durant la Guerra Civil i els primers anys del franquisme a mares republicanes (preses, executades, exiliades o desaparegudes), va continuar anys després, en un lucratiu negoci, amb un paper preponderant de part de l'Església catòlica. Del robatori de nadons a les presons es va passar a la sostracció en clíniques i maternitats. Després de la dictadura, i fins ben entrada la democràcia, aquestes pràctiques van continuar. Una altra pesada herència del franquisme. Entre els anys 1976 i 1983, el robatori de bebès en hospitals públics i privats va assolir grans dimensions, i va afectar famílies de qualsevol classe i condició.[60]

2.2. Violència obstètrica

«Pel teu bé i el del nadó»

«L'onada d'energia que anuncia un naixement imminent em va arrossegar amb urgència fins a la clínica (...). Em va rebre una infermera molt jove, que em va anunciar que estaven naixent massa nens aquella nit (...) i em va dir que jo havia de ser una bona noia i tenir cura de mi (...). Encara no tenia vint anys. Estava sana. I si les expectatives governen l'experiència física, el part hauria d'haver estat tan fàcil com els dos posteriors. Potser va ser perquè estava molt sola i sense ningú que em consolés. L'única persona que em va reconfortar en aquell primer part va ser la dona negra de la neteja, que estava fregant el terra», narra l'escriptora Doris Lessing sobre el seu primer part, el 1940, a Sud-àfrica. Després de parir, explica, «estava adolorida i em sentia desemparada, i anhelava tenir el nadó en braços. Quan tímidament vaig demanar veure'l, em van dir: "El tindràs a tothora molt aviat, per què tanta pressa?". Més tard em van dir que no em preocupés perquè li donaven glops d'aigua amb sucre, i que ja el veuria l'endemà». En el segon part, el tracte no va millorar, i es deia a si mateixa: «Si el lloc era tan horrible, per què hi vas tornar? Certament és una bona pregunta».[61]

El maltractament que comporten determinades pràctiques mèdiques contra les dones durant l'embaràs, el part i el postpart té un nom: violència obstètrica. Un conjunt d'actituds i procediments executats pel personal sanitari que supediten i menystenen la dona amb conseqüències físiques i psíquiques per a la seva salut i la del nounat. L'embaràs, el part i el postpart són considerats una patologia, i l'embarassada una malalta. Les capacitats maternes, que des de sempre havien fet possible el part, queden desposseïdes de significat, i donar a llum es converteix en un assumpte mèdic en què les dones no compten. Les mares som relegades al paper d'espectadores o recipients d'un nadó, en el marc d'un sistema sanitari jeràrquic i patriarcal. Tanmateix, aquests procediments acaben sent justificats pel nostre bé i el del nadó i són socialment acceptats, fins i tot per les dones que els pateixen i els seus familiars.

La primera vegada que va aparèixer el concepte «violència obstètrica» en una publicació va ser a l'Anglaterra del segle XIX: «Hemorràgies, estrips terribles, inversions d'úter —aquests són els efectes de la violència obstètrica, una violència obstètrica ferotge i cruel. Aquest Moloch insaciable on, en el seu altar sagnant, s'han sacrificat milers de dones», escrivia el doctor James Blundell per denunciar els abusos als quals eren sotmeses les embarassades de l'època.[62] Els cossos de les mares prenyades eren utilitzats com a camp d'experimentació mèdica, i els practicaven manipulacions terribles, que els causaven greus seqüeles, i fins i tot la mort. En llengua castellana, les primeres referències al terme no van aparèixer fins a finals del segle XX, si bé abans es van utilitzar amb freqüència conceptes com «part violent» o «part forçat».[63]

Des del punt de vista físic, la violència obstètrica en el part s'exerceix a través de procediments invasius com el tacte vaginal dut a terme per diverses persones; l'episiotomia practicada de forma rutinària; l'ús de fòrceps didàctics perquè els estudiants practiquin; el subministrament de fàrmacs i anestèsia sense justificació; la maniobra de Kristeller, que consisteix en pressionar l'abdomen cap al fons uterí, per fer sortir la criatura amb més rapidesa—prohibida a diversos països perquè pot deixar seqüeles—; les cesàries innecessàries; o la maniobra de Hamilton, que es fa introduint un dit en el coll uterí per desprendre les membranes de la bossa d'aigües i induir el part, amb el risc de trencament prematur de la bossa o de sagnat abundant. Són pràctiques fetes sovint sense el consentiment de la dona i sense informar-la degudament de les conseqüències que comporten.

«Em resulta encara bastant dur rememorar el dia en què "em van néixer" la meva filla. Perquè jo sempre dic que no vaig donar a llum, malgrat que tothom em miri amb cara rara. La ginecòloga va arribar per dir-me que signés el consentiment informat, que no informava de res, i que "el fracàs de la inducció era motiu de cesària"», relata una mare.[64] Il·luses de nosaltres creiem poder decidir sobre el part, on i com volem parir, qui ens acompanyarà, què fer en una o altra situació. Ho deixem tot lligat i ben lligat, o això pensem, en el pla de part,* però la majoria de les vegades aquest queda en paper mullat. Al final, les dones ni parim ni decidim.

La violència és també psicològica, amb un llenguatge que humilia, infantilitza i discrimina la dona, que omet informar-la o menteix sobre l'evolució de l'embaràs i el part, i impedeix fins i tot que pugui estar acompanyada per la parella o per qui ella desitgi. «Li vaig demanar que anés a buscar el meu marit, i aleshores em va dir que ho sentia molt, però que ell no podria entrar a quiròfan. Jo no entenia res, al pla de part vaig deixar ben clar que volia que el meu marit m'acompanyés. "Tinc por, ajudeu-me, si us plau. Tinc molta por", li vaig dir plorant de por i desesperació, però ella [la llevadora] no responia, només em mirava. Tot d'una, em vaig veure sola, envoltada de molta gent desconeguda, plena de cables i agulles (...). Mentrestant, el meu marit, a fora, bregava, en va, per entrar al quiròfan, a donar-me almenys la mà, però no va poder», explica una mare.[65]

La violència sovint és tant física com psicològica. «En uns segons em van lligar les cames i em van dir que empenyés. Jo no sentia res. La llevadora m'agredia dient-me que no servia per a res.

* El pla de part és un document oficial en què la dona expressa les preferències, desitjos i expectatives sobre el procés del part, i que és lliurat a l'hospital perquè l'equip mèdic que l'atengui el tingui en compte.

Totes les meves pors, tota la seguretat i la confiança que algun dia havia guanyat es van esvair (...). De sobte, la doctora va pujar a una cadira i amb totes les seves forces em va empènyer la panxa cap avall [fent la maniobra de Kristeller]. Vaig sentir que em partiria en dos (...). Anys després, a teràpia, ho he pogut afrontar. Efectivament, estava trencada per dins», relata una altra mare sobre el seu primer part.[66]

No permetre el contacte entre la mare i el nadó després del naixement és un altre cas de violència no només física, en impedir el contacte i els beneficis del pell amb pell, sinó també psicològica, que afecta tant la mare com el nounat. Els casos, per desgràcia, es repeteixen, malgrat el canvi de protocols en diversos hospitals. «Després de dues hores d'inducció fallida em van fer una cesària. El tracte al quiròfan va ser fatal. Em van tractar com si no existís, els metges s'explicaven acudits i anècdotes, em van lligar i vaig haver de demanar a crits que m'expliquessin què passava. Però això no va ser el pitjor: quan van treure el nadó, totalment sa, el van posar en una taula per examinar-lo, aspirar-lo, etc. Ell plorava a crits i jo demanava que me'l donessin. Quan van acabar i el van embolicar amb la tovallola, em van deixar fer-li un petó (no el vaig poder tocar perquè estava lligada) i em van dir que el portaven a la incubadora. Quan més tard vaig preguntar per què l'havien posat a la incubadora, ja que el petit estava sa i bé de pes, l'explicació que em van donar és que "ho fem amb tots els nadons". No contents amb emportar-se'l, a mi em van drogar després de la cesària i vaig passar tota la tarda i la nit sense poder ni tan sols obrir els ulls. Quatre hores després del naixement ens el van portar per tocar-lo per primera vegada: el meu marit, la meva mare i algun altre familiar el van poder agafar. Jo vaig demanar que me'l donessin, però com que no podia incorporar-me, me'l van posar al pit. I malgrat el meu gran esforç per no sucumbir als efectes de les drogues, em vaig quedar adormida després tot just d'abraçar-lo. Vaig demanar que me'l portessin a la nit, quan tingués gana, per donar-li el pit i no ho van fer», relata aquesta mare.[67]

Una experiència duríssima que pot deixar importants seqüeles, com explica la mateixa mare. «Allà no va acabar tot. A l'arribar a casa, quan l'estrès més gran ja havia passat, acostumava a mirar-lo en el bressol dormint i em preguntava si aquell nadó era realment meu. Malgrat l'angoixa que em provocava, vaig haver de veure el vídeo del seu naixement (que el meu marit va gravar) diverses vegades per saber que era cert. I encara que vaig aconseguir convèncer el cervell, el cor va trigar molt més a creure-s'ho. Mai vaig pensar que seria possible sentir-me desconnectada d'aquell fill que havia desitjat tant i havia esperat amb tanta il·lusió. Vaig mantenir aquests sentiments en secret durant molt de temps perquè em feia vergonya no sentir aquella connexió immediata amb el nadó, ja que, malgrat que l'estimava i el protegia, no sentia que fos meu. Molt de temps després vaig saber que sentir-se així era normal quan separaven el nadó i la mare després del naixement, que jo no era l'única i que no era un monstre. Tanmateix, mai va deixar de ser dolorós, fins i tot avui, més de set anys després».[68] L'experiència del part és un succés psicològic molt significatiu, i ho recordem amb gran detall durant tota la vida. El pas del temps, com constaten diferents estudis, no altera la percepció del patiment viscut. [69]

Algunes artistes, partint de la seva experiència personal, han volgut denunciar la violència que tantes dones pateixen al donar a llum. L'actriu i directora de cinema Iciar Bollaín la va viure en carn pròpia en el naixement del seu primer fill. «Al llarg d'aquelles quatre hores [de part] em van practicar un rasurat, una lavativa, el trencament artificial de la bossa, una episiotomia i finalment la maniobra de Kristeller. Tot això dolorosament, i sense que ningú em parlés o m'avisés prèviament. Era, absurdament, com si jo no hi fos», explica.[70] Ho va denunciar en el curtmetratge *Por tu bien* (2004), on l'actor Luis Tosar interpretava una soferta partera. Canviar el sexe de qui estava de part permetia mostrar, encara amb més cruesa, la violència i la indefensió viscuda. El curt acabava amb la consigna: «El part és nostre. Que ens el tornin!».

L'actriu Iria Pinheiro, víctima també de violència obstètrica, n'és un altre cas. Una experiència que va plasmar en l'obra de teatre documental i autobiogràfica, interpretada per ella mateixa, *Anatomía dunha serea* ['Anatomia d'una sirena'], que es va estrenar l'octubre de 2018 al municipi de Teo, a La Corunya. «Vaig entrar a l'hospital amb trencament de bossa amniòtica. (...) Va desembocar en un part induït (...) que va acabar amb un tall a la vagina —una episiotomia— perquè el nadó sortís més ràpid. Em fan fora de l'hospital, passa el temps i noto una sèrie de seqüeles. Sento molt dolor: per dormir, conduir, estar dreta, estar asseguda, escriure a l'ordinador, treballar... El tall em va afectar també les terminacions nervioses del clítoris i em va provocar incontinència urinària», explicava en el vídeo de presentació de l'obra.[71]

Del part com a violació

Algunes de les víctimes de violència obstètrica arriben a descriure l'abús sofert en el part com si es tractés d'una violació. «Va ser el pitjor moment de tota la meva vida, perquè em vaig sentir violada, vexada, abusada. Em vaig sentir tan malament que tremolava com una fulla quan van sortir de l'habitació», relata una dona després que li practiquessin una maniobra de Hamilton.[72] Una altra explica: «Cada aniversari del meu fill no és la celebració del seu naixement, sinó l'aniversari de la violació. El meu fill va ser concebut amb amor i va néixer mitjançant una violació».[73]

L'expressió *violació en el part* és utilitzada per dones que es van veure sotmeses a determinades actuacions mèdiques sense que se'ls demanés el consentiment ni se les informés prèviament. Els símptomes posteriors, amb síndrome d'estrès posttraumàtic, són similars als que pateix una dona que ha estat violada. Es calcula que un 3% de les mares, segons dades de diferents països, pateixen un trastorn d'estrès posttraumàtic després de parir.[74] D'altres informes situen el percentatge entre l'1% i el 6%, en països com Austràlia i el Regne Unit, i fins i tot pot arribar al 18%, com en el cas dels Estats Units.[75] Qualsevol dona que en el part hagi sentit que la seva vida o la del nadó perillaven o que podien patir seqüeles físiques greus, i ho hagi viscut amb por extrema i indefensió, pot generar aquesta síndrome. No es tracta tant de com de real ha estat el perill com de la percepció individual de l'amenaça.[76]

Un trauma que pot afectar el vincle primerenc entre la mare i el nadó, dificultar l'inici de la lactància materna, deixar seqüeles en el tracte amb els professionals sanitaris i tenir conseqüències en les relacions sexuals. Són, a més, experiències que poden hipotecar embarassos i parts futurs, ja que es pot arribar a posposar un segon embaràs o a no tenir el nombre de criatures inicialment desitjades. «Mai més tindré fills. No em tornaré a exposar a això una altra vegada... Recordo exactament el que em van fer i dir, i qui ho va fer. Tinc la constant tortura de reviure aquesta experiència cada dia», explica una mare.[77] A l'Estat espanyol, un 13% de les dones afirmen que el part les ha traumatizat, un 35% que el procés va ser pitjor del que esperaven i un 27% que un segon infantament els faria més por que el primer.[78]

Cal no oblidar que els procediments mèdics en l'embaràs i el part, així com les exploracions ginecològiques, poden portar a la memòria records d'abusos sexuals. Més de la meitat de les dones que els han patit tenen *flashbacks* al trobar-se en alguna d'aquestes situacions. «Tenir un nadó és com patir abusos una altra vegada. Estava panxa enlaire, com a mi no m'agradava estar, sense cap control, i amb dolor», explicava una mare.[79] Un fet que els professionals de la salut haurien de tenir molt en compte.

Alguns homes poden presentar també símptomes de trauma després de veure com les seves parelles han estat maltractades al donar a llum. Encara recordo com en el grup d'embaràs, part i postpart al qual vaig assistir, on amb diferents parelles compartíem la nostra experiència, un dels pares, a l'explicar-nos el naixement del seu fill, ens deia, amb llàgrimes als ulls, com, després d'un part altament intervingut que va acabar amb una hemorràgia greu de la mare, quan li van donar el nadó l'únic que va poder sentir va ser soledat, impotència i abandó.

La violència obstètrica s'exerceix més fàcilment contra les dones pobres, les que pertanyen a una minoria ètnica, les adolescents, les solteres, les immigrants... Ho afirma l'Organització Mundial de la Salut, que assegura que aquestes tenen més possibilitats de patir un tracte irrespectuós i ofensiu a l'hora de donar a llum.[80] Així va succeir-li a una jove mare sola, d'origen llatinoamericà i empleada de la llar, que, l'abril de 2011, va anar a parir a l'Hospital Clínic de Barcelona acompanyada únicament de la seva companya d'habitació. En l'expulsiu, quan ja es veia el cap del nadó, i sense que hi hagués cap mena de complicació, es van utilitzar fòrceps per treure la criatura. Se'n va fer ús sense cap necessitat, només perquè els estudiants practiquessin, i sense el consentiment de la mare. D'aquesta manera, tres estudiants, un darrere l'altre, van intentar amb el fòrceps extreure el nadó barroerament. Davant la seva incapacitat, i al crit de la seva metgessa tutora: «Compte, que així li trenques el cap!», el va treure ella al quart intent. Unes maniobres que van lesionar greument el bebè, que va patir fractura cranial severa, hemorràgia intracranial i convulsions, i finalment va haver de ser intervingut, quedant-li afectada la funció motora de la zona dreta del cos. L'associació El Parto es Nuestro, que va actuar com a acusació popular per denunciar els fets, assegura que aquestes pràctiques són recurrents, i les dones pobres i en situació d'exclusió i vulnerabilitat tenen més risc de patir-les, en una clara intersecció entre masclisme, classisme i racisme.[81]

Les dones gitanes són un altre perfil susceptible de patir en major mesura violència obstètrica. Ho constaten els abusos verbals que reben, els programes de planificació familiar on els aconsellen ferse una lligadura de trompes si tenen dos o tres criatures i els protocols hospitalaris que les segreguen. En alguns països, com Txèquia i Eslovàquia, les esterilitzacions forçades o no informades són habituals. És el que s'anomena «violència etnoobstètrica», que afecta també a dones àrabs, llatines o afrodescendents. Les dones gitanes compten amb l'afegit de ser un col·lectiu especialment estigmatitzat pels matrimonis i embarassos primerencs.[82]

La mortalitat materna també té un fort biaix de classe i ètnia. Al Regne Unit, on hi ha dades exhaustives sobre el tema, les xifres assenyalen que les morts de les mares durant l'embaràs, el part i el postpart no es reparteixen de manera uniforme entre el conjunt de la població. Les dones negres tenen cinc vegades més possibilitats de morir com a conseqüència de complicacions al llarg del procés, i les asiàtiques dues vegades més que no pas les blanques, amb dades dels anys 2014 a 2016. La mortalitat materna afecta en particular a aquelles dones que pateixen problemes de salut, addicció, abús o violència domèstica.[83] Als Estats Units, on l'índex de mortalitat materna ha augmentat en els últims vint anys, a contracorrent de la resta de països industrialitzats, i triplica la mitjana del Canadà o la Unió Europea, les dones afroamericanes tenen 3,4 vegades més probabilitats de morir durant l'infantament que les blanques, amb dades del 2006.[84] Tot i que no són les úniques, part del problema rau, com han assenyalat diversos autors, en el fet que el Govern estatunidenc no inverteix suficients recursos a detectar les complicacions que poden patir les mares després de donar a llum, tot i que algunes d'aquestes són evitables.[85]

Maltractament en l'embaràs i el postpart

Més enllà del part, l'atenció mèdica rebuda durant l'embaràs pot ser tipificada també com a violència obstètrica quan se subestima l'opinió de la mare, se li fan comentaris despectius o se la culpabilitza del seu estat de salut. El mateix procés de control i seguiment de l'embaràs, amb la realització de nombroses proves mèdiques que les mateixes dones sovint reclamen, estableix les bases de la supeditació materna al paradigma tecnocràtic de patologització de la gestació.[86]

En el postpart, trobem exemples de violència obstètrica quan el personal sanitari fa intervencions a la mare sense informar-la de manera adequada o contra la seva voluntat, o bé quan se la responsabilitza de no saber fer front a la nova etapa, amb l'inici de la lactància o les primeres cures del nadó.

Hi ha autors que afegeixen altres accepcions al concepte de violència obstètrica, com el de «violència obstètrica institucional», quan les dones han de pagar de la seva butxaca el part a casa si no volen parir a l'hospital.[87] D'altres parlen de «maltractament institucional» per anomenar aquelles pràctiques de l'administració pública o de determinats professionals que comporten abús, negligència i perjudici per a la salut física i emocional de les dones.[88] Si t'atreveixes a qüestionar-les, t'arrisques a ser titllada d'irresponsable i fins i tot de posar en perill la teva vida i la del nadó.

Culpable

Sovint s'acaba responsabilitzant a la dona com a detonant d'una situació de violència obstètrica. Se li diu que no empeny, no col·labora, es queixa massa, que per culpa seva el part no avança i se li ha d'aplicar una o altra maniobra; en definitiva, que ella s'ho ha buscat. Una situació que ens recorda, i molt, quan es culpabilitza a una dona víctima d'agressió sexual. Amb aquesta estratègia es busca atribuir a la partera la responsabilitat sobre el que ha passat o podria haver passat durant el part.[89]

Una culpa que no ens abandona. «El meu part no va ser respectat. Reconec que em vaig equivocar en no ser valenta i oposar-m'hi, (...) en confiar en els professionals. Avui encara me'n culpo, soc sincera. Sé que no ho hauria de fer, però és així», explica una mare.[90] Una altra confessa: «Tot i que fins d'aquí un parell d'anys no em plantejaré tenir un altre fill, no paro de preguntar-me si va ser culpa meva, si hauria pogut fer alguna cosa, si [la cesària] va ser innecessària, si hi ha res que pugui fer perquè no em passi de nou».[91]

Les dones no només es culpen a si mateixes, sinó que també són culpades. Quan una mare rebutja un part induït, una cesària o vol un part a casa, se la titlla sovint d'irresponsable. Molts obstetres s'erigeixen com a màxims defensors del fetus i consideren que han de protegir-lo de la mare, i els presenten com a antagonistes.[92] Hi ha casos que acaben fins i tot davant dels tribunals, i l'abús mèdic pot comptar amb el suport de l'entramat jurídic institucional.

A Catalunya, el juny del 2016, una dona va ser forçada a sotmetre's a una inducció no només per part de l'hospital, sinó per ordre d'un jutge. Va passar al Parc Sanitari Sant Joan de Déu de Sant Boi de Llobregat. La dona, després d'anar al centre hospitalari per ferse un control al final de l'embaràs, es va trobar que una persona de l'equip sanitari va proposar induir-li el part. La mare, després de valorar els riscos, i emparant-se en el dret d'autonomia del pacient, va decidir no acceptar-ho. D'aquesta manera, la van citar uns dies després per continuar amb els controls. Quan la dona va anar de nou a l'hospital, ja amb contraccions lleus i irregulars que indicaven que el part s'aproximava, la van pressionar altre cop per fer-li una inducció, afirmant que hi havia anormalitats en el registre. Ella ho va rebutjar, però es va mostrar disposada a acceptar una cesària en cas de perill. L'hospital, davant d'aquesta nova negativa, va decidir acudir a la justícia per aconseguir una ordre judicial i obligar-la a sotmetre's a una inducció, al·legant urgència i perill per al nadó. La jutgessa, amb aquests arguments, va donar l'ordre judicial, i els Mossos d'Esquadra es van presentar al domicili de la dona i la van forçar a anar a l'hospital perquè li provoquessin el part. Tot i que l'equip mèdic havia al·legat davant del jutge perill imminent per al nadó, paradoxalment, el part no li va ser induït fins a sis hores més tard, la qual cosa porta a pensar que potser es va mentir o exagerar per aconseguir l'ordre judicial. L'associació Dona Llum va denunciar els fets.[93] Accions com aquesta es justifiquen pel bé de la criatura, però les conseqüències per a la salut física i psicològica de la mare són nefastes, i en conseqüència també per al nadó.

Tot això condueix a preguntar-nos: qui defensa els nostres drets com a embarassades? De quin costat està la justícia? Quan es tracta d'aplicar determinats procediments mèdics, la judicatura i la fiscalia, en general, acostumen a excloure les dones gestants de les lleis que garanteixen els seus drets. L'argument implícit és que sotmetent-les a l'autoritat sanitària es protegeixen les criatures.[94] Tot s'hi val contra les mares.

Hi tenim dret

La primera vegada que la violència contra les dones exercida per personal sanitari abans, durant i després del part va ser reconeguda dins l'àmbit jurídic com a violència obstètrica va ser l'any 2007 per la legislació de Veneçuela, en concret per la Llei orgànica sobre el dret de les dones a una vida lliure de violència. Segons aquesta llei, «s'entén per violència obstètrica l'apropiació del cos i els processos reproductius de les dones per part del personal de salut, que s'expressa en un tracte deshumanitzador, en un abús de medicalització i patologització dels processos naturals, i que comporta la pèrdua d'autonomia i de la capacitat de decidir lliurement sobre el seu cos i la seva sexualitat, i impacta negativament en la qualitat de vida de les dones».[95]

Quines pràctiques executades pel personal mèdic, segons la legislació veneçolana, són constitutives de violència obstètrica? Tal com defineix l'article 51:

1. No atendre oportunament i eficaçment les emergències obstètriques.
2. Obligar la dona a parir en posició supina i amb les cames aixecades, quan hi ha els mitjans necessaris per un part vertical.
3. Obstaculitzar el vincle precoç del nen o la nena amb la mare, sense causa mèdica justificada, negant-li la possibilitat d'agafar-lo o agafar-la i alletar-lo o alletar-la immediatament en néixer.

4. Alterar el procés natural del part de baix risc mitjançant l'ús de tècniques d'acceleració sense obtenir el consentiment voluntari, exprés i informat de la dona.
5. Practicar el part mitjançant cesària quan hi ha condicions per al part natural, sense obtenir el consentiment voluntari, exprés i informat de la dona.[96]

En cas de donar-se algun d'aquests supòsits, la llei estableix que un tribunal imposi les multes corresponents als responsables. Posteriorment, altres països, com l'Argentina el 2009 i Mèxic el 2014, van incloure el concepte de violència obstètrica en les seves legislacions. Tot i així, en aquests països, malgrat la llei vigent, el maltractament a les dones en l'embaràs, el part i el puerperi per part dels professionals sanitaris continua sent una realitat massa quotidiana.

L'OMS es va posicionar per primera vegada contra la violència obstètrica l'any 2014, en un text que portava per títol *Prevenció i erradicació de la manca de respecte i maltractament durant l'atenció al part en centres de salut*. Tot i que en el document l'organització no utilitzava explícitament el terme *violència obstètrica*, sí que reconeixia com «moltes dones arreu del món pateixen un tracte irrespectuós, ofensiu o negligent durant el part en centres de salut». Segons l'OMS, aquesta praxi «no només viola els drets de les dones a una atenció respectuosa, sinó que també amenaça els seus drets a la vida, la salut, la integritat física i la no-discriminació».[97]

A l'Estat espanyol, la violència obstètrica, tot i no estar tipificada com a tal per llei, sí que pot denunciar-se als tribunals al tractar-se d'un conjunt de pràctiques que vulneren drets fonamentals reconeguts en la Constitució, com el dret a la integritat física i moral, a la llibertat personal i a la intimitat,[98] així com drets bàsics recollits en el Codi Penal, algunes normatives autonòmiques i convenis internacionals. No obstant això, no resulta fàcil aconseguir una sentència favorable, i els costos del procés judicial són elevats. Avançar en l'erradicació de la violència obstètrica passa, entre d'altres mesures, per tipificar-la legalment. Hi tenim dret.

La violència obstètrica és una realitat massa quotidiana als nostres paritoris. El capitalisme i el patriarcat campen al seu aire a les sales de part. A l'Estat espanyol, la xifra de parts instrumentals (aquells que finalment acaben amb l'ús de fòrceps, ventoses o espàtules), episiotomies, cesàries i parts induïts és molt més alta que en altres països europeus, i no precisament perquè les característiques fisiològiques de les dones aquí siguin diferents de les d'altres dones del continent. El problema rau en el fet que s'ha generalitzat, per costum, el part intervingut, i se n'ha impedit el desenvolupament normal, amb el consegüent augment de complicacions possibles.

Quasi un de cada quatre naixements a l'Estat espanyol, un 24,8%, es produeix mitjançant cesària, amb dades de l'any 2016, mentre que el 2000 la xifra era del 20%. Una dada molt superior a la que recomana l'OMS, que considera que una taxa justificable no hauria d'anar més enllà del 10% o el 15%.[99] Als hospitals privats, on la salut és un negoci pur i dur, el nombre de cesàries és superior a la mitjana, i arriba al 37,3% del total, mentre que als hospitals públics la xifra se situa en el 21,6%.[100] Aquest és un fet que no es pot justificar des d'un punt de vista mèdic, ja que és la sanitat pública la que atén els parts amb més risc, i en conseqüència amb més opcions d'acabar amb cesària. Alguns estudis ho atribueixen a factors no clínics vinculats a la planificació hospitalària, formes organitzatives diferents, preferències de les dones o incentius econòmics per als professionals.[101] Així mateix, es detecta un percentatge elevat de cesàries sense cap tipus de justificació, la qual cosa suggeriria que són les mateixes mares les que les han demanat sense motiu mèdic.[102] Els parts instrumentals, les episiotomies i les induccions es practiquen també amb més facilitat als centres privats.

A la Unió Europea, la mitjana de cesàries el 2015 se situava en el 27% del total de parts, amb una tendència a l'alça respecte als anys anteriors. La majoria de països nòrdics i Holanda registraven els percentatges més baixos, entre un 16% i un 17% —amb l'excepció de Dinamarca, amb un 21,6%—, mentre que Xipre comptava amb la dada més alta, un 57%, és a dir, quasi sis de cada deu dones donaven a llum mitjançant aquesta operació quirúrgica. A Holanda, bressol del part a casa, es va passar d'un 6,5% el 1986 a un 17% el 2015. El mateix any, al Regne Unit, els parts per cesària van representar un 26% del total.[103] Quan el servei nacional de salut britànic va intentar limitar-ne el nombre, a causa de l'elevat cost econòmic que suposaven, moltes dones van reaccionar en contra, i el 2011 el Govern es va veure obligat a fer marxa enrere.

Aquesta tendència a l'alça és resultat en bona mesura del procés de mercantilització del part. Mentre que una cesària programada es pot fer en tan sols trenta minuts i preveure amb antelació, un part pot durar hores i fins i tot dies, i és impossible saber quan finalitzarà. Des del moment en què prima la rendibilitat, una cesària és considerada més eficient per a metges i hospitals, les asseguradores paguen més per aquest servei i al ser més cares impliquen una despesa major pel sistema públic de salut i un increment dels beneficis privats.[104] A mi, un obstetre em va dir: «Tu donaràs a llum per cesària. Per la teva edat —tenia aleshores trenta-nou anys—, i amb les dificultats que has tingut per quedar-te embarassada, cesària segur». Vaig pensar: «En el meu cas, t'equivoques». Les intervencions per rutina són un secret a veus, i qualsevol excusa és bona per justificar-les.

L'alta xifra de cesàries no és un fenomen exclusiu de l'Estat espanyol ni del continent europeu. Als països de l'Organització per a la Cooperació i el Desenvolupament Econòmic (OCDE), el percentatge mitjà de cesàries entre l'any 2000 i 2015 va passar d'un 20% a un 28%, tot i que va disminuir de manera significativa en alguns països com Israel, Suècia i Finlàndia. Aquest últim país presentava, el 2015, la taxa més baixa de l'OCDE, un 15,5%, mentre que Turquia tenia la més elevada, un 53%, seguida de Mèxic, un 47%, i Xile, un 46%. Una tendència que es repeteix a escala global. Es calcula que un de cada cinc nadons al món neix per cesària, un 21% del total, amb dades de 2015, gairebé el doble que l'any 2000, quan les cesàries suposaven un 12%. Europa i Amèrica són els continents amb les taxes més elevades, però l'augment és general. La República Dominicana és el país amb la xifra més alta del món, un 58%, amb dades dels anys 2010-2015. De fet, es calcula que en el 60% dels països s'abusa d'aquesta pràctica.[105]

Als Estats Units, el nombre de cesàries va créixer un 525% entre els anys 1969 i 1987, i va passar de representar un 4% del total de parts a un 25%. El 2009, la xifra ja arribava al 33%. Fins la dècada dels vuitanta, l'alt nombre de cesàries als Estats Units era una excepció entre els països industrialitzats, només comparable amb el Canadà i Austràlia, però a partir d'aleshores el part per cesària va créixer en molts altres indrets. A la Xina, el 1988, les cesàries només representaven un 3% del total d'infantaments, vint anys després, el 2008, ja significaven el 40%, amb un percentatge del 64% en les àrees urbanes, un increment que va coincidir amb l'inici de l'aplicació de mesures mercantilitzadores en la sanitat pública.[106]

Al Brasil, amb una de les taxes més altes del món —un 57%, amb dades de 2014—, la cesària s'ha convertit en tot un ritual. La majoria dels parts als hospitals privats, un 84%, es duen a terme mitjançant aquesta operació quirúrgica, un 40% a la sanitat pública.[107] Les embarassades de classe mitjana i alta es preparen per a la cesària com si d'un gran esdeveniment social es tractés: s'encarreguen vídeos professionals, els càmeres entren al quiròfan i les dones hi assisteixen ben pentinades, maquillades i amb la manicura a punt.[108] En aquest país, la cesària està de moda, parir vaginalment és considerat una cosa de pobres. Curiosament, a l'inici de l'embaràs la majoria de dones brasileres volen un part vaginal,[109] però el sistema sanitari les indueix a creure que la cesària és la millor manera de donar a llum, la forma més moderna i segura.

Una dinàmica molt preocupant perquè estem canviant la manera de néixer. Si quan la cesària va començar a aplicar-se, fa cent cinquanta anys, era una operació quirúrgica que permetia salvar la vida d'alguns nadons que presentaven dificultats en el naixement, ara s'ha generalitzat de tal manera que ha desembocat en una nova manera de donar a llum, que s'està convertint en habitual.[110] La relació entre l'excepció i la norma s'inverteix. Una tendència que s'explica per raons socioculturals de fons sobre la percepció del part, que és considerat una font de riscos, mentre que la cesària aporta la falsa sensació de seguretat i control. La normalització de la cesària ha creat una equívoca impressió d'autonomia en les dones, com si la ciència ens hagués alliberat dels perills i els dolors del part, quan en realitat la cesària, com a norma, no només comporta riscos per a la mare i el nadó, sinó que ens fa encara més dependents del sistema mèdic i ens aliena del nostre cos i la nostra fisiologia.

Les cesàries, com tota operació de cirurgia major, haurien de ser les mínimes, les imprescindibles, i per descomptat sempre respectuoses. Hi ha formes i formes de fer una cesària. No és el mateix que t'operin acompanyada d'un ésser estimat o en la solitud d'un quiròfan, que després de la cesària et posin el nadó a sobre o se l'emportin, que si tu no pots fer el pell amb pell amb la criatura ho faci la teva parella. Però, sovint, unes pràctiques o altres es produeixen de manera aleatòria, sense justificació mèdica, en funció de l'hospital o del personal que t'atén. En fi, que acaba sent una loteria que la teva cesària, com qualsevol part, sigui respectada o no. A l'Hospital de la Vall d'Hebron, a Barcelona, han començat a implementar el que anomenen «cesàries provincle», un protocol que té com a objectiu humanitzar el part amb cesària, i respectar al màxim l'arribada de la criatura al món, el contacte entre la mare i el nadó, amb la parella.[111]

Digue'm on vius i et diré com pareixes

El teu codi postal, més que el teu expedient mèdic, pot acabar determinant el part que tindràs. Al País Basc, la xifra de cesàries és la més baixa de tot l'Estat, amb un 16% del total, mentre que al País Valencià trobem la més alta, un 29,5%, amb dades del 2014. Viure en un lloc o en un altre pot comportar tenir quasi el doble de possibilitats de patir-la. A Catalunya, el nombre d'infants nascuts per cesària el 2017 es va situar en el 26%, amb un percentatge molt superior als hospitals privats, un 36%, i un de menor als públics, un 22%. Si bé la mitjana ha anat disminuint des de l'any 2013, quan aquesta se situava quasi en el 32%, la xifra continua sent elevada i es troba fins i tot per sobre de la mitjana espanyola, que l'any 2016 era del 24,8%.[112] Tot això ens hauria de portar a preguntar-nos què està passant a les sales de part.

El mateix succeeix amb les possibilitats que tenim de patir una episiotomia, un part instrumental o un part induït. Si dones a llum al País Valencià, en particular si ho fas a la sanitat privada, difícilment tornaràs a casa amb el perineu intacte. A un 72% de les parteres ateses als hospitals privats valencians el 2012 se'ls va fer una episiotomia, i als centres públics la xifra va ser del 58%. La mitjana d'episiotomies al conjunt de l'Estat espanyol se situava el 2015 en el 42% dels parts vaginals, però és que deu anys abans, entre el 1995 i el 1996, aquesta xifra havia arribat fins... al 89%![113] L'OMS considera que una taxa per sobre del 20% no està justificada, i el Ministeri de Sanitat proposa un percentatge inferior al 15% com a estàndard de qualitat.[114] A Europa, les xifres més baixes d'episiotomies les registren Dinamarca, amb un 5% del total de parts vaginals; Suècia, amb un 6,6%; i Islàndia, amb un 7%, amb dades del 2010.[115] Ni que les dones aquí tinguéssim un perineu diferent de les d'altres països europeus! Una intervenció que *a posteriori* pot generar problemes en les relacions sexuals, incontinència urinària o debilitament dels músculs perineals. El mateix director del Departament de Salut Maternoinfantil de l'OMS, Marsden Wagner, va arribar a qualificar les episiotomies sistemàtiques com «una forma de mutilació genital en la dona».[116]

Els llums d'alarma s'encenen també quan observem l'elevada xifra de parts induïts per l'equip mèdic. Al País Valencià l'any 2010 es registrava la segona dada més alta de tot Europa, un 31,7%, només per darrere de Valònia, a Bèlgica, amb un 33%. La mitjana a l'Estat espanyol se situava el 2009 als hospitals públics, en un 19,4%. L'OMS recomana no superar la taxa del 10%.[117] Pel que fa als parts instrumentals, l'Estat espanyol, junt a Irlanda, l'any 2015 ocupava la primera posició del continent, amb un 15% sobre el total d'infantaments.[118]

No respectar el contacte físic continuat entre la mare i el nadó, i separar-los només néixer, és una altra de les situacions de violència que es pot patir en l'atenció hospitalària al part, i una de les que més temen les dones. El 2015, a l'Estat espanyol, aquesta separació es va donar en 125.000 naixements. Segons l'OMS, el contacte ininterromput entre tots dos hauria d'estar present en més del 80% dels naixements, però aquí la mitjana amb prou feines arriba al 50%.[119]

L'alt nombre de cesàries, episiotomies, parts instrumentals i/o induïts, separacions de mare i nadó, etc. són una mostra de les conseqüències de la hipermedicalització del part. El sistema econòmic exigeix naixements ràpids i productius, a costa del benestar de la dona i el bebè. No es tracta d'estar en contra de les episiotomies o les cesàries; gràcies a elles es salven moltes vides. Les habilitats obstètriques són primordials en els parts de risc. Una cesària pot evitar que un nadó neixi amb dany cerebral o que una dona passi per un part instrumental extremament complicat. La intervenció mèdica no és dolenta per si mateixa, el problema sorgeix quan aquestes pràctiques es duen a terme per rutina, de manera innecessària. Els obstetres haurien d'estar al capdavant del part quan hi ha una complicació, però també haurien de ser capaços de romandre al marge en els parts de baix risc, que són la gran majoria, i donar autonomia a les llevadores com a expertes en el part normal. Tanmateix, això va en contra de la jerarquia mèdica hospitalària.

La confiança cega en la intervenció mèdica

Tanta intervenció no dona millors resultats. Quasi mai es parla dels riscos que pot comportar una cesària per a la mare i el nadó, com si aquesta intervenció estigués lliure de contingències davant els perills que s'associen al part normal. Les xifres, en canvi, sorprenen: la taxa de mortalitat materna en les cesàries programades és el doble que en el part vaginal. Després d'una cesària, les dones tenen més possibilitats de patir inflamació de l'endometri, més risc d'hemorràgia i necessitar una transfusió de sang; i en un següent embaràs hi ha més opcions de tenir placenta prèvia, i si el part és induït hi ha perill de trencament uterí. Pel que fa al nadó, en una cesària programada, aquest neix prematurament, amb un pes inferior, i pot patir problemes respiratoris. En l'edat adulta, hi ha més possibilitats que tingui obesitat, ja que la cesària interromp el traspàs natural de microbiota entre la mare i el petit a través de la vagina. De fet, cada vegada hi ha més investigacions que constaten que hi ha una relació directa entre l'alteració de la microbiota intestinal en els nounats i malalties com l'asma, la diabetis tipus 1, la celiaquia, l'obesitat, el Parkinson o l'esclerosi múltiple.[120]

Tota la confiança cega que es diposita en la intervenció mèdica equival a la por que s'inculca al part. Potser per aquest motiu cada vegada són més les dones que demanen una cesària programada no justificada per motius de salut. La tecnologia aporta il·lusió de seguretat, atiada per un discurs clínic impregnat de desconfiança corporal i obediència passiva. La por al dolor i al que és imprevisible són els motius més recurrents que porten una dona a demanar una cesària. Una opció que sovint ve determinada pel que diuen els professionals de la salut, l'entorn familiar, les amistats, els mitjans de comunicació, que construeixen un imaginari del part condicionat per la societat masclista en la qual vivim. També una mala experiència en un infantament anterior, una mort perinatal o la por a les seqüeles del part poden ser altres raons per sol·licitar-la, ja que la cesària es percep com un mecanisme de control sobre el naixement.[121] Ens han inoculat de tal manera la por a parir, que per a un nombre creixent de dones una cesària a la carta és la millor opció.

No se sap amb exactitud la xifra de cesàries a demanda que es fan a l'Estat espanyol, ja que els registres hospitalaris no recullen específicament aquesta informació, tot i que als centres privats els ginecòlegs serien més proclius a aquest tipus de demandes. Als Estats

Units, es calcula que una de cada deu cesàries es fa a demanda de la mare.[122] Seria bo que ens comencéssim a preguntar per què la sol·licitud de cesàries va en augment, quina responsabilitat sanitària i social hi ha al darrere i quines conseqüències té això per a mares i nadons.

Qui neix en cap de setmana?

Cada cop hi ha menys dones que pareixen en cap de setmana. Donar a llum en horari laboral és el més habitual des de fa trenta anys, a causa de les induccions i les cesàries programades no per raons mèdiques, sinó per interessos personals i d'agenda de l'equip sanitari i de logística hospitalària, segons destapa un informe de l'associació El Parto es Nuestro.[123]

Si el 1975, i prenent dades de la Comunitat de Madrid, amb prou feines s'apreciaven diferències substancials entre el nombre de naixements entre setmana i en cap de setmana o festiu, el 2010 la majoria de parts tenien lloc de dilluns a divendres. L'horari laboral s'ha imposat a la fisiologia del part, amb els consegüents riscos per a la salut materna i infantil. Mares que suporten cesàries i episiotomies sense necessitat, que viuen situacions d'estrès i angoixa, que els poden provocar símptomes d'estrès posttraumàtic; i nadons que pateixen problemes respiratoris, luxacions d'espatlles, talls de bisturí o neixen prematurament.[124]

A Catalunya, les dades segueixen la mateixa tònica. El nombre de parts augmenta de dilluns a divendres i disminueix durant el cap de setmana i els dies festius, tant en hospitals públics com privats, un fet que no té justificació clínica. Entre setmana, hi ha més possibilitats de patir una cesària, un 32%, que el cap de setmana, un 22%, amb xifres del 2012 al 2015. Els dies de l'any en què hi ha menys parts coincideixen amb els principals festius. I si a Catalunya es redueixen en dates com el 24 de juny, Sant Joan, o el 26 de desembre, Sant Esteve, a Madrid es mantenen en aquests dies perquè no són festius.[125] En altres països, com per exemple els Estats Units, el Regne Unit, Nova Zelanda o Àustria, la tònica és semblant.

Els naixements, però, són resultat d'un procés fisiològic aleatori, així que el major nombre de naixements en dies laborals només s'explica per la interacció amb el personal sanitari. Des de l'associació Dona Llum, es pregunten si el fet que el seguiment mèdic tendeixi a dependre d'un sol obstetre que compatibilitza l'atenció al part amb la seva agenda personal i, sovint, amb una consulta privada fora de l'hospital, pot ser una de les causes. O si el fet que a la sanitat privada els obstetres moltes vegades facturen segons els parts que atenen, que les llevadores disposen de menys presència i autonomia i que els protocols en general estan menys actualitzats pot influir en la major xifra de cesàries en aquests centres.[126]

La probabilitat de patir una cesària no programada augmenta també entre les onze de la nit i les quatre de la matinada. En aquesta franja horària, els metges són menys proclius a la progressió natural del part i hi ha més possibilitats que intervinguin per accelerar-lo, segons apunta una investigació.[127] Per aquest motiu, els autors de l'informe assenyalen la importància de revisar l'estructura de torns i les llargues jornades de treball en els hospitals per reduir el número d'intervencions evitables.

Cada cesària costa al sistema de salut públic quasi 1.700 euros més que un part vaginal. Si s'eliminessin les cesàries prescindibles, es calcula que el conjunt d'hospitals públics de l'Estat s'estalviarien més de 47 milions d'euros l'any. Amb menys cesàries no només hi guanya la salut de les mares i els nadons, sinó també les arques públiques. Alhora, amb aquest estalvi es podria contractar més personal mèdic, com a mínim dos professionals per hospital, la qual cosa reduiria les llargues jornades laborals.[128]

El part és un procés cooperatiu, en el qual mare i bebè treballen coordinadament.[129] En conseqüència, quan parlem de violència obstètrica no només hi ha una víctima, la dona que dona a llum, sinó també el nadó que pateix les conseqüències d'aquestes pràctiques. Com passa en tants altres casos de violència de gènere, la violència contra la dona la paga també la criatura.

El part respectat no és només un dret de la mare, sinó també del nadó. La criatura ha de poder néixer quan sigui el moment òptim del seu desenvolupament; beneficiar-se de les hormones del part; rebre la microbiota materna a través d'un infantament vaginal que el protegirà de malalties presents i futures; obtenir la sang i les cèl·lules mare del seu cordó umbilical, les quals li aportaran ferro i hemoglobina; estar pell amb pell amb la mare; prendre el calostre, font de nutrients, anticossos i glòbuls blancs.[130] Els nounats senten, perceben, veuen, no ho oblidem.

El part té en diversos aspectes un impacte en la salut futura de la persona. La nostra flora intestinal com a adults, per exemple, depèn de com naixem i de què mengem de nadons. Els bacteris intestinals són font de nutrients i vitamines per al creixement del petit, i la colonització microbiana és clau per completar el desenvolupament del sistema immunològic i l'aparell gastrointestinal. La seva composició, però, varia al llarg dels dotze primers mesos de vida en funció de si el nadó neix a través d'un part vaginal i és alletat per la mare, si neix de la mateixa manera però pren llet artificial o si arriba al món mitjançant una cesària. Mentre que els primers presenten bacteris molt similars als de les seves mares, cosa que els resulta beneficiosa, això minva si el petit pren el biberó i encara més si neix mitjançant una operació de cirurgia major.[131] El part no és una experiència anecdòtica en la nostra vida, ans al contrari.

Els pioners de la psicologia perinatal apuntaven ja a l'empremta que el naixement deixa en l'individu. El part, segons aquests autors, significa el primer trauma, l'angoixa original al separar-nos sobtadament de la mare i arribar a un entorn hostil, i perdre aquell «estat ideal».[132] *A posteriori*, altres teòrics van ampliar aquesta capacitat d'influència al conjunt de la vida uterina, a com l'entorn del fetus en l'embaràs i el que li succeeix a la mare podia marcar el psiquisme humà. Diversos psicoanalistes, psicòlegs i metges s'han fet ressò d'aquestes tesis, les quals, malgrat la seva difícil validació empírica, ens ajuden a valorar la importància de la gestació i l'infantament.

L'última frontera de la violència de gènere

La violència obstètrica és l'última frontera de la violència de gènere, una violència física i psicològica exercida contra les dones pel sol fet de ser-ho. En el Codi Penal la violència de gènere se circumscriu a la relació de parella, però en la mesura que la violència obstètrica implica una violació dels drets reproductius de les dones, pot ser concebuda, com afirmen diferents juristes, com una forma de violència de gènere.[133] Es tracta, en definitiva, d'una violència acceptada i justificada per la societat, les institucions i, sovint, també per les víctimes, dones que són insultades, maltractades, agredides, enganyades, infantilitzades en centres sanitaris, normalment durant el part però també en l'embaràs i el postpart. S'aïlla en ocasions la víctima, se la deixa sola i es prohibeix que estigui acompanyada, com en tants altres casos de violència de gènere. Inclús trastorns posteriors que poden sorgir, com la síndrome d'estrès posttraumàtic, són idèntics als que pateix una dona víctima d'una agressió sexual. I tal com succeeix amb la violència domèstica, la violència que té lloc a les sales de part només arriba a mans del jutge quan provoca danys físics molt greus.[134] La indefensió és total.

Nosaltres ho acceptem i callem, perquè pensem que parir és això. Quantes mares malgrat haver estat humiliades i maltractades, descriuen el seu part com a bo. Per què hem de queixar-nos, pensem i ens diuen, si tenim un bonic nadó entre braços? La por, l'abandó, la impotència i el dany físic que puguem haver patit no compten. Tot plegat arriba a ser considerat una cosa normal, i en conseqüència no és reconegut com un acte de violència. El sistema capitalista i patriarcal, en el seu afany per normativitzar la reproducció de la vida i controlar el cos femení, ha imposat un ideal de part que es basa en la institucionalització de la violència masclista. Els mitjans de comunicació, a través de pel·lícules, sèries i programes, contribueixen a perpetuar i normalitzar aquest imaginari.

Acabar amb la violència obstètrica hauria de ser una demanda de primer ordre del moviment feminista. Tan important és poder decidir si volem quedar-nos embarassades i tirar endavant una gestació com, en cas de fer-ho, escollir com volem parir. Que una dona vulgui decidir en el seu part no és un caprici, sinó un dret que ha de ser exercit lliure de violència.

2.3. Els professionals, en el punt de mira

Metges masclistes

Davant d'aquesta realitat, no ens hauria de sorprendre el contingut masclista, classista i misogin de les vinyetes publicades a la gaseta electrònica de la Societat Espanyola de Ginecologia i Obstetrícia (SEGO), des de l'any 2008 fins al 2011, quan van ser denunciades. Unes il·lustracions, fetes per un dels seus associats, que ridiculitzaven, menyspreaven i es reien de les dones que patien malalties ginecològiques i de les que estaven de part, a les quals representaven com a ignorants, brutes o incultes. En una de les escenes, per exemple, una dona que patia un prolapse uterí, amb el consegüent descens de l'úter, era perseguida per una munió de gossos, mentre l'home que corria al costat li cridava: «Fins que no t'operis del punyeter prolapse, no torno a córrer amb tu pel parc!». En una altra, es veia una embarassada que donava a llum a un nadó de natges. Aleshores, un dels obstetres que l'atenia cridava, «Ràpid, torna'l a posar a dins, no ha firmat el consentiment!», mentre un altre empenyia el bebè cap a l'interior de la vagina. El Parto es Nuestro, l'any 2011, va denunciar-ho i això va donar lloc a un debat públic sobre el tema.[135]

També resulta significatiu com, després de fer-se pública la denúncia, la resposta del seu president, Josep Maria Lailla, va ser la justificació, en lloc de la disculpa. «És una cosa jovial d'aquest senyor [l'autor]. No cal donar-li tanta importància. És humor i ja està. La societat té coses més importants», va dir. Malgrat la indignació que va despertar la polèmica, els directius de la SEGO, responsables de la publicació, mai es van retractar d'aquests continguts.[136] És clar que no es pot generalitzar i que hi ha professionals que treballen per millorar l'atenció sanitària a les dones, però és significatiu com fins que El Parto es Nuestro no va denunciar aquestes vinyetes ningú va alçar la veu. Una mostra de com està d'interioritzada i silenciada la violència obstètrica en el sector.

Un altre element preocupant és el llenguatge denigrant i infantilitzador utilitzat de vegades per l'equip mèdic a les sales de part, que evidencia menyspreu cap a la dona, el nadó i l'acte de parir. Més enllà d'apel·latius com «filleta» o «mami», hi ha expressions com «netejar la guàrdia», que implica induir el part mitjançant fàrmacs, maniobres o cirurgia per evitar que la dona pareixi durant les hores de guàrdia, o «parir la dona» o «fer-li el part», com si la dona no fos capaç de donar a llum per si sola.[137] També en alguns casos s'ha arribat a efectuar el que s'anomena «el punt del marit agraït», una pràctica que consisteix en fer un punt de sutura de més en el procés de reparació de la vagina després del part, per estrènyer-la i proporcionar, suposadament, més plaer al marit, amb conseqüències nefastes per a la salut sexual femenina.[138] La medicina no està exempta dels prejudicis i la manera de fer d'una societat masclista; al contrari, com tants altres àmbits, els reprodueix. La violència obstètrica no és resultat d'una negligència facultativa, sinó d'un conjunt de males pràctiques institucionalitzades.

La SEGO, però, es nega a acceptar aquesta realitat, refusa l'ús del terme *violència obstètrica* i rebutja que els seus membres puguin arribar a exercir la violència en l'atenció a l'embaràs i el part. «La SEGO (...) sota cap concepte ni criteri es pot sentir al·ludida per termes com *violència obstètrica*, atès que vigila constantment la bona praxi dels seus associats», afirmava l'associació en un comunicat signat pel Consell Rector i Assessor del Comitè Científic de la SEGO, format per deu doctors, tots ells homes.[139] Pel que sembla, no s'han assabentat que la mateixa OMS reconeix l'existència de maltractament freqüent a les dones en els centres de salut durant l'atenció al part.[140]

Les declaracions de la SEGO no són un cas aïllat. El Col·legi de Metges de Ciudad Real va pronunciar-se públicament, l'octubre de 2018, en contra d'una jornada sobre violència obstètrica que s'havia de celebrar en aquesta ciutat a càrrec de l'advocada Lorena Moncholí, especialista en la matèria. El Col·legi va acusar les organitzadores de l'acte, el grup de suport a la lactància materna Oro Blanco, de tractar una temàtica ofensiva i difamatòria, al considerar que «l'ús del concepte "violència" és contrari a l'ètica mèdica». Així mateix, estimaven «"inadmissible" el títol de la ponència ['Actua contra la violència obstètrica'], ja que atempta contra l'honorabilitat dels ginecòlegs».[141] Malgrat les pressions, les convocants van tirar endavant l'organització de l'acte.

Tant les declaracions de la SEGO com les del Col·legi de Metges de Ciudad Real són constitutives de violència obstètrica, ja que neguen el maltractament que pateixen moltes dones en l'atenció al part. Si les mares víctimes de violència obstètrica ni tan sols poden denunciar-ho, què els queda? Si les associacions que representen la comunitat mèdica no la reconeixen, com l'erradicarem? Parlar de violència obstètrica no és violència, el que és violència és negar que existeix.

Malgrat la creixent feminització d'àrees com la medicina, amb un 66% d'estudiants dones i un 50,4% de col·legiades, l'any 2017, i el pes tan important que tenen en especialitats com la ginecologia, l'obstetrícia o la pediatria, a dia d'avui no hi ha cap dona que ostenti una càtedra en aquestes disciplines.[142] Òbviament no n'hi ha prou que les dones accedeixin a càrrecs de responsabilitat perquè hi hagi una modificació de les pràctiques mèdiques, si no hi ha un canvi de paradigma en clau feminista, però es pot tractar d'un primer pas. De fet, la presència de cada cop més dones en l'exercici de la medicina ha generat certa incomoditat entre alguns àmbits de la professió. Així ho afirmava un informe del Col.legi Oficial de Metges de Castella Lleó que considerava que la feminització del sector suposava «un greu problema».[143]

Una formació sense perspectiva de gènere

Parlar de violència obstètrica no resulta fàcil, i menys en un entorn sanitari on els professionals se senten de manera automàtica qüestionats i atacats quan s'anomena aquest tema. Quan en fòrums mèdics, judicials o acadèmics es fa referència a aquesta qüestió, en la majoria dels casos, la reacció de l'auditori, moltes vegades femení, es de sorpresa o negació, doncs es creu que el tracte denigrant a les dones a les sales de part o en les exploracions ginecològiques no pot ser descrit com un acte de violència de gènere o que mai s'ho han plantejat així.[144]

El personal que exerceix aquestes pràctiques considera que formen part de la seva correcta i necessària actuació, i procedeix segons la formació que ha rebut; d'altres que les troben inapropiades no s'atreveixen a qüestionar-les.[145] Un dels problemes de fons rau en el fet que ja des de les facultats de medicina s'imposa una perspectiva patològica de l'embaràs i el part. No és que els professionals siguin dolents, el problema és que no se'ls forma en com atendre un part respectant la seva normal evolució, sense el subministrament de fàrmacs, amb la mare parint amb llibertat de moviments. La formació sanitària porta implícita una càrrega patriarcal, que incideix en la pràctica. Hi ha, en general, poc respecte per la fisiologia del part, i impera entre la majoria de professionals la por que l'embarassada doni a llum sense control. Per aquest motiu, es considera, cal supeditar-ne el cos i la voluntat.[146]

Tot i així, hi ha professionals conscients, que escolten i acompanyen, que intenten fer-ho el millor que poden amb els recursos que tenen a l'abast i que es formen i s'actualitzen per millorar l'atenció a les parteres. Hi ha també hospitals amb protocols més respectuosos. Però els programes formatius de les facultats de medicina i infermeria no incorporen una perspectiva de gènere, no parlen de violència obstètrica, quan reconèixer-la seria clau per erradicar-la.[147] Allò que no s'anomena no existeix.

Professionals traumatitzats

Malgrat les reticències en el sector, hi ha professionals que sí que identifiquen el tracte dispensat a les dones a la sala de parts com un acte de violència. Ho apuntava una enquesta pilot feta el 2014 a diversos treballadors que atenien parts a l'Estat espanyol. Els enquestats van explicar casos de cesàries fetes amb l'única finalitat d'acabar abans d'una hora determinada, sedacions subministrades perquè la dona no molestés, crits a parteres dient-los com de malament ho estaven fent i que matarien la seva criatura, parts instrumentalitzats tan sols perquè els estudiants practiquessin. Una de les persones enquestades reconeixia com «ens ensenyen a protegir-nos entre nosaltres i, per tant, si veiem algun cas de violència sempre ens excusem dient que el que ha passat és correcte i mai li diem la veritat a la dona o li donem suport».[148] Ho confirmen els casos de mares que han volgut denunciar males pràctiques i s'han trobat amb totes les portes tancades.

Els professionals sanitaris pateixen també les conseqüències de la violència exercida en l'atenció al part, i fins i tot alguns arriben a abandonar el seu lloc al paritori al sentir-se incapaços de treballar en aquest context de violència o de plantar cara als que l'ordenen i exerceixen.[149] El personal sanitari no només pot ser responsable o còmplice de la violència obstètrica, sinó víctima. Ho assenyala un estudi fet als Estats Units, que indica que després d'assistir a un part traumàtic fins a un 35% de les infermeres poden presentar símptomes secundaris, moderats o greus d'estrès posttraumàtic.[150]

«He tingut símptomes de depressió i he sortit plorant del paritori traumatitzada. Un ginecòleg em va donar un cop amb la mà quan gentilment i educadament li vaig tocar el braç i el vaig mirar als ulls per demanar-li que deixés de fer una brutal maniobra de Kristeller, durant uns quants minuts, sobre una noia que estava de part. La noia demanava que parés i ell seguia i seguia. Semblava una violació. Encara tinc ganes de plorar i tenia malsons», explica una professional. Una altra afegeix: «Me n'he anat moltes vegades a casa plorant i somiant amb parts passats i, sobretot, he sentit un profund sentiment de culpa per haver estat en major o menor mesura còmplice indirecta de tanta violència».[151] La violència obstètrica no és un problema únic del personal sanitari, sinó que afecta el conjunt de la societat, que nega que el sistema mèdic pugui maltractar les dones. Una violència sistèmica que només és possible exercir-la en el marc d'una societat patriarcal i capitalista que l'empara.

On són les llevadores?

Una altra de les mancances del sistema d'atenció al part és la falta de llevadores. Si la mitjana als països de l'OCDE, l'any 2009, era de gairebé 70 per cada 100.000 dones, a l'Estat espanyol la xifra queia a les 31, una de les ràtios més baixes de tot Europa. Mentre que als països del nostre entorn, com França, Alemanya, Itàlia i Portugal, el seu número al llarg de la dècada del 2000 no va fer sinó augmentar, a l'Estat va disminuir. Si tenim en compte la xifra de llevadores pel d'infants nascuts, la ràtio a l'Estat espanyol era de 12 per cada 1.000 naixements l'any 2009, quan la mitjana de l'OCDE era de

26.[152] Unes dades que repercuteixen negativament en l'acompanyament a mares i nounats, al no poder donar-los una atenció individualitzada de qualitat.

Als Estats Units i el Canadà, la situació és encara pitjor. La medicalització i hospitalització del part va significar la desaparició progressiva de les llevadores, que van començar a ser vistes com una figura arcaica, tradicional i rural. En aquests països, qui assisteix el part, junt amb els obstetres, no són les llevadores, sinó les infermeres. Davant d'aquesta situació, en les últimes dècades ha emergit un moviment de llevadores organitzades, tant des del punt de vista polític com professional, que empeny per avançar cap a la destecnocratització de l'infantament. Un moviment plural, integrat per diverses associacions, amb mirades no sempre coincidents sobre la pràctica de la llevadoria i el part en si.[153]

També aquí les llevadores s'han organitzat per reivindicar la seva feina. Les professionals andaluses, el març del 2014, van constituir una marea rosa, a la qual es van sumar altres de Galícia, el País Basc, Madrid i el País Valencià, amb l'objectiu de defensar llurs competències i denunciar la manca de llevadores als centres sanitaris, ja que les seves posicions són ocupades per altres treballadors que no tenen la mateixa formació. La salut de les dones, com elles afirmaven, hi surt perdent. Així ho assenyalava una de les seves consignes: «Una llevadora més, una cesària menys».

La sèrie de televisió britànica *Call the midwife* ['Truca a la llevadora'], la sèrie dramàtica de més èxit al Regne Unit dels últims anys, ret homenatge a aquesta professió. Una producció audiovisual que narra la feina d'una comunitat de llevadores i monges que vivien i treballaven en un convent d'infermeria d'un dels barris més pobres del Londres dels anys cinquanta i seixanta, Poplar, en plena postguerra, i on la millor ajuda que podia rebre una dona al parir era la d'una llevadora. La sèrie, de la BBC, emesa per primera vegada el 2012 i amb sis temporades, mostra el paper clau, i sovint oblidat, d'aquests professionals en l'atenció al part. Aquí, la sèrie es va estrenar el 2013, però va passar desapercebuda.

Segons diversos estudis, l'atenció a l'embaràs, el part i el postpart en mans de llevadores proporciona més beneficis que els models d'atenció compartida amb altres professionals. Alguns dels avantatges són: més parts vaginals espontanis, disminució de l'ús d'anestèsia regional, menys episiotomies i increment de la satisfacció de les dones al tenir més control sobre el part.[154] Però sovint són els ginecòlegs els que els atenen, en major mesura si és en la sanitat privada.

En l'atenció hospitalària al part, el saber de les llevadores és amb freqüència menystingut. La jerarquia sanitària subestima les seves competències, i les llevadores sovint topen amb dificultats per fer la feina. Uns prejudicis que es traslladen als nous residents d'obstetrícia, de tal manera que es perpetua aquest patró organitzatiu. No obstant això, són elles les professionals més adequades per atendre l'embaràs i el part de baix risc, mentre que els obstetres estan preparats per donar resposta a patologies i naixements que presenten complicacions.

La societat tampoc valora la tasca que fan. Malgrat que institucions com l'OMS o el Ministeri de Sanitat han deixat clar que la llevadora és la professional més adequada per fer-se càrrec d'un part normal, seguim creient que un ginecòleg ho farà millor. Tenim tan interioritzat que parir és una cosa perillosa, que pensem, en conseqüència, que només un metge pot donar-nos la garantia d'un infantament reeixit.[155] Sovint és al contrari.

Avançar cap a un part respectat, on les necessitats de la dona i el nadó siguin plenament reconegudes, passa per aconseguir una atenció continuada, personal i integral durant tot el procés. Això fa imprescindible la figura d'una llevadora que acompanyi l'embarassada des de l'inici fins al final del part, el conegut com a model *one to one*, una llevadora per partera, com recomanen els organismes oficials.[156] Un model que —està demostrat— millora els resultats perinatals, redueix l'excés d'intervencions mèdiques i augmenta la satisfacció de la mare i la família. Per aconseguir-ho, és fonamental augmentar el nombre d'aquestes professionals, dotar-les d'autonomia i valorar la feina que fan.

2.4. Per un part respectat

Nosaltres decidim

La crítica feminista a la medicalització del part ve de lluny. Des dels anys setanta, en aquells països amb moviments contraculturals forts, en particular als Estats Units, alguns corrents del feminisme van començar a posar en qüestió les pràctiques d'una medicina moderna tecnocapitalista i patriarcal que negava el dret de les dones a decidir sobre el seu cos. Unes veus que van posar el focus en la patologització de la reproducció femenina, i que reivindicaven, com a alternativa, el part natural. L'obertura de clíniques feministes de salut reproductiva va ser-ne el resultat més tangible.[157] Una de les més conegudes va ser el centre de naixement i comunitat de llevadores The Farm [La Granja], que es va establir el 1971 a prop de Summertown, a Tennessee, als Estats Units, fundada i dirigida per la coneguda llevadora Ina May Gaskin, i que segueix funcionant actualment. Fins l'any 2011, The Farm havia atès gairebé tres mil parts amb molt bons resultats, fins i tot en infantaments complexos.[158] Ina May Gaskin és avui un referent internacional en la defensa del part natural i la revalorització de la llevadoria.

A l'Estat espanyol, en els últims anys, una onada de dones, organitzades en espais i associacions diverses, s'han alçat per reivindicar un part respectat. Cada vegada són més les mares que arriben a donar a llum tenint clar què volen i sobre tot què no volen: la informació és clau. Polititzar el part, problematitzar pràctiques socials i mèdiques que s'han normalitzat, és imprescindible per recuperar el dret a parir. No obstant això, el part respectat només serà possible en una societat que entengui i acati la seva fisiologia. No es tracta tant de concebre'l des de l'òptica individualista de la lliure elecció, sinó des de la dels drets col·lectius de les dones i les criatures. El part és un assumpte de justícia reproductiva i social.

Una de les associacions que ha jugat un paper més rellevant, tant des del punt de vista de la sensibilització com de la incidència política, és El Parto es Nuestro, creada a Madrid, l'any 2003, amb l'objectiu de donar suport a aquelles dones víctimes d'un part traumàtic, millorar l'atenció maternoinfantil i acabar amb el maltractament i l'abús en l'atenció al part, com a principals demandes. Les dones que la van fundar venien de la llista virtual ApoyoCesáreas, que havien creat uns anys abans, el 2001, per tal d'oferir suport a les mares que haguessin passat per una cesària. Tanmateix, aviat van començar a arribar a la llista dones que, sense haver-ne patit cap, havien viscut una atenció al part obsoleta, amb un tracte denigrant. Per tal de donar-los resposta, acompanyar-les i denunciar les seves experiències, va sorgir El Parto es Nuestro.[159]

Hi ha grups locals d'El Parto es Nuestro a gairebé totes les grans ciutats de l'Estat. A Catalunya, l'organització de referència és Dona Llum, creada el 2006 amb l'objectiu de treballar perquè mares i nadons rebin durant l'embaràs, el part i el postpart una atenció digna, respectuosa i no jeràrquica. L'associació reivindica el paper primordial de les llevadores, així com la inclusió en el sistema públic de salut de totes les modalitats de naixement, des de l'hospitalària fins a la domiciliària, passant per les cases de parts.[160] El 2014, El Parto es Nuestro va fer un pas més i va crear l'Observatori de la Violència Obstètrica, com a instrument de recollida, anàlisi i difusió de casos de maltractament obstètric i com a canal de comunicació entre institucions, col·lectius de professionals i associacions d'usuàries.

El que s'ha aconseguit, i el que queda

En el transcurs d'aquests més de quinze anys d'activisme, s'han aconseguit avenços molt importants, i el tracte vexatori explícit a les parteres, propi de la dècada dels vuitanta i els noranta, és actualment més excepcional.[161] No obstant això, el maltractament segueix present de forma subtil, i la situació és molt pitjor a la sanitat privada que a la pública, on patriarcat i capitalisme s'entrellacen en estat pur.

L'aprovació de l'Estratègia d'atenció al part normal en el Sistema Nacional de Salut per part del Ministeri de Sanitat, el 2007, elaborada en col·laboració amb organitzacions de professionals sanitaris i d'usuàries, així com la publicació de les guies que la desenvolupen, apel·lant a la humanització del part i revisant algunes de les pràctiques més esteses, ha estat un dels èxits principals d'El Parto es Nuestro.[162] El document, que incloïa diverses propostes fetes per l'associació, va ser clau, a més, perquè la SEGO el 2008 substituís el seu Protocol d'assistència al part normal, publicat el 2003, per unes noves Recomanacions sobre l'assistència al part, que assenyalaven la necessitat d'un canvi en l'atenció al part perquè la dona fos el centre de l'assistència rebuda i instaven a modificar alguns dels procediments habituals.[163] Una fita inimaginable temps enrere.

Al llarg d'aquests anys, hem vist canvis en la pràctica professional. El nombre d'episiotomies s'ha reduït significativament i ha passat d'un 86,6% sobre el total de parts el 1999 i el 2000 a un 43% el 2010. Malgrat tot, la xifra continua sent alta, molt per sobre de les recomanacions de l'OMS, que considera que un percentatge normal d'episiotomies no hauria de superar el 15%. El número de cesàries ha disminuït lleugerament en els darrers anys, i ha passat del 25,3% el 2013 i el 2014 al 24,8% el 2015 i el 2016, però el percentatge és encara elevat.[164] Els parts instrumentals, amb una de les xifres més altes d'Europa, i els trencaments artificials de la bossa d'aigües són també nombrosos i es continuen practicant maniobres que estan prohibides perquè són perilloses, com la maniobra de Kristeller. El problema de fons rau en el fet que les recomanacions de l'Estratègia d'atenció al part normal no són de compliment obligatori, i la decisió d'aplicar-les depèn dels professionals que hi ha al capdavant de cada lloc.

En molts casos, els canvis han estat més cosmètics que reals, i s'han modificat els discursos però no les pràctiques. Hi ha professionals i centres que, malgrat les recomanacions oficials, no tenen intenció de canviar els procediments, la qual cosa té molt a veure, segons apunten alguns autors, amb el poder que ostenten especialitats com l'obstetrícia i, en part, la neonatologia, reticents a acceptar canvis que posin en qüestió una sèrie de pràctiques i creences. D'aquesta manera, es mantenen procediments obsolets que responen més a una concepció del part basada en prejudicis que en l'evidència científica.[165]

Malgrat les dificultats per canviar l'actual ordre de coses, El Parto es Nuestro, Dona Llum i altres organitzacions han estat capaces de posar el focus sobre un tema invisible fins fa pocs anys, la violència obstètrica. Les campanyes de sensibilització d'El Parto es Nuestro, com «Stop Kristeller», «Units en nounats», «Contra l'episiotomia de rutina» o «Que no us separin», les trobades periòdiques de Dona Llum per intercanviar opinions o moltes altres activitats impulsades per grups que treballen en la defensa d'un part respectat han ajudat a aconseguir que cada vegada més dones prenguin consciència de la violència que s'exerceix en tants parts.

El meu part

Jo volia un part natural, sense intervencions mèdiques innecessàries. Al final vaig optar per parir a casa. Vaig considerar que era la millor opció per donar a llum com jo volia, la més respectuosa i segura amb mi i la criatura. Em vaig informar molt, moltíssim. Vaig tenir dubtes, la pressió social és brutal. Hi ha un gran desconeixement en la societat, i molta por. Però la meva llevadora, la Blanca, em va donar tota la confiança, així com el fet de conèixer experiències d'altres dones que ho havien fet abans que jo i comptar amb el suport de la meva parella. El part natural, i en particular a casa, és una vivència íntima, molt intensa, que ens han pres. No es tracta de mistificar-la, però sí de reivindicar el dret a poder viure-la.

El meu part va durar unes vint hores. Encara recordo com va començar, mentre seguia per televisió amb en Josep Maria, la meva parella, el recompte de les eleccions autonòmiques a Andalusia, el març del 2015; l'endemà sortia de comptes. No sabia aleshores si aquelles serien les contraccions definitives, ja que feia dies que en tenia que anaven i venien, i que duraven una bona estona. De fet, des de la setmana trenta-vuit em prenia cada dia infusions de fulles de gerd, molt recomanades per provocar el part, però el millor, i el més eficaç, va ser el sexe. Així m'ho havien dit, i a la recta final, cada vegada que mantenia relacions sexuals, just després, arribava un reguitzell de contraccions. Aquella tarda, malgrat la panxa, la dificultat de moviment i tot el que us pugueu imaginar, l'orgasme no va fallar i va ser el definitiu. Vaig trucar a la Blanca, que em va dir que la mantingués informada i que si tot avançava com era d'esperar vindria a primera hora de l'endemà.

No podia estar més contenta. El petit per fi arribava, d'aquí a unes hores el veuria, el tindria entre els meus braços. Quanta emoció. Vaig passar tota la nit desperta, asseguda al sofà, impossible estar estirada, i encara menys dormir. Cada vegada que venia una contracció, m'aixecava del dolor, em recolzava en un armari i estirava tant com podia l'esquena per alleugerir-lo. Tot el que m'havien explicat en el curs d'embaràs, part i postpart, que la meva parella i jo vam seguir rigorosament, amb sessions setmanals, durant tres mesos, va succeir. Sons guturals, profunds, primitius, animals emergien de molt endins, senyal que el part havia començat. Vaig passar la nit com vaig poder. La Blanca va arribar l'endemà, molt d'hora. Em va fer el primer i únic tacte. Havia dilatat tres centímetres i mig. «Només?», vaig dir. Ella es va mostrar optimista: «Si està molt bé». Com que encara faltava per a una dilatació completa, vam quedar que sortiria a fer una volta i quan la necessités li trucaria. El pis on vivíem, de fet, era diminut, no arribava ni als $40m^2$, era un espai diàfan, amb molta llum, en una cinquena planta d'un vell immoble del Raval, a Barcelona, on ni tan sols vam poder muntar la típica piscina de part perquè no hi cabia.

Al migdia les contraccions havien anat a més. Sola no podia continuar. Li vaig trucar: «Blanca, et necessito». Ella va venir. Aleshores va començar la feina realment intensa, amb un dolor que mai m'hauria cregut capaç de suportar. Un dolor físic que em va situar en un altre estat, on no hi havia lloc per a la raó, tot era sentir, deixar-se arrossegar, transitar aquell dolor profund, primitiu. L'alleugeria amb el suport de la Blanca i el Josep Maria, que em posaven bosses d'aigua calenta i em feien massatges a la zona lumbar. Aguantava com podia, movent-me, en silenci, però el dolor era insuportable. Fins que la Blanca em va dir: «Si que crides poc...». I aleshores vaig pensar: «És clar, puc cridar!». Això em va salvar. Els crits van ser la millor manera de canalitzar el dolor. La noció del temps va desaparèixer. La dilatació completa arribava.

Ja no sentia només dolor, sinó també unes ganes immenses d'empènyer. No podia parar de moure'm. Ho feia d'un costat a l'altre, del bany al menjador, del menjador a la cadira de part, de la cadira de part al sofà, del sofà al terra a quatre potes. I tornem-hi. Tot era tan brutal, que en algun moment vaig arribar a pensar que no ho resistiria. «Digueu-me que puc», vaig suplicar-los, i vaig poder. Em vaig quedar a la cadira de part, a la gatzoneta, empenyent, cridant, penjada dels braços del Josep Maria, que des de darrere em sostenia amb força cada vegada que empenyia. La meva vulva cremava, oberta, a punt d'esclatar. En un moment donat, la Blanca em va dir: «Toca». Vaig portar amb temor els dits a l'obertura vaginal, i allà sortint vaig notar com una bola gran, una textura humida, viscosa... Eren la bossa d'aigües i el seu caparró, el del meu nadó, empenyent des de l'interior. Ell era aquí. Amb un mirall vaig poder veure com el seu cap, encara dins la bossa, entrava i sortia de la meva vagina extremament oberta cada vegada que empenyia. Fins que en un dels espoderaments, la bossa es va trencar. Una mata de pèl negre es va deixar veure. No sé quant de temps va passar. Els minuts se'm van fer eterns. Seguia cridant, desitjava tenir-lo, em partia en dos. Tot era intens, animal, únic, sense fi. Després d'un dels cops que vaig empènyer, vaig sentir com una cosa s'escorria fora de mi. En Martí havia nascut.

Parir a casa no és cosa d'imprudents, com alguns diuen; és una opció molt pensada, meditada i preparada. Sovint, ho és més que un part medicalitzat en un hospital, on l'equip mèdic pren el control, i desconeixem amb què ens trobarem. Donar a llum a casa, quan està planificat i és atès per personal qualificat, en embarassos de baix risc, és una opció tan segura com anar a l'hospital.[166] Malgrat que sovint es digui, i s'insisteixi, que parir a casa és perillós, els resultats dels estudis científics són tossuts: les taxes de mortalitat materna, perinatal i neonatal, dels parts domiciliaris i hospitalaris són similars.[167] I no només això: en la mesura que es respecta el part fisiològic, les possibilitats de patir una cesària, episiotomia o part instrumental es redueixen dràsticament, i el nivell de satisfacció de les mares és més gran.

L'OMS no prioritza un lloc específic on donar a llum, sinó que defensa el part normal independentment d'on es produeixi, rebutja la medicalització innecessària i exigeix que es respecti l'autonomia de la partera.[168] Per l'OMS, cada dona hauria de poder triar el tipus d'infantament que preferís. De fet, una comparativa entre països mostra que l'indret on té lloc el naixement és menys important que les condicions socials en què viuen els progenitors. La seguretat del part constata les profundes desigualtats socials.[169]

Tanmateix, parir a casa no és fàcil. Més enllà de la dificultat per trobar una llevadora —ja que si bé n'hi ha moltes que treballen soles o en equip en algunes grans ciutats, no passa el mateix en altres indrets—, les dones que decideixen parir a la llar es troben amb una forta pressió mèdica, social i familiar en contra. Els prejudicis i la desinformació sobre el part domiciliari estan encara, per desgràcia, molt estesos. Per aquest motiu, no són poques les dones que planifiquen un part a casa pràcticament en secret, sense informar-ne a familiars ni amics. Jo en soc un exemple. Un cop vaig decidir parir a casa, no ho vaig dir gairebé a ningú. Sabia dels comentaris que, de bona fe, m'esperaven. No volia parir amb pressions.

Els parts domiciliaris a l'Estat espanyol continuen sent minoritaris, encara que cada vegada són més sol·licitats. Malgrat que no hi ha un registre oficial que els comptabilitzi, es calcula, segons llevadores que els atenen, que el 2018 la xifra hauria ascendit fins als 1.000 o 1.400, el que representaria un 0,25% o un 0,35% del total de naixements, la majoria a Cataluña, on aquesta pràctica està més consolidada. De fet, el 2017, segons dades de l'Idescat, es van atendre 410 parts en domicilis catalans, un 0,6% del total de naixements a Cataluña,[170] on hi ha també la majoria de llevadores que els assisteixen. De les 120 professionals que acompanyen parts a casa que s'estima hi ha a tot l'Estat, més de la meitat són catalanes, algunes amb més de trenta anys d'experiència. L'Associació de Llevadores del Part a Casa de Catalunya, n'agrupa unes setanta, la majoria sòcies també de l'Associació Catalana de Llevadores, la qual forma part de la Federació d'Associacions de Llevadores d'Espanya.[171]

Pagar-ho de la teva butxaca o no

I, qui paga el part a casa? Tu, de la teva butxaca. La sanitat pública no assumeix el part en el domicili privat, de manera que és la família qui l'ha de pagar íntegrament, amb un cost que oscil·la entre els 2.000 i els 2.500 euros. Per aquest motiu, a les plataformes digitals de micromecenatge ja no ens sorprèn trobar projectes de mares que busquen finançament per parir a casa amb un equip de llevadores. Un d'aquests casos va ser el de la Maria, que va donar a llum al seu domicili, a Barcelona, el novembre del 2016, acompanyada dels seus éssers estimats, gràcies al suport de 109 persones que ho van finançar a través d'un projecte a Goteo.org. Sense aquesta ajuda, la Maria no hauria pogut parir com ella volia, ja que no tenia capacitat econòmica per assumir-ne el cost. No incorporar el part a casa en el sistema públic de salut el converteix en una opció només accessible a aquelles dones que s'ho poden permetre. Però, si paguem els nostres impostos i contribuïm a la sanitat pública, per què l'Estat no assumeix el part al domicili privat i l'inclou com una opció més, com sí que fan altres països europeus? No incorporar-lo a la seguretat social discrimina les dones que optem per parir a la nostra llar.

Al Regne Unit, la sanitat pública cobreix el part domiciliari i fins i tot el recomana, com va fer un informe de l'Institut Nacional de Salut i Excel·lència Clínica del Regne Unit el 2014, que instava les dones amb embarassos de baix risc a donar a llum a casa o en unitats gestionades per llevadores abans que a l'hospital. Els avantatges, segons l'informe, residien en una reducció dràstica del nombre de cesàries, episiotomies, induccions i parts instrumentals. A Anglaterra i Gal·les, el 2016, un 2,1% del total de parts va tenir lloc a la llar, i les dones d'entre trenta-cinc i trenta-nou anys van ser les més predisposades a fer-ho.[172] Tot i que no està de més recordar que en una època on les inversions en el sector públic es retallen, la promoció del part domiciliari no pot servir com a excusa per retallar en despeses sanitàries, sinó al contrari, aquesta oferta ha de permetre ampliar les prestacions de la salut pública. El part a casa és més econòmic que el part hospitalari —a Anglaterra costa un 65% menys, amb preus dels anys 2009 i 2010—, compta amb un grau de satisfacció de les dones més alt, i té un nombre de cesàries, intervencions mèdiques i complicacions inferior al dels hospitals.[173]

A Holanda, on també s'inclou en el sistema públic de salut, el percentatge de parts a casa significa un 13% del total, el més elevat d'Europa, tot i que la xifra ha disminuït respecte d'anys anteriors, quan se situava, entre el 2010 i el 2012, en el 21%.[174] Un retrocés que s'explica, en bona mesura, per les campanyes mediàtiques i de desprestigi que s'han fet en contra. A lrlanda, Dinamarca o Islàndia, el part domiciliari també està cobert per la sanitat pública. A Islàndia, en els últims anys la xifra de naixements a la llar ha augmentat significativament, i ha passat de representar el 0,1% del total, als anys noranta, a suposar el 2,2%, el 2012, el percentatge més alt dels països escandinaus. La normalització del part domiciliari a través dels mitjans de comunicació ha estat una de les claus de l'increment.[175]

Per contra, en altres estats europeus, com la República Txeca o Croàcia, la llei prohibeix a llevadores i obstetres atendre parts en el domicili privat, la qual cosa vulnera el dret de les dones a decidir on volen donar a llum. Malgrat tot, hi ha hagut llevadores que han desobeït una legislació injusta per ajudar les dones a parir a la llar.

Cases de part a la pública

A Catalunya, el 2017 es va inaugurar la primera casa de parts dins la sanitat pública, un centre vinculat a l'Hospital Sant Joan de Déu de Martorell, gestionat íntegrament per llevadores. Un pas endavant per donar cobertura dins el sistema públic de salut a més opcions de part, i permetre un infantament al més similar possible a la intimitat de la llar, respectant al màxim la fisiologia del part.

Malgrat la iniciativa, els criteris d'accés són força restrictius, i no permeten l'entrada a dones amb diabetis gestacional controlada, a aquelles que han tingut una cesària prèvia o a les que superen determinades setmanes de gestació. Un fet que denuncien des de l'associació Dona Llum, al tractar-se de criteris no sostinguts per l'evidència científica.[176] Entre un 10% i un 12% de les embarassades a Catalunya, segons la Conselleria de Salut de la Generalitat, podrien optar per aquest tipus de part.[177] Per aquest motiu, la Generalitat, davant la demanda, ha previst obrir properament noves cases de part en altres centres hospitalaris.

El disseny de l'espai és fonamental a l'hora de donar a llum, aquest pot ajudar, proporcionant intimitat i seguretat, o bé, per contra, pot entorpir el procés. Ho saben bé les arquitectes Marta Parra i Angela Müller, que des de fa més de deu anys, quan el 2007 van crear la firma Parra-Müller Arquitectura de Maternidades, treballen per dissenyar sales de part més humanitzades, adaptades a les necessitats de la dona, però també del nadó, la família i els professionals. L'arquitectura de les maternitats actualment, com assenyalen Müller i Parra, continua feta a base d'espais que despersonalitzen el subjecte, en aquest cas la mare, i l'indueixen a la submissió.[178] Llocs que són, com el mateix part, infravalorats, amagats i sotmesos a criteris d'eficàcia. El 2017, el reconeixement internacional els va arribar després de guanyar un dels prestigiosos guardons de l'Associació Internacional de Disseny d'Interiors (IIDA) pel disseny de la unitat de part normal de l'Hospital Universitario HM Nuevo Belén de Madrid.

L'art com a altaveu

No estem acostumades a veure dones parint de manera natural. El cinema, la televisió, els reportatges fotogràfics ens ofereixen imatges de mares que donen a llum estirades panxa amunt, en un poltre obstètric, envoltades de personal sanitari, i nadons embolicats en tovalloles només néixer. Qui ha vist una placenta en una pel·lícula o una dona parint a terra a quatre potes?[179] Per trencar amb aquest imaginari comú, una sèrie d'artistes han decidit alçar la veu i posar en el centre de la seva obra el part natural.

Una d'elles és Ana Álvarez-Errecalde, artista nascuda a l'Argentina i ubicada a Barcelona, que ha dedicat part de la seva obra fotogràfica a desafiar el model de part, maternitats i criança hegemònic. En el projecte *El nacimiento de mi hija* (2005), Álvarez-Errecalde s'autoretratava després d'haver parit a casa, amb la bebè en braços, encara amb el cordó umbilical i la placenta, amb sang, donant-li de mamar, oferint-nos una imatge del part antagònica a la dominant. A la sèrie fotogràfica *Cesárea, más allá de la herida* (2009), retratava dones que havien patit una cesària i ens mostrava la cicatriu física i emocional, reivindicant una atenció respectuosa al part. A *Las cuatro estaciones* (2013-2014), Álvarez-Errecalde reflexionava, a través de quatre imatges-metàfora, sobre la seva maternitat, dos fills, una filla i una pèrdua gestacional tardana.

Un altre exemple és el de la fotògrafa artística britànica Natalie Lennard, abans coneguda amb el sobrenom de Miss Aniela. Després de donar a llum a casa el seu primer nadó, que va néixer mort —així ho esperava després que els metges li comuniquessin prèviament la greu malaltia que patia—, i parir pocs anys després, també a la llar, una segona filla, la fotògrafa va decidir centrar el seu treball en les capacitats intrínseques de les dones per infantar. Ho va fer a través del projecte *Birth Undisturbed* ['Naixement no pertorbat'], una sèrie de fotografies on recreava, a través de la ficció narrativa, escenes de part amb una simbologia i un missatge potents. En una d'aquestes imatges, *Salle Sauvage* ['Habitació salvatge'], ens presentava una dona donant a llum dreta, en una llar amb parets de vidre, on podíem observar-la, cridant i recollint el nadó que acabava d'infantar, amb el suport de la llevadora, i a certa distància s'hi veia la parella. Una imatge tan bella com surrealista i impactant. En altres fotografies de la col·lecció, com *The Creation of Man* ['La creació de l'home'], l'artista representava el part de la Verge Maria, amb l'ajuda de Josep, en un estable, parint dreta i xisclant. I a *Royal Blood* ['Sang reial'] retratava l'últim infantament de la reina Isabel II d'Anglaterra, el 1964, a la cambra reial, i sense analgèsics. L'objectiu de Natalie Lennard no era sinó reflectir la cruesa, animalitat i autenticitat del part més primari.

Tant de bo més artistes presentessin una imatge del part al marge de convencionalismes artístics i socials, que ens permetés normalitzar una cosa tan universal com l'acte de parir. Un infantament sota el control de la dona.

2.5. Morir abans de néixer

Quantes criatures desitjades moren abans de néixer? Quantes mares, i també pares, sense un nadó entre els braços? Que difícil és fer entendre el dol per qui ningú ha vist, però tu coneixes tan bé. La mort del petit que una espera, i vol, segurament és el pitjor que li pot passar a una dona embarassada. Morts no anunciades i que un facultatiu ens comunica per l'aturada del cor del fetus o morts programades per una malformació genètica o una malaltia incompatible amb la vida. Impossible posar sostre al llindar del dolor i la pena.

El 2016 es van produir a l'Estat espanyol 4,4 morts perinatals per cada mil parts, morts de fetus o nounats des de les vint-i-dues setmanes de gestació fins a la primera després del naixement. No hi ha xifres oficials dels avortaments espontanis, abans de les vint-i-dues setmanes d'embaràs, però es calcula que es donen en una de cada cinc gestacions confirmades, un percentatge que augmenta amb l'edat de la mare. D'altres estudis apunten que anualment, a l'Estat espanyol, a partir de les vint-i-dues setmanes de gestació moren més de 1.500 nadons *in utero* o *intrapartum* i es produeixen quatre mil interrupcions de l'embaràs per motius mèdics a partir de les disset setmanes d'embaràs.[180]

La il·lustradora Glòria Vives Xiol ho recull a la novel·la gràfica *40 semanas. Crónica de un embarazo*, i ho explica en primera persona: «La primera vegada que em vaig quedar embarassada, a les onze setmanes vaig avortar. El meu avortament va tenir tres moments: l'expulsió, el dol, la recuperació».[181] Amb aquestes paraules, acompanya una il·lustració en blanc i negre d'una dona asseguda al vàter, mentre una taca de sang, en vermell, s'escapa entre les cames. La pèrdua d'un fill o una filla desitjats abans que neixi es dona més sovint del que ens puguem imaginar, però resulta invisible, i gairebé sempre es viu en silenci.

No va poder ser

Potser feia uns quatre mesos que ho intentàvem. En Martí estava a punt de fer dos anys, començàvem a veure llum al final del túnel infinit dels primers temps de criança, i pensàvem que seria meravellós tenir una altra criatura. Tot i que teníem poques esperances després de l'experiència anterior, ens vam posar de nou a provar-ho. Quina va ser la meva més gran, majúscula, sorpresa, quan la regla es va començar a retardar no un ni dos ni tres sinó quatre i cinc dies. No em feia la prova perquè pensava que tard o d'hora em vindria, però un matí no vaig poder més i vaig anar a comprar un test d'embaràs. Segons d'espera, molts nervis, i a la pantalla: «Embarassada 1-2 [setmanes]». No m'ho podia creure.

Estava embarassada, feliç, amb marejos, sense gana i amb moltíssima son. Quasi ningú, tret de la meva família i amigues properes, sabia de la meva sort. Una tarda, navegant per internet, vaig topar amb un text que em va colpir. Es tractava del testimoni d'una mare que s'havia vist obligada a avortar: el seu nadó estava greument malalt. Una història dura, plena de dolor. Prendre la decisió que la vida del teu bebè, tan desitjat, no pot continuar. Em vaig emportar les mans a la panxa, inimaginable que una cosa així pogués passar.

Tocava primera ecografia. Feia setmanes que esperava impacient aquest moment: veure el meu bebè, que tot estigués perfecte i poder cridar als quatre vents que estava embarassada. Allà estàvem, jo estirada panxa enlaire amb les cames obertes, aquell instrument fred entrant dins la meva vagina per inspeccionar el petit fetus que portava dins meu i en Josep Maria al costat. La pantalla ens va retornar en blanc i negre la imatge d'una minúscula coseta que movia braços i peus. Ens vam mirar, entre contents i emocionats, i no vaig poder contenir les llàgrimes. Vaig sentir que havia de justificar-me i, mirant al metge, que ja es retirava per introduir totes les dades en l'aparell informàtic, li vaig dir: «Sembla mentida, no és el meu primer fill, però quina alegria tan gran». «Cada fill és especial», em va contestar. Així és. Només faltava el seu *okey* a l'informe, tot en ordre, i a seguir. No va poder ser.

Hi havia dades en el triple *screening* que no encaixaven. Havia de tornar l'endemà per fer-me una biòpsia de còrion. Sense més explicacions, el metge ens va despatxar. Vam sortir desorientats, amb molt poca informació, i sense acabar d'entendre ni acceptar el que podia estar passant. L'endemà la ginecòloga, abans de la prova, va verbalitzar els pitjors auguris: «Com sabeu, les dades de l'informe són dolentes, i les possibilitats que el nadó tingui una malformació són molt altes». «Sabem què?», vaig pensar. Ningú ens havia dit res? No d'aquella manera. El món se'ns va ensorrar. Les parets de color blanc nuclear de la sala de visites es van desplomar sense compassió sobre nosaltres.

Vam haver d'esperar cinc llargs dies a tenir els resultats definitius. Cinc dies que es van fer eterns. Cinc dies en què a vegades emergia una petitíssima llum d'esperança. Al final, la trucada. La nostra criatura tenia una malaltia genètica incompatible amb la vida. Vaig plorar, plorar, plorar. Vaig ingressar a l'hospital un dilluns de juliol. Ens havien trucat el divendres. Tot estava a punt, van dir, perquè el mateix dia pogués anar a avortar. Però, com en tot just un parell d'hores podia acomiadar-me del meu bebè? No era un tumor que s'havia d'extirpar, sinó la meva criatura que estava malalta. Vaig voler esperar, dir-nos adeu en soledat, prendre consciència del que passaria, decidir.

La meva filla va néixer un migdia de juliol a l'Hospital del Mar de Barcelona. Va néixer sense vida, però va néixer. No hi havia alternativa. Després de prendre'm la pastilla, vaig tenir forts dolors lumbars, contraccions. Em van oferir analgèsics, però els vaig rebutjar. Vaig recordar-me molt del meu primer part. No podia parar de moure'm, cridar, aixecar-me, empènyer. Al final, ella va arribar esmunyint-se entre les cames. «Puc veure-la?», vaig preguntar. «És clar que sí —va respondre aquell àngel de llevadora que amb tant d'afecte, empatia i amor em va atendre—, és vostra». Em van acostar la petita, embolicada en unes gases. Amb por la vaig agafar. No sabia què sentiria en veure-la. I vaig plorar: a mig camí de la vida, allà estava, la meva filla estimada, preciosa.

Ens van donar tot el temps del món per estar amb ella, donar-li la benvinguda i acomiadar-nos-en. El tracte de l'hospital, la ginecòloga que ens va atendre, les llevadores que em van acompanyar —excepte una—, va ser de deu, una cosa imprescindible en un moment tan dur.

Tan important com tenir accés a les restes del seu cos, el qual vam poder reclamar, per sort, sense cap problema, per acomiadar-nos-en com desitjàvem. No estem preparats com a mares i pares per afrontar una mort gestacional o perinatal. Esperem la vida, no la mort. Tenir tota la informació, un bon acompanyament professional, poder decidir sobre com volem viure aquest moment i tenir accés a la despulla del nostre nadó és clau per no ofegar-nos en el dolor sinó superar la pèrdua.

Acabar amb el tabú de la mort gestacional

Si en parles, descobreixes un munt de dones al teu voltant que han passat per una situació similar. Algunes surten públicament de l'armari i ajuden a visibilitzar-ho i normalitzar-ho; no és fàcil. Ho han fet dones com l'actriu Gemma Brió, que va debutar com a dramaturga amb *Llibert*, obra que va interpretar ella mateixa el 2013 a l'Almeria Teatre de Barcelona, dirigida per la seva parella i pare de la criatura, Norbert Martínez. Un text colpidor on relatava l'experiència viscuda com a mare, els primers i últims quinze dies de vida del seu nadó, que va néixer amb danys cerebrals irreparables, i que la van obligar a prendre la decisió de deixar morir el petit.

Una altra veu és la de la poeta Irene G. Punto, que a l'octubre del 2017, a la sala Galileo Galilei de Madrid, va recitar el poema *Espacio a los nacidos*, dedicat a la criatura que va perdre als gairebé tres mesos de gestació: «On floreix el que no brota? Quan desperta allò adormit? Quant pesa el petó guardat que viu del no nascut? Són preguntes sense resposta d'un dolor anestesiat per ser comiat imprevist per amor acumulat. Però, a qui li dono jo ara el pit, al futur, al present o al passat? (...) Que els fills que no veiem, els no nascuts, ni es moren a la fusta ni s'enterren en l'oblit, baixen a terra cantant, amor per amor, batec per batec».[182]

La dramaturga Claudia Cedó també va posar paraules a la seva experiència de pèrdua després de cinc mesos d'embaràs amb la peça de teatre *Una gossa en un descampat*. Un text valent, escrit des de les entranyes, que es va estrenar a la Sala Beckett, en el marc del Festival Grec de Barcelona 2018. Una obra amb la qual Cedó va voler trencar el silenci i, en paraules seves, «intentar ordenar (...) i trobar finalment un sentit a allò que aparentment no en tenia», com la pèrdua que havia patit.[183]

Una de les experiències que més repercussió va tenir a les xarxes socials va ser la de la pintora Paula Bonet, que va publicar a Twitter, a principis del 2018, un missatge amb tres imatges: una fotografia seva amb el títol *Autorretrato en ascensor con embrión con corazón parado*, una altra amb un dibuix de l'artista Louise Bourgeois d'una dona embarassada i una última d'un text, escrit per ella, en què explicava com havia patit dues pèrdues gestacionals en un any i reivindicava acabar amb el tabú que envolta aquest tema, normalitzar-ho, i deixar de sentir-nos culpables. No es tracta de buscar consol, deia Bonet, sinó de no amagar-se. Una experiència, la dels seus dos embarassos i avortaments, que va quedar recollida en la publicació *Roedores. Cuerpo de embarazada sin embrión*.[184]

No han estat les primeres. Una artista tan icònica com Frida Kahlo va deixar constància dels avortaments que havia patit en la seva obra. Un fatídic accident de trànsit, el 1925, li va provocar greus ferides, com la fractura de la pelvis, i li va impedir, segons aleshores li van diagnosticar, tenir criatures. Tanmateix, el 1930 es va quedar embarassada, però la posició en què es trobava el fetus, que en feia impossible l'extracció, la va obligar a avortar. El 1932, s'hi va quedar de nou, i, malgrat els dubtes inicials i les advertències dels metges sobre els riscos de portar a terme la gestació, ella va decidir continuar endavant. Volia ser mare. Mesos després, va patir un avortament espontani. El 1934 va aconseguir un altre embaràs, però la gestació es va complicar, i no hi va haver més remei que practicar-li un avortament, que la va deixar postrada al llit de l'hospital.[185] El 1932, diverses pintures seves, com *Frida y la operación cesárea*, *Mi nacimiento*, *Frida y el aborto* i *Henry Ford Hospital* van plasmar-ne l'experiència. Potser *Henry Ford Hospital* sigui de totes elles la més coneguda. Un autoretrat de l'artista, estirada nua damunt d'uns llençols plens de sang, al llit de l'hospital Henry Ford, després del segon avortament que va patir. Una gran llàgrima llisca del seu ull esquerre, i sis cordons umbilicals emergeixen del ventre, un dels quals la uneix a un fetus baró, el nadó que tant desitjava. La impossibilitat de ser mare va ser una de les fonts de dolor que va impregnar la seva obra.

L'avortament, però, continua sent un tema tabú. Ocultar-lo impedeix que es reconegui el dol i s'obtingui el suport necessari, ja sigui de familiars, amics o professionals.[186] Es tracta sovint d'un dolor que s'inhibeix, es prohibeix, es nega, a causa de les jerarquies mateixes de la pèrdua i d'unes regles del dol que estableixen quins són acceptables i quins no, la vida que pot ser plorada i la que no, amb la qual cosa es dona, en els casos de mares i pares de nadons no nascuts, una «privació de drets».[187]

Acompanyar la pèrdua

El tracte dels professionals sanitaris, l'empatia, és clau en uns moments tan durs per a la mare i la parella. Com se'ns comuniqui la notícia, com es porti a terme i s'acompanyi l'experiència, pot ser determinant en com es visqui la pèrdua i s'elabori el dol. A l'Estat espanyol, no va ser fins l'any 2011 que la mort perinatal i neonatal va aparèixer per primera vegada esmentada en una estratègia sanitària governamental.[188] Des d'aleshores, s'ha avançat en la redacció de guies i protocols, una cosa fonamental, però encara queda molta feina per fer. Hi ha testimonis de dones que expliquen com van ser acompanyades amb amor i respecte als hospitals; d'altres, per contra, relaten el menyspreu d'alguns professionals cap a la seva criatura morta, que van tractar com una simple cosa, amb una manca absoluta de consideració, i la batalla per poder acomiadar-se del petit o tenir accés a la despulla. Una cosa que mai hauria de succeir.

L'*Informe Umamanita. Encuesta sobre la calidad de la atención sanitaria en casos de muerte intrauterina*, amb dades recollides entre els anys 2013 i 2016, és la primera recerca a l'Estat espanyol que dona veu a les mares.[189] Els resultats són concloents: l'acompanyament al dol en el context obstètric a l'Estat és deficient, malgrat les millores introduïdes en els darrers anys, en particular si el comparem amb el d'altres països veïns. Només quatre de cada deu dones van sentir que podien incidir en la presa de decisions; respecte a l'atenció clínica rebuda, sis de cada deu no van poder estar acompanyades en el procés perquè el personal sanitari els ho va impedir sense raó mèdica aparent; a gairebé la meitat els van subministrar sedants, tot i estar contraindicat perquè perllonguen el dol, sense explicar-los-en de forma clara els efectes secundaris, i únicament quatre de cada deu es van sentir tractades com a mares.

Un dels aspectes més criticats per les dones va ser l'accés al cos de la criatura. A menor estat gestacional, més dificultats per disposar-ne, tot i la sentència del Tribunal Constitucional, de febrer del 2016, que reconeix aquest dret, al marge del temps de gestació.[190] A un 75% de les mares entre les 16 i les 25 setmanes de gestació i a un 57% de les que es trobaven entre les 20 i les 25 setmanes no se les va informar dels procediments per disposar de la despulla. A partir de les 26 setmanes, la xifra es reduïa al 13%, ja que la llei obliga a la inscripció de les morts intrauterines des dels 180 dies. Tanmateix, l'atenció al dol no hauria de dependre del període de gestació.

Una experiència molt diferent és la que viuen aquelles famílies a qui els deixen tot el temps que necessiten per acomiadar-se del petit, com a mi em va passar; que els donen, com fan en alguns hospitals, les empremtes del nadó, i fins i tot, en funció de l'edat gestacional, la pinça del cordó umbilical i la polsera d'ingrés, cosa que és un tresor per als progenitors. Però el tracte rebut no hauria de ser una qüestió de sort.

L'*Informe Umamanita* conclou que és imprescindible millorar la formació dels professionals en l'acompanyament al dol perinatal i neonatal, ja que les seves pràctiques són determinants en com la dona i la família viuen aquest procés, hi ajuden o el dificulten. De fet, quasi la meitat de les mares, segons l'informe, no van arribar a veure la seva criatura per falta de suport del personal sanitari, i això va generar-los remordiments importants. «El ginecòleg ens va dir que "es feien càrrec del cos", però no sabem què se'n va fer exactament. A dia d'avui, passat el tràngol, si el pogués recuperar, potser li donaria sepultura. La meva sensació va ser la d'abandó, vaig abandonar la meva nena», explica una mare.[191]

No poder decidir en el procés, que no et donin la informació adequada, impedeixin que la teva parella o qui tu vulguis t'acompanyi, no et facilitin veure i agafar en braços el teu bebè, no tenir temps per acomiadar-te'n ni disposar del seu cos... té un nom: violència obstètrica. Si el tracte en l'atenció al part ja deixa molt que desitjar, imaginem-nos en un que ni tan sols és reconegut com a tal, en què el petit neix mort i la dona no és considerada mare.

Davant d'aquesta situació, els grups de suport presencial o els fòrums en línia, que han proliferat en els darrers temps, ens mostren que no estem soles. Algunes iniciatives sorgeixen a partir d'experiències personals; d'altres, en el marc del sistema públic de salut, i totes estan destinades a acompanyar el dol gestacional, perinatal i neonatal. El 2017, diverses d'aquestes associacions es van coordinar en l'elaboració i difusió d'un manifest que portava per títol «Trencar el silenci». El seu objectiu era acabar amb la invisibilitat social, sanitària i institucional que envolta aquestes morts; exigir la implementació d'una estratègia governamental per reduir i prevenir la mortalitat perinatal; demanar la creació d'un registre públic per poder inscriure amb nom i cognoms els nadons morts durant l'embaràs, similar als registres que ja existeixen en altres països europeus; reclamar que les famílies siguin tractades amb absolut respecte pel personal sanitari; i reivindicar poder disposar d'una manera sensible, respectuosa i privada del cos del bebè, independentment de l'edat gestacional.[192]

Hi ha iniciatives precioses, com el Projecte Stillbirth, impulsat per la psicòloga i fotògrafa Norma Grau, que, des de l'any 2010, acompanya en el dol a famílies que han perdut els seus petits durant l'embaràs mitjançant la presa de fotografies dels seus objectes personals, ja que les mares i els pares no acostumen a tenir imatges del seu nadó. A l'Estat espanyol, només el 12% de les famílies que van perdre la criatura durant la gestació en té una fotografia.[193] Disposar d'una imatge del petit ajuda a fer més suportable la pèrdua, a deixar constància que aquella filla o aquell fill, que va morir a la panxa o al cap de pocs dies de néixer, va existir. L'objectiu d'aquest projecte és que a tots els hospitals s'ofereixi a les famílies la possibilitat de fer una fotografia del seu bebè.

En altres països d'Europa i als Estats Units, aquesta és una pràctica normalitzada des dels anys vuitanta. Allà, la majoria de les famílies tenen un retrat del petit que van perdre, la qual cosa ajuda a processar i elaborar el dol. Aquí no va ser fins l'any 2017 que un fotògraf professional, en aquest cas la mateixa Norma Grau, va acompanyar i fotografiar, a petició dels progenitors, i amb autorització de l'hospital, el comiat d'un nadó que va morir abans de néixer.[194]

Tenim por de veure un fetus sense vida; sentim rebuig, animadversió. Però si una ecografia és socialment acceptable, per què no ho és veure les restes d'aquesta criatura desitjada? Per què ens inquieta la imatge d'un bebè mort? Aquesta aversió no és sinó un prejudici social i cultural. Les bondats terapèutiques de veure els petits, com tants professionals indiquen, són inqüestionables.[195] Moltes mares i pares ho reconeixen. «Jo, sense saber-ho, instintivament vaig treure el mòbil i li vaig fer una foto abans d'acomiadar-me'n. Avui és el tresor més gran que pugui tenir», explicava una mare a Twitter.

Anys enrere, quan la mort estava més integrada en la nostra vida quotidiana, era habitual que es fessin fotografies dels familiars difunts, per tenir-ne un últim record. L'exposició *Imatges de mort*, que es va poder veure al Museu Valencià d'Etnologia l'any 2018, en donava fe. Retrats de nadons que havien mort, vestidets, amb els ulls tancats, asseguts en petites butaques o al llit, eren algunes de les fotografies que s'exposaven a la mostra. La pràctica de fotografiar familiars difunts va decaure fa dècades, en la mesura que la nostra relació amb la mort va canviar. Ara la temem, fins al punt de considerar aquestes imatges com un acte macabre, quan en realitat eren un gest d'amor.

D'avortaments involuntaris i voluntaris

L'avortament, ja sigui espontani o per motius mèdics, segueix relegat al silenci. No se l'anomena, en part perquè implica un fracàs —un embaràs truncat—, en part perquè fa referència a la mort, tema tabú en les nostres societats secularitzades modernes. En aquest cas, a més, la mort té lloc abans del naixement, un fet que altera l'ordre de coses establert.[196] Es mira cap a un altre costat, i els cossos de les dones, un cop més, queden amagats, avergonyits, quan no responen als cànons que s'esperen de la reproducció femenina.

Des de posicions feministes, la pèrdua gestacional és rarament reconeguda, segurament per la por de pensar que si acceptem el dolor i el dol pels que no han nascut estarem donant la raó a posicions provida i antiavortistes. Tanmateix, admetre el dolor per qui s'ha perdut en un avortament espontani, el desig rere un embaràs truncat, no és incompatible amb defensar el dret de les dones a l'avortament, a decidir sobre el seu cos.

La tristesa i el dol poden ser compartits tant en un avortament involuntari com en un d'escollit, i és important reconèixer-los tots dos, visibilitzar-los i acompanyar-los. La culpa sobre la dona que perd un nadó, acusant-la de ser egoista per viatjar o treballar, és la mateixa que recau sobre aquella que porta a terme un avortament voluntari, a qui, malgrat la difícil decisió que ha pres, se la fa callar perquè «tu ho has triat». A ningú sembla importar-li el que significa el procés i el dolor d'un avortament induït per voluntat pròpia.[197] Les dones som sempre culpables.

Un avortament involuntari o per causes mèdiques i un avortament triat no haurien de ser tractats com dos fets oposats, sinó com experiències intrínseques de la sexualitat femenina, que massa sovint, precisament per formar part dels nostres cossos, queden invisibilitzats i no són reconeguts. Són dues cares d'una mateixa moneda, un futur que es desitja i un futur que no.[198] La imprescindible defensa del dret de les dones a posar fi als nostres embarassos de manera segura i sense estigma no hauria d'estar renyida amb reconèixer la mort i el dol gestacional i perinatal.

3. La teta és la llet

Parlar de la teta és sovint motiu de conflicte: si la dones, si no la dones, si tens llet, si diuen que no en tens... Després del part, i un cop arriba l'hora de la lactància, la nova mare, sense saber gaire bé com, es troba envoltada d'una infinitat d'experts (família, amistats, veïns...) que sempre saben què és millor per a ella i el nadó. I és aquí on cal plantar-nos; al cap i a la fi, es tracta de nosaltres i el nostre cos. Tot i això, sovint no és tan fàcil fer-ho en aquests moments.

Jo també vaig ser víctima dels típics comentaris: «ja veurem si et pujarà la llet», «si podràs donar el pit», «si el nen s'hi agafarà», «jo tenia molta llet, però ja veurem si tu en tindràs», com si donar mamar fos una competició. Fins i tot després de fer-se evident que hi ha llet, que la criatura mama i que a més a més s'engreixa, encara hi ha qui insisteix que «bé, tens llet, però s'ha de veure si és de qualitat, perquè a vegades surt aigualida». Sincerament, no entenc aquest tipus de comentaris, que a més contribueixen a generar una considerable inseguretat en les mares.

Si jo vaig poder alletar va ser gràcies al suport de dones valuoses que, malgrat el dolor inicial en els mugrons, algunes clivelles i la inflamació dels pits, sempre em van donar consells imprescindibles, em van acompanyar i escoltar. Un suport vital en els primers dies després del part, que és quan et sents més vulnerable i, si és el teu primer nadó, tot et ve de nou. Al final el dolor passa, la lactància es normalitza i, encara que al principi t'ho diuen i no t'ho creus —o almenys a mi em resultava difícil creure-ho amb tant de dolor—, dones el pit amb plaer.

3.1. El negoci del biberó

Motxilles personals, opcions diverses

De la mateixa manera que el cos de la dona està preparat per gestar un nadó i tenir d'un dia per l'altre quatre mans, quatre peus, quaranta dits, dos caps i fins i tot portar un penis minúscul en el seu interior —com comentava irreverent Aida I. de Prada a *Relatos marranos*—,[1] el nostre cos està preparat també per parir-lo i alimentar-lo. Allò que és una veritat irrefutable per a la natura, és un fet que el sistema patriarcal i capitalista s'ha encarregat, i molt, de posar en qüestió. Ens han fet creure que no en sabem, que no som capaces. Hi ha casos en què no és possible alletar, perquè no es produeix llet, però això afecta menys del 3% de les mares.[2] La immensa majoria tenim llet i podem donar-la.

Hi ha dones que tot i poder donar el pit prefereixen no fer-ho. Els arguments són diversos. En alguns casos, trobem dones que han patit abusos sexuals o trastorns de conducta alimentària, i donar mamar els pot portar *flashbacks* i fer que la lactància els resulti molt difícil o impossible. D'altres han descrit una desagradable sensació a l'alletar, que pot ser provocada per una desregulació neurohormonal.[3] Així mateix, la mare pot tenir problemes de salut que impossibilitin o contraindiquin la lactància materna, com en el cas de patir tuberculosi, ser portadora del VIH, prendre drogues o tractar-se amb quimioteràpia. Hi ha maternitats com l'adoptiva que fan del biberó un *gadget* imprescindible. I altres mares no volen donar la teta, i punt. Les decisions personals tenen motius diversos, la nostra motxilla vital és única.

L'afirmació «donar el pit és el millor», aquesta frase tan coneguda del llibre *Breast is Best* ['El pit és el millor'],[4] no vol dir que sigui el millor per a cada dona. Vivim en una societat que constantment posa obstacles a la lactància materna. Les dones ens enfrontem a circumstàncies diferents que influeixen en les nostres vides. En conseqüència, per a algunes donar la teta és molt complicat. Jutjar una mare per no fer-ho, sense tenir en compte el seu context, és un error. El que hem de preguntar-nos és: per què una pràctica tan beneficiosa per al nadó i la mare és tan difícil de portar a terme? Quins canvis cal fer en la societat perquè puguem alletar sense tants sacrificis? La consigna «donar el pit és el millor» ha de servir com a instrument per garantir el dret a la lactància, no com a imperatiu perquè totes les mares alletin. La defensa de la lactància materna no implica un qüestionament de les dones que opten per la llet de fórmula o que no tenen més opció que recórrer-hi.

La crítica a la lactància artificial, en aquest llibre, va dirigida a les empreses del sector que desinformen i utilitzen publicitat enganyosa per fer-nos creure que la llet artificial i la materna són el mateix; a una institució sanitària que, malgrat el que diu, no inverteix prou recursos a fer possible una lactància materna exitosa, i a una organització social que posa totes les traves del món, en particular en el mercat laboral, perquè les mares puguin alletar. Es tracta de destapar les raons històriques, econòmiques i ideològiques per les quals s'ha boicotejat la lactància materna i se l'ha fet retrocedir en benefici de l'artificial, i d'exposar les bondats, tant individuals com col·lectives, de donar el pit.

Alimentar els més petits s'ha convertit en objecte de lucre. Les empreses de la indústria alimentària, farmacèutiques, distribuïdores, etc. obtenen sucosos beneficis amb la llet de fórmula. Un fet que no és nou. Ma mare, quaranta anys enrere, s'hi va resistir. M'ho explica satisfeta: «Després del part, el metge em va preguntar si donaria el biberó. Jo li vaig respondre que no, que volia donar el pit. Però ell va insistir i em va dir que el biberó era la millor opció, que així la criatura [qui ara escriu aquestes línies] s'engreixaria i creixeria més bonica. M'hi vaig negar. Totes les meves amigues, en canvi, donaven el biberó, que era el que estava de moda». Així, malgrat tot, la meva mare ens va donar la teta al meu germà petit i a mi fins ben passat l'any. I jo li ho agraeixo orgullosa.

La lactància materna és un dret de la mare i el nadó, que a més redunda en benefici del conjunt de la societat. Alletar no pot ser considerat una mera elecció individual, i encara menys un privilegi de les dones que poden fer-ho. Les traves a què s'enfronten tantes mares per donar el pit impliquen la violació d'un dret fonamental.[5] La societat és la que s'ha d'adaptar a la lactància materna, no la lactància materna a la societat.

Lactància mercenària

Si ens submergim en la història, l'ús del biberó és una pràctica molt recent. No va ser fins a final del segle XIX que es va començar a utilitzar. Fins aleshores, la capacitat de les dones per donar mamar no s'havia posat en qüestió. Els petits eren alimentats o bé per les mares o per dides. Si la dona no podia alletar, no volia fer-ho, havia abandonat la criatura, o moria, sempre hi havia l'opció que altres dones li donessin el pit, algunes a canvi d'una remuneració. És el que es coneixia com a lactància mercenària.

Ja a la Grècia clàssica, les nodrisses eren molt habituals, i a les millors se'ls tenia gran respecte. A l'imperi romà, la majoria de les dones nobles recorrien a dides per alletar les criatures. Els moralistes les acusaven de frivolitat, però l'alta mortalitat infantil podia portar les mares a rebutjar el vincle amb uns infants la supervivència dels quals no estava garantida. La por dels pares que la lactància materna transmetés trets hereditaris i influís en la descendència era un altre motiu pel qual apartar els nadons de les mares i contractar nodrisses.[6]

A Europa, als segles XV i XVI, la pràctica de la lactància mercenària es va estendre de tal manera entre les classes benestants, principalment a França i Itàlia, que moltes dones pobres no només donaven el pit a la seva criatura, sinó també a una altra que li deixaven a càrrec. Una dinàmica que va tenir efectes anticonceptius en les famílies pageses, ja que alletar reduïa les possibilitats d'embaràs. Els aristòcrates no volien que l'esposa estigués permanentment alimentant el nadó. Desitjaven disposar al màxim de la fertilitat femenina per aconseguir tants descendents com fos possible en un període històric d'alta mortalitat infantil, i la lactància materna ho dificultava; per això tenien un interès particular en la contractació de dides.[7] El cristianisme, a més, prohibia les relacions sexuals durant la lactància, ja que es pensava que si la dona lactant es quedava embarassada la llet es tallaria, perdria les propietats i el nadó emmalaltiria o moriria.

A l'Estat espanyol, la tradició de les nodrisses es remunta al segle XVII, quan aquestes van entrar a la llar de les famílies nobles. La majoria procedien del nord de la península (Galícia, Astúries i el País Basc). Eren dones pageses i ramaderes, i les més valorades eren les de la Vall del Pas, a Cantàbria.[8] La lactància mercenària imposada pels homes va ser un mecanisme de control del cos i la sexualitat femenina.

El que va començar com una pràctica exclusiva de l'aristocràcia, al llarg del segle XVII es va estendre a la burgesia. Les dones burgeses podien així atendre les seves ocupacions. Però aquest no era l'únic motiu. Les condicions de vida a les ciutats eren altament insalubres, amb epidèmies freqüents, un fet que empenyia moltes d'aquestes famílies a enviar els fills i les filles al camp. Al segle XVIII, les dones de les classes populars van començar també a contractar nodrisses.[9]

A França, a final del segle XVIII, de 1774 a 1784, d'uns 21.000 nadons nascuts a París, només uns mil eren alletats per la mare. La immensa majoria eren criats per dides: uns mil a la mateixa llar parental; d'altres, amb una xifra difícil de precisar, residien amb la nodrissa a París; entre dos i tres mil vivien a casa de la dida a les rodalies de la ciutat, i la gran majoria, uns 15.000, eren enviats lluny de la llar. La demanda de nodrisses era tan elevada que fins i tot va arribar a haver-n'hi escassetat. Els criteris amb què se les escollia variaven en funció de la classe social. Els estaments elevats les seleccionaven amb cura. En canvi, aquells amb menys recursos econòmics enviaven els petits a un lloc llunyà, moltes vegades amb una nodrissa sense recursos, la qual cosa posava en perill la vida de la criatura. Els descendents il·legítims, concebuts fora del matrimoni, que representaven entre un 25% i un 28% dels nascuts a París el 1860, eren sovint abandonats per les mares, que no podien mantenir-los i els enviaven a institucions llunyanes, en unes condicions terribles. Als pobles, la dinàmica era una altra. Mentre que les classes benestants rurals sí que feien ús de la lactància mercenària, les més pobres acostumaven a donar mamar les criatures.[10]

Una pràctica que queda recollida a la literatura francesa del segle XIX. En el clàssic *Madame Bovary* de Gustave Flaubert, Emma Bovary, com corresponia a una dona de la seva posició, deixava la filleta que tenia amb una nodrissa, i no hi mantenia quasi contacte, excepte en ocasions puntuals. «Un dia, Emma va sentir de sobte la necessitat de veure la seva filla, que estava a dida a casa la dona del fuster, i sense mirar al calendari si havia passat la quarantena de la mare de Déu es va dirigir a casa de madame Rollet, que es trobava als afores del poble (...) La dida, que havia sentit el soroll de la porta, va sortir portant al braç un infant que mamava. Amb l'altra mà estirava un pobre marrec escarransit, amb la cara coberta d'escròfules, fill d'un capeller de Rouen, que els seus pares, massa ocupats pel negoci, deixaven al camp. (...) La filla d'Emma dormia a terra, en un bressol de vímet. La va agafar amb la manta que l'embolicava, i va començar a cantar dolçament mentre es balancejava».[11]

El nombre de dides a França va arribar a ser tan elevat, que l'Estat va optar per regular-ne la pràctica amb l'objectiu de controlar-la i combatre l'elevada mortalitat infantil de l'època, en què només entre el 50% i el 60% de les criatures aconseguien arribar a l'edat adulta. Així, el 1874 es va promulgar la Llei Roussel, que obligava les nodrisses a donar-se d'alta en un registre i els pares que les contractaven fora de la llar a inscriure els seus infants i indicar el lloc on els deixaven. Amb aquesta llei s'exigia a les dides que complissin certes normes i les posaven sota la supervisió de l'autoritat pública.[12]

A Anglaterra, més del 50% de les criatures eren alletades per dides, mentre que l'altra meitat rebia llet materna. A Europa, Holanda representava l'excepció, amb una menor presència de nodrisses i una major tradició de lactància materna, promoguda pels poders públics i una moral a favor de la família, cosa que explicaria la menor taxa de mortalitat infantil respecte als països veïns. A l'Estat espanyol, en ple segle XVIII, la doble moral respecte a la lactància mercenària es feia evident a les pàgines dels diaris, on una quarta part dels anuncis corresponien a dides, mentre que el mateix diari publicava informació advertint de les conseqüències de contractar-les. No va ser fins al primer terç del segle XX que l'Estat es va plantejar la reglamentació de les nodrisses per tal de combatre l'alt índex de mortalitat infantil, especialment entre els sectors pobres.[13]

La reacció contra la lactància mercenària va venir del protestantisme anglès, que considerava que l'alletament era una tasca intransferible de l'esposa, en contraposició als catòlics, que eren més permissius. A l'Anglaterra del segle XVIII hi va haver un fort moviment, sota la influència del metge William Cadogan —autor del tractat *An Essay Upon Nursing, and the Management of Children, from Their Birth to Three Years of Age* ['Un assaig sobre la lactància materna i la gestió dels infants, des del naixement fins als tres anys d'edat']—,[14] a favor de la lactància materna i en contra de la mercenària. Cadogan instava les mares a donar el pit, i atribuïa al pare una funció de vigilància. La lactància era massa important perquè estigués només a càrrec de les dones. Els filòsofs il·lustrats del segle XVIII, amb Jean-Jacques Rousseau al capdavant, van subratllar també com era d'important que fos la mare, al marge de la classe social, l'única encarregada d'alimentar el nadó. La lactància materna deixava de ser considerada tan sols com un bé nutricional i adquiria una dimensió afectiva, moral i psicològica.[15]

L'apropiació masculina de la lactància

Fins a final del segle XIX, la lactància a càrrec de les dones, ja fossin dides o mares, havia estat l'única font d'alimentació dels infants, però a partir d'aleshores les coses van començar a canviar en els països industrialitzats. La pèrdua de la cultura de l'alletament va ser fruit principalment de tres factors. El primer, els avenços científics aconseguits en la modificació de la llet de vaca, que la van fer apta i digerible pels nadons. Fins aleshores, la mortalitat de les criatures alimentades amb llet diferent de la de la dona era molt alta, al voltant del 90% el primer any de vida. El segon factor es pot atribuir als canvis en les societats industrials, amb la incorporació de la dona al treball assalariat, els avenços cientificotècnics que dictaven que el que era artificial era millor que el que era natural, els primers corrents feministes i els interessos econòmics de la indústria. I el tercer element a tenir en compte és la intervenció de la classe mèdica en el part i la defensa que feia de l'ús del biberó en la criança.[16] Les dones vam acabar comprant el discurs que el biberó ens faria lliures i ens permetria estar plenament disponibles per al mercat de treball. No alletar es va convertir en un emblema de modernitat i progrés.

La medicalització de la maternitat va tenir conseqüències directes, i negatives, en la lactància materna. L'hospitalització del part, en el transcurs del segle XX, va comportar la implementació d'una sèrie de pràctiques, com la separació de la mare i el nadó just després del naixement i la promoció de la lactància artificial per part dels professionals sanitaris, que van afavorir la caiguda de l'alletament.[17] En la mesura que la criança quedava en mans dels experts, el mateix succeïa amb l'alletament, supeditat a un procés de racionalització. La medicina, altament masculinitzada, va imposar en el transcurs dels segles XIX i XX una sèrie de pautes sobre com s'havia de donar el pit, establint uns horaris regulars, promovent la lactància complementària, ja fos amb llet de vaca o artificial, i fixant un període màxim per donar la teta de nou mesos. En definitiva, uns mecanismes que permetien als pediatres exercir un major control sobre la pràctica lactant i reforçar-ne el rol. El que resulta paradoxal del cas és que en nom de la lactància materna, aquestes mesures només van servir per afeblir-la, la producció de llet de les mares va disminuir així com la seva autoconfiança.[18]

«El nadó se sentia satisfet durant un parell d'hores, i després bramava. Però les regles deien que se l'havia d'alimentar cada quatre hores. Estava angoixada, irritada, ansiosa, "deixava plorar el nen" segons la prescripció, fins que el rellotge marcava l'instant en què podia agafar-lo i alimentar-lo de nou. Ara sé que era un nen a qui s'hauria hagut d'alimentar quan ell volia, i que jo hauria produït la llet suficient», explica Doris Lessing a la seva autobiografia sobre el naixement del seu primer fill.[19] Es tractava d'unes regles mèdiques que desconeixien el cos de la dona i com funcionava la lactància materna, i que es basaven en múltiples prejudicis sobre la capacitat de les mares per criar. Al darrere residia la voluntat de control dels nostres cossos.

En la mateixa època, la ja llavors prestigiosa antropòloga Margaret Mead va xocar amb aquestes mateixes normes en donar a llum el 1939 a la seva filla a Nova York. Després del part va voler alletar a demanda i tenir el nadó a l'habitació, seguint els costums dels pobles del Pacífic Sud que havia estudiat i que resultaven tan beneficiosos. Mead, aprofitant la seva autoritat intel·lectual i la sensibilitat sobre aquests temes de l'obstetra que l'havia atès i del pediatra, va aconseguir que li deixessin donar el pit cada tres hores i no cada quatre com estipulaven les regles de l'hospital. Estava tan convençuda dels beneficis de l'alletament que fins i tot abans de parir s'havia plantejat, en cas de tenir dificultats, contractar una nodrissa, una pràctica ja en desús aleshores. Amb el temps, Margaret Mead es convertiria en una activa defensora de la lactància materna, juntament amb la seva deixebla Dana Rapahel, una veu destacada en la campanya contra l'expansió de la llet de fórmula en els països del sud.[20]

Si ho mirem retrospectivament, l'apropiació masculina de la lactància materna és un bon exemple de *mansplaining*, una paraula que fusiona els termes en anglès *man* ['home'] i *explaining* ['explicant'], que indica quan un home parla a una dona de manera condescendent sobre un tema pressuposant que en sap més, fins i tot en qüestions en què aquesta té més formació.[21] La lactància materna n'és un exemple. Una imatge que es va fer viral a les xarxes, a mitjan 2018, ho deixava claríssim; era una fotografia d'un congrés, a Ciutat de Mèxic, on sota l'eslògan «Unint esforços per la lactància materna», set homes ens explicaven a les dones els reptes de l'alletament. Us imagineu un panell dedicat a analitzar la disfunció erèctil o els problemes de pròstata en què només intervinguessin dones?

Hem estat conillets d'índies?

La llet de fórmula d'avui té molt poc a veure amb la de final del segle XIX i principi del XX. De fet, les regulacions actuals impedirien el subministrament d'aquella llet artificial, la qual cosa porta a preguntar-nos si no hem estat, i encara som, conillets d'índies en mans de la indústria. Així ho han assenyalat diversos autors que afirmen que la substitució de la llet materna per la llet de fórmula és l'assaig més gran al qual ha estat sotmesa una espècie animal, en canviar l'alimentació original dels nounats per una llet modificada d'una espècie diferent.[22] D'altra banda, i malgrat les regulacions existents en matèria d'alimentació infantil, el fet que la llet de fórmula no sigui considerada un medicament dona llibertat a les empreses per posar al mercat uns productes que d'una altra manera serien sotmesos a controls més estrictes.

L'origen de la llet artificial, tal com la coneixem avui en dia, el podem situar entre els anys 1865 i 1867, quan el químic alemany Justus von Liebig va desenvolupar, patentar i comercialitzar un aliment infantil, primer en forma líquida i després en pols, a base de farina de blat, llet de vaca, farina de malta i bicarbonat de potassi. La venda d'aquest producte va empènyer els seus competidors, Mellin's Food i Nestlé, entre altres, a treure'n de similars. A final del segle XIX, es calcula que hi havia unes 27 marques diferents que es presentaven en format pols i contenien carbohidrats com sucres, midons i dextrines que havien d'afegir-se a la llet. Es tractava de productes que engreixaven, però que no tenien els nutrients necessaris, com proteïnes, vitamines i minerals, els quals es van anar afegint individualment amb el pas del temps.[23] Alguns metges van començar aleshores a proclamar les virtuts de la llet de fórmula, afirmant que era millor que la de les dides.

A principis del segle XX, als Estats Units, la majoria de nadons prenien el pit, tot i que molts ingerien també algun tipus de llet artificial preparada a casa. Hi ha una raó per creure que l'alimentació amb fórmula, a principis del segle XX, era més reeixida a Europa que als Estats Units. A Europa, com a mínim a Alemanya, la llet artificial es bullia, però als Estats Units no, la qual cosa provocava més infeccions bacterianes associades al seu ús.[24]

A partir dels anys vint i trenta, la llet de fórmula evaporada, també coneguda com a llet deshidratada, va començar a distribuir-se àmpliament i a preus assequibles als comerços nord-americans, i va ser promoguda per diversos dels principals pediatres. Era una llet barata, fàcil d'emmagatzemar a temperatura ambient i lliure de contaminació bacteriana fins que s'obria. Entre els anys trenta i principis dels quaranta, als Estats Units, la majoria dels nadons alimentats amb fórmula prenien un preparat que barrejava llet evaporada o llet de vaca fresca amb aigua i carbohidrats. La llet artificial, en paral·lel a l'abandó de la lactància materna als països industrialitzats, va seguir evolucionant a mesura que els científics van aprofundir en l'anàlisi de la llet de les dones, amb l'objectiu d'aconseguir una fórmula amb una composició el més similar possible a la llet humana. Tanmateix, els beneficis per al desenvolupament del nadó que comporta la lactància materna són impossibles d'imitar per l'artificial.

Del 1930 al 1970, en el transcurs de quaranta anys, molts nadons van haver de dir adeu a la teta, i no per falta de ganes, sinó per prescripció mèdica. La lactància materna en aquest període als països occidentals es va anar reduint dràsticament, mentre que la lactància artificial s'introduïa cada vegada a edats més primerenques. Als Estats Units, per exemple, del 1931 al 1935, més del 70% dels nadons primogènits eren alletats en néixer —un percentatge menor si era la segona criatura—, i a un 40% se'ls seguia donant el pit fins als sis mesos; entre els anys 1946 i 1950, la lactància materna inicial havia caigut fins al 50%, i només el 20% dels nounats eren alletats fins al mig any. De la dècada dels cinquanta als seixanta, la lactància materna va continuar a la baixa. A la dècada dels setanta, només prenien el pit el 25% dels nadons d'una setmana i el 14% dels que tenien entre dos i tres mesos.[25] Molts bebès, per culpa de les suposades bondats associades a la lactància artificial, van acabar enganxats al biberó.

A l'Estat espanyol, no és fàcil trobar dades de l'evolució de la lactància materna en el transcurs del segle XX. Un estudi que ho analitzava a la regió de Múrcia, en el cicle comprès entre els anys 1958 i 2002, concloïa que en el període anterior al 1965 un 77% de les mares donaven el pit més enllà dels tres mesos de vida del nadó i un 61% superaven els sis —tot i que l'informe no distingia entre lactància materna en exclusiva i mixta, és a dir, la que es complementa amb llet de fórmula—.[26] Unes taxes elevades, que s'expliquen per un ambient sociocultural favorable a l'alletament.

Entre el 1971 i el 1975 és quan es van identificar els registres més baixos. Només un 40% de les dones alletava, ja fos amb lactància exclusiva o mixta, més enllà dels tres mesos i un escàs 14% ho feia dels sis en endavant. Les causes? La migració del món rural a l'urbà, passant d'una estructura familiar àmplia, amb presència de dones d'altres generacions que podien donar suport a la pràctica lactant, a un model de família nuclear; la incorporació de la dona al mercat de treball i la difícil conciliació; la generalització del part medicalitzat, amb la consegüent separació primerenca de mare i nadó, i la promoció de la llet de fórmula per part de les institucions sanitàries. Tot això va contribuir a la pèrdua de la cultura de l'alletament i a crear un ambient hostil a la lactància materna.

Fins i tot a algunes que en aquesta època sí o sí van optar per donar la teta, se les va acusar de posar en perill la vida dels seus infants. M'ho comentava per correu electrònic una mare arran d'un article que vaig escriure: «Jo vaig viure una experiència penosa.

Al meu fill, li donaven biberons d'amagat perquè tenien por que "la meva tossuderia" per donar el pit el fes créixer raquític».

A partir dels anys vuitanta, es va registrar una certa recuperació. Del 1996 en endavant, un 56% de les mares donava el pit, ja fos en exclusiva o alternant-ho amb llet de fórmula, més enllà dels tres primers mesos del nadó i un 25% després dels sis. Una tendència que es manté, i s'explica pel suport i la promoció de la lactància materna per part de l'administració, la publicació d'estudis sobre els beneficis que comporta per a la salut maternoinfantil i l'emergència d'un moviment favorable a un model de criança amb afecció.

De totes maneres, el suport i el compromís institucional amb la lactància materna a l'Estat espanyol, malgrat els pronunciaments oficials, és molt inferior al necessari, la qual cosa explica la dificultat per consolidar unes majors taxes de lactància materna exclusiva entre les mares. El Govern espanyol no compta amb un programa específic a escala estatal de protecció, promoció i suport a la lactància materna ni d'un pressupost per executar-lo, no hi ha un mecanisme sistemàtic de recopilació de dades sobre les pràctiques lactants, no es formen adequadament els professionals sanitaris en el tema i les setze setmanes de baixa maternal són insuficients per afavorir una lactància materna exclusiva que duri fins als sis mesos, com recomana l'OMS.[27]

Tampoc se sap res del comitè d'experts que s'havia de posar en marxa per protegir, promoure i donar suport a la lactància materna, i que el 2005 la Comissió de Sanitat del Senat va instar el Govern a crear. Una petició que va ser aprovada per unanimitat i que demanava a l'executiu que activés aquest comitè, integrat per experts en pediatria, ginecologia i atenció primària, en coordinació amb les comunitats autònomes i en el marc del Consell Interterritorial del Sistema Nacional de Salut. A més, el Codi internacional per a la comercialització de succedanis de la llet materna, que regula les pràctiques comercials abusives i improcedents, sovint no es compleix, ja que no està plenament integrat en la legislació ni compta amb mecanismes de monitoratge, i això permet que les males pràctiques de les empreses del sector, com ara el finançament de les associacions mèdiques, quedin impunes.[28]

«Llet i assassinat»

La llet artificial va començar a ser promoguda a les colònies europees durant les primeres dècades del segle XX. Es tractava d'una llet condensada i endolcida que, com molts metges de l'època van advertir, era del tot insuficient com a aliment exclusiu per als nadons. Una de les primeres veus crítiques amb les conseqüències de generalitzar-ne l'ús va ser la doctora jamaicana Cicely Williams, que va poder comprovar-ne els efectes devastadors, primer treballant a Ghana i després a Malàisia. El 1939 va tenir l'oportunitat de denunciar-ho en una conferència al prestigiós i selecte club Rotary de Singapur, el responsable del qual, per cert, era el president de Nestlé. Una ponència molt dura que, sota l'epígraf *Llet i assassinat*, deia: «Si són puristes de la legalitat, potser desitgin que canviï el títol d'aquest discurs pel de "Llet i homicidi involuntari", però si la seva vida estigués amargada com ho està la meva, en veure dia rere dia la massacre d'innocents fruit d'una alimentació inadequada, crec que aleshores sentirien, com jo, que la propaganda enganyosa relacionada amb l'alimentació infantil hauria de ser castigada com la forma més criminal de sedició, i que aquestes morts haurien de considerar-se un assassinat».[29] Vet aquí la primera denúncia en un fòrum internacional dels estralls provocats pel negoci de la indústria de l'alimentació infantil.

En la mesura que la natalitat als països del nord va anar disminuint, a partir de la dècada dels seixanta, la indústria de la lactància artificial va intensificar l'activitat als països del sud, per seguir incrementant la taxa de beneficis. Les agressives campanyes de màrqueting i promoció de la lactància artificial en aquests països, amb mentides i dades falses, es van convertir en la norma, amb conseqüències dramàtiques per a les seves criatures. La introducció, i consegüent generalització, de l'ús de la llet de fórmula en un continent com Àfrica va provocar l'augment de la mortalitat infantil, a causa de les poques garanties higièniques i de potabilitat de l'aigua amb què es preparaven els biberons.[30]

Un drama que va desembocar en una de les campanyes de boicot més rellevants a escala internacional, la que l'any 1977 va posar en el punt de mira Nestlé, l'empresa número u del sector. Els antecedents d'aquesta campanya es remunten a principis dels anys setanta, quan *The New Internationalist*, el 1973, i l'ONG War on Want, el 1974, amb les seves investigacions respectives, van encendre els llums d'alerta sobre les estratagemes de la multinacional.[31] L'agressiva publicitat de la companyia als països perifèrics instava les mares a abandonar la lactància materna en favor de l'artificial, assegurant-los que aquesta era la millor opció. Mentides de les quals Nestlé en treia sucosos beneficis econòmics. Si les mares després no podien seguir pagant la llet de fórmula, reprendre l'alletament era molt difícil, perquè el cos havia deixat de produir llet, la qual cosa tenia conseqüències dramàtiques per a la vida dels nadons.

L'empresa no només utilitzava publicitat enganyosa per assolir els seus objectius, sinó que fins i tot contractava joves, a les quals vestia amb uniforme d'infermera, perquè recorreguessin els veïnats explicant les virtuts de la llet artificial i regalant mostres, per esmentar tan sols algunes de les seves males pràctiques. Amb quines conseqüències? La investigació de l'ONG War on Want ho deixava clar: «Els nadons del Tercer Món moren perquè les mares els alimenten amb biberons a l'estil occidental. Molts dels que sobreviuen són arrossegats a un cercle viciós de malnutrició i malaltia que els deixarà seqüeles físiques i intel·lectuals de per vida».[32] Unes polítiques que van comptar amb la complicitat de gran part del sector sanitari, com recorda el professor Michael C. Latham, de la Universitat de Cornell: «Quasi tots els metges i treballadors de la salut als països del nord i el sud ni tan sols van donar suport a la pressió creixent de l'opinió pública per aturar les activitats promocionals de les companyies. El pitjor va ser que els metges es van posar de part dels fabricants.»[33]

Malgrat els obstacles, l'impacte a escala global del boicot va ser molt important i va empènyer l'OMS, el 1981, a elaborar un Codi internacional per a la comercialització de succedanis de la llet materna, que Nestlé es va veure forçada a ratificar, que obligava que l'etiquetatge de la llet artificial informés dels beneficis de la lactància materna i dels perjudicis de la fórmula, vetava la promoció de succedanis i prohibia oferir mostres gratuïtes a mares i professionals.[34] Tanmateix, les males pràctiques de la multinacional continuen a dia d'avui, de manera que l'associació Baby Milk Action segueix amb la campanya de boicot. El Codi internacional per a la comercialització de succedanis de la llet materna és vulnerat amb freqüència.

Nestlé no és l'única: Danone, la número dos del sector, va ser acusada el 2013 de subornar metges i infermeres a la Xina perquè recomanessin la seva llet en pols. El mateix any, Danone va ser denunciada a Turquia per enganyar les mares mitjançant una campanya que, tergiversant les recomanacions de les Nacions Unides, les advertia del risc de tenir dèficit de llet i suggerir-los utilitzar la fórmula de la multinacional per compensar-ho. Una investigació del diari *The Guardian* i l'ONG Save the Children en algunes de les àrees més pobres de les Filipines va destapar, el 2018, com Nestlé i tres companyies de la llet de fórmula subornaven personal mèdic, llevadores i treballadors locals de salut amb viatges a luxoses conferències, àpats i entrades a espectacles a canvi que encoratgessin les mares a fer servir llet en pols.[35]

Malgrat les denúncies, empreses com Nestlé o Danone segueixen insistint, campanya publicitària rere campanya publicitària, que la seva llet és igual o millor que la materna. Els efectes als països del sud són especialment tràgics. Així ho assegura l'Unicef[35], quan sentencia que la llet artificial «és cara i comporta riscos de malalties addicionals i la mort», en particular en zones amb índexs elevats de malalties infeccioses i amb un accés deficient a l'aigua potable.[36] En aquests països, però, la percepció de la població acostuma a ser una altra i sovint s'associa donar el biberó a un estatus social superior i a una millor alimentació perquè, com es diu al carrer, és «com es fa a Europa».

Les males pràctiques també es donen al continent europeu. El 2014, a Itàlia, dotze pediatres van ser arrestats per acceptar suborns de fabricants de llet artificial a canvi de promoure l'ús del biberó. Segons informes de la policia italiana, es tracta d'un mètode «comú i estès» en què els metges «prescriuen llet de fórmula per als nadons a canvi de recompenses».[37] A l'Estat espanyol, el 2016, es va descobrir que dos caps de pediatria de l'Hospital Sant Joan d'Alacant eren finançats per diverses empreses làcties a canvi de recomanar-ne les llets de fórmula a la planta de maternitat del centre hospitalari.

A l'Estat espanyol, la indústria de l'alimentació infantil i la llet de fórmula impliquen un gran negoci, liderat per dues grans empreses, Nestlé i Hero, que controlen el 75% de les vendes, la primera com a número u en llet de substitució i la segona en potets. Altres companyies rellevants són Lactalis (amb marques com Puleva i Sanutri), Nutricia (amb Almirón, que pertany a Danone, la líder en venda de llet en pols) i HiPP (amb aliments infantils ecològics). Les empreses del sector l'any 2016 van facturar 500 milions d'euros i van fabricar 60.000 tones de productes alimentaris per als infants. La meitat d'aquests ingressos va correspondre a la venda de potets i menjar industrial; un 37%, a llets de substitució, i un 13%, a farinetes de farina i cereals. En concret, es calcula que cada família gasta en alimentació industrial més de 300 euros anuals per nadó i consumeix 94 potets l'any de mitjana. Uns productes alimentaris, a més, que deixen molt a desitjar per la seva baixa qualitat nutricional. Les famílies amb menys recursos econòmics són les que compren els de pitjor qualitat, els que contenen més sucre, sal i greixos.[38]

Amistats perilloses

Les amistats perilloses entre la indústria de la llet artificial i un determinat sector sanitari —ja siguin hospitals, clíniques, consultoris mèdics o professionals— es continuen produint, malgrat que la legislació internacional vigent ho prohibeix. Sense anar més lluny, la indústria alimentària i de begudes és la principal finançadora de l'Associació Espanyola de Pediatria (AEP). Segons dades del 2015, hi aporta una tercera part del pressupost, mig milió d'euros; el segon finançador és la indústria farmacèutica.[39] Un fet que no és patrimoni exclusiu de l'AEP, com va afirmar el president de la Societat Espanyola de Pediatria Extrahospitalària i d'Atenció Primària (SEPEAP) Venancio Martínez Suárez: «Totes les societats professionals de l'àmbit sanitari del món es financen majoritàriament o exclusivament amb ajudes de la indústria». D'aquesta manera, Martínez Suárez pretenia justificar el que és injustificable: els vincles estrets entre la indústria i les societats científiques, que qualificava d'«imprescindibles» davant la falta de finançament de l'administració pública.[40] Malauradament, és habitual que la indústria farmacèutica pagui a metges pels serveis prestats o assumeixi els costos de la seva participació a congressos. La indústria, a aquests vincles, els anomena eufemísticament «transferències de valor» a professionals i organitzacions sanitàries. Alguns ho accepten, d'altres no. L'any 2017, divuit metges van rebre d'un sol laboratori farmacèutic més de cinquanta mil euros.[41] Unes relacions que haurien de preocupar-nos, i molt.

El suport institucional a la indústria de la llet de fórmula tampoc falta. El govern dels Estats Units, amb Donald Trump al capdavant, va intentar boicotejar, el maig de 2018, la resolució que l'Assemblea Mundial de la Salut, el màxim òrgan de decisió de l'OMS, preveia aprovar en defensa de la lactància materna. Un text que instava els països membres a limitar la publicitat enganyosa dels substituts de llet materna. La delegació nord-americana, va pressionar al màxim per tal que aquesta resolució no prosperés, amb amenaces incloses de retirada de suport militar i sancions comercials als països que la proposessin. Així va ser com diversos estats perifèrics candidats a presentar-la se'n van retractar. Al final va ser Rússia, amb capacitat de blindatge davant dels Estats Units, la que va presentar la proposta, que va tirar endavant tot i que, fruit de la pressió de l'executiu de Trump, se'n va rebaixar part del contingut.[42] Una mostra evident de fins on poden arribar els fils que mou el negoci de la llet de fórmula.

De fet, segons assenyalen l'OMS, l'Unicef i la Xarxa internacional d'acció en matèria d'alimentació de lactants (IBFAN), la majoria de països disposen de lleis insuficients per protegir la lactància materna. Del total de 135 països que tenen algun tipus de mesura legal relacionada amb el Codi internacional per a la comercialització de succedanis de la llet materna o bé amb les resolucions posteriors aprovades per l'Assemblea Mundial de la Salut, només 39 compten amb lleis que donen cobertura a totes les disposicions del Codi. La regió amb una legislació més garantista és el Sud-est Asiàtic, seguida d'Àfrica, i la que té una llei més laxa és Europa.[43]

El pit, en remuntada

Venim de molt enrere. El discurs únic sobre les bondats del biberó que va començar a generalitzar-se a partir dels anys trenta i va arribar al seu màxim apogeu, en funció del país, entre les dècades dels seixanta i els vuitanta, amb la introducció de la llet artificial a edats cada vegada més primerenques, va convertir en una pràctica gairebé residual la lactància materna. La doctrina del biberó es va imposar de la mà d'una majoria de metges que la recomanaven activament dient que era la millor opció. Com afirmava el pediatra Carlos González, fins «fa uns anys, a Espanya, donar encara el pit als tres mesos era una cosa estranya, i fer-ho sense *ajuda* del biberó, un acte gairebé heroic».[44]

A poc a poc, la dinàmica va començar a revertir en alguns països industrialitzats, com als Estats Units, a partir de la dècada dels setanta, i en d'altres, com a l'Estat espanyol, als vuitanta. Però aquesta remuntada es limitava a les dones que alletaven nadons de menys de sis mesos i que utilitzaven sovint llet de fórmula com a aliment complementari. La lactància materna va augmentar, segons diversos estudis fets als Estats Units, seguint un clar biaix de classe i ètnia. Si en la primera part del segle XX van ser les dones benestants les primeres a abandonar la lactància materna, arran dels consells medicocientífics, i les dones més pobres van mantenir el pit, quan la lactància va començar a recuperar-se, ho va fer entre les mares de classe mitjana i amb estudis, però no entre les pobres, les afroamericanes i aquelles amb pocs estudis.[45] A dia d'avui, als Estats Units, les mares de classe mitjana són les que més donen la teta, mentre que les de classe treballadora ho fan en menor mesura. Malgrat que entre aquestes últimes també s'estableixen diferències: les mares treballadores llatines i blanques alleten més que les afroamericanes, per a les quals donar el biberó és percebut com una manera d'afirmar la seva autonomia davant l'autoritat mèdica favorable a donar el pit.[46]

Les desigualtats alimentàries, molt pronunciades als Estats Units, tenen un impacte directe en l'alimentació dels nadons. Les famílies amb dificultats per accedir a menjar de qualitat acostumen a tenir més problemes per garantir la lactància materna. Des d'un punt de vista socioeconòmic, molts petits neixen i viuen en llocs adversos per ser alletats, entorns que reben el nom de «deserts de primera alimentació».[47] Una analogia amb els anomenats «deserts alimentaris» que es troben en barris i territoris deprimits nord-americans, on un nombre significatiu dels seus habitants en mitja milla a la rodona (0,8 quilòmetres) a les zones urbanes o en deu milles (setze quilòmetres) a les rurals no tenen accés a comprar menjar saludable, ja sigui en una botiga o un centre comercial. Als Estats Units es calculava, amb dades dels anys 2010 al 2014, que cinquanta-quatre milions de persones, gairebé el 18% de la població, vivia en aquests indrets.[48] Un fenomen que comença a manifestar-se aquí de manera incipient. La lactància materna és una qüestió de justícia alimentària i, com a tal, està fortament condicionada per les desigualtats socials.

A l'Estat espanyol, la incidència de la classe social en la lactància materna també existeix, però és probable que no sigui tan accentuada com als Estats Units. A les famílies amb ingressos mensuals inferiors a dos mil euros, segons una investigació feta el 2013, es deslletava, de mitjana, quasi als sis mesos, i a les que tenien ingressos superiors es feia als set. Si prenem com a referència la classe social de les famílies, segons la mateix enquesta, les de classe social alta deslletaven als 8,1 mesos; les de classe mitjana, als 6,4, i les de classe social baixa, als 4,9.[49] Hi ha un clar biaix de classe vinculat a la lactància materna, per això donar el pit no pot considerar-se una simple decisió individual, sinó que ve molt determinada pel context socioeconòmic de les famílies.

A escala global, als països pobres les classes socials baixes mantenen durant més temps la lactància materna, mentre que en els països rics passa just al revés i són les mares de classe social alta i un nivell d'estudis elevat les que donen mamar durant més temps. Entre els anys 1995 i 2015, la lactància materna exclusiva als sis mesos a escala mundial va passar del 25% al 43%. Tanmateix, aquestes dades ens ofereixen una visió parcial, perquè no inclouen informació dels països amb més ingressos, com els Estats Units, el Canadà, Austràlia, Rússia o la majoria d'estats de la Unió Europea, on precisament les xifres de lactància materna són de les més baixes del món. Per regions, la lactància materna exclusiva als sis mesos d'edat, en aquest període, va tenir el creixement més important al Sud-est Asiàtic, on va passar del 36% al 64%, i a l'Àfrica Subsahariana, on va augmentar del 28% al 42%. A Europa, comptant només amb dades d'alguns països de l'Est, l'ascens va ser menys significatiu, del 19% al 27%.[50]

Quines són les raons d'aquesta recuperació de la lactància materna? La mala imatge de la indústria de la llet artificial i de les seves agressives campanyes per imposar-se en els països del sud poden ser una de les causes, tot i que les mateixes fonts assenyalen que resulta difícil identificar-les.[51] El canvi de posició dels metges també va ser un factor clau. Als Estats Units, l'Acadèmia Estatunidenca de Pediatria (AAP) va publicar, el 1990, una declaració en què exposava els motius per no publicitar llet de fórmula, i assenyalava que promocionar-la tenia efectes negatius en l'alletament.[52] El 1997, l'AAP va aprovar oficialment la defensa de la lactància materna i va aconsellar donar-la en exclusiva durant els sis primers mesos de vida del nadó i de manera complementària a la introducció d'aliments els sis mesos següents.[53] El canvi d'orientació dels professionals de la salut va ser resultat de la proliferació d'estudis científics que demostraven els beneficis de donar el pit.

D'altres investigacions apunten com a l'Estat espanyol la recuperació de l'alletament seria fruit de la promoció feta per l'administració pública i el personal sanitari, la publicació d'informes sobre els seus beneficis i l'ampliació del permís de maternitat. Els canvis socioculturals, amb la revalorització de models de criança amb afecció, la crítica a la medicalització de la vida o l'auge de corrents ecologistes i ecofeministes haurien influït també en aquesta contratendència.[54]

Tanmateix, actualment, a escala mundial només un 43% dels lactants de sis mesos, l'any 2015, prenia llet materna com a alimentació exclusiva, amb dades que no incorporaven els països amb ingressos superiors al no disposar d'informació sistematitzada al respecte, però que representen les taxes de lactància materna més baixes del planeta. De tal manera que si els incloguéssim, aquesta mitjana encara seria més baixa. A l'Estat espanyol, la xifra se situa en el 39%, amb dades del 2017.[55] Malgrat estar en remuntada, ni l'organització sociolaboral ni els interessos de la indústria làctia ni els prejudicis encara existents en la societat i el sector sanitari permeten la plena normalització de la lactància materna.

Vendre'ns la moto de la llet de fórmula

Les empreses de la llet de fórmula persisteixen en l'intent de confondre l'opinió pública dient que la llet artificial és igual, o fins i tot superior, a la materna. Per aquest motiu, sovint introdueixen en els seus anuncis imatges de mares amb nadons, i en alguns casos fins i tot de mares donant el pit. Una publicitat que està prohibida pel Reial Decret 867/2008, que regula tot el que té a veure amb els preparats per a lactants i de continuïtat. Segons la llei, els anuncis d'aquestes empreses no poden insinuar ni fer creure que l'alimentació amb biberó és equivalent o superior a la materna, es prohibeix la publicitat en els llocs de venda, es veta la distribució de mostres i fer-ne promoció i ofertes. Unes pràctiques que regula també el Codi internacional per a la comercialització de succedanis de la llet materna de l'OMS i l'Unicef, adoptat per molts països, entre aquests l'Estat espanyol. Tanmateix, saltar-se la legalitat, com proven moltes denúncies, està a l'ordre del dia.[56]

Un dels casos més sonats va ser el de l'anunci de Nestlé que va aparèixer a tota pàgina a la contraportada de la revista de l'AEP, el juny de 2013, i que incloïa, en el mateix cartell, el segell de l'entitat, a mode de validació de la informació. I, què deia la publicitat? Al costat de la imatge d'un nadó que naixia per cesària, hi trobàvem aquest text: «Un de cada quatre bebès neix per cesària. Els nadons nascuts per cesària tenen més risc d'infeccions gastrointestinals. I si poguessis reduir-lo en un 46%?». La solució que es presentava era la llet de fórmula Nidina 1 Premium de Nestlé. El que no deia l'anunci és que donar el pit reduïa encara més aquest risc. És per això que el 60% dels membres del Comitè de Lactància Materna de l'AEP van dimitir del càrrec després de la publicació d'aquest anunci com a mostra de protesta.[57] L'AEP ja ha estat criticada en altres ocasions per mantenir relacions estretes amb la indústria de l'alimentació infantil i publicitar-ne regularment les marques a canvi de finançament. Un fet que, com assenyalava la Iniciativa per a la Humanització de l'Assistència al Naixement i la Lactància (IHAN), posa en qüestió la seva credibilitat: «És molt difícil ser imparcial i independent en qüestions de lactància materna si l'AEP obté diners de la indústria que dóna suport a tot el contrari».[58]

L'octubre de 2018, es va produir una nova dimissió en bloc dels membres del Comitè de Lactància Materna de l'AEP, quan deu dels seus onze integrants van abandonar el càrrec precisament pels conflictes d'interessos que mantenia l'associació. Ho van explicar a la pàgina de Facebook del Comitè, on a més van anunciar que tancaven aquest perfil i creaven una nova entitat, AELAMA, des d'on seguir amb la feina que el Comitè portava fent des de la seva creació l'any 1995.

Cal tenir en compte que cada any, les sis principals companyies de la llet de fórmula (Nestlé, Danone, RB-Mead Johnson, Abbott, Kraft Heinz i FrieslandCampina) gasten ingents quantitats de recursos econòmics en publicitat. El 2015, hi van destinar 5.600 milions d'euros, l'equivalent a més de 40 euros per nadó nascut al món. L'objectiu: augmentar les vendes a través d'un màrqueting agressiu que busca convèncer les mares que la llet de fórmula és millor que la materna. I sembla que ho estan aconseguint. En els últims vint anys, el negoci de la indústria de la llet artificial ha multiplicat per cinc els beneficis. Avui, més nounats que mai abans són alimentats amb biberó.[59]

La generalització del seu ús, amb preses pautades i horaris fixos, va anar acompanyada d'una recepta més àmplia que considerava que els nadons havien de dormir sols, deixar-los plorar fins que es cansessin, donar-los el xumet i agafar-los poc en braços per evitar malcriar-los. Òbviament, no tots aquells que van donar el biberó van optar per aquestes pràctiques, però sí que es tractava del manual d'instruccions de l'època, aplicat també als bebès que mamaven.

Recordo quan, al principi de donar el pit, en aquell període en què els nadons es passen el dia enganxats, vaig anar a una assemblea. Hi havia persones molt actives en moviments socials, homes i dones de generacions diverses. Una d'aquelles dones, d'uns cinquanta anys, a qui coneixia de feia temps, es va acostar en veure el menut tanta estona al la teta, i em va dir: «Ai, si jo hagués pogut fer el mateix...; però a la meva època, el que tocava era donar-los el biberó. I si ploraven, ni agafar-los podies. Si fèiem el contrari, ens deien que el nadó es malacostumaria. No saps ara com em penedeixo de no haver agafat més en braços els meus fills».

S'imposava aleshores, i encara perdura, una mirada conductista de la criança. Les criatures —s'afirma— manipulen, busquen sortir-se amb la seva, són capritxoses i si no canviem la seva manera de fer tindrem un fill o una filla consentida. A quantes de les nostres mares els deien això! Quantes vegades encara ho sentim avui! Se'ns insisteix que hem de ser fermes i persistents, que no hem de cedir i hem de deixar clara la jerarquia. Si plora, vomita, pica de peus... no cal donar-hi més importància. «Ho fa —es diu— per cridar l'atenció». Tampoc és bo, aconsellen alguns, mimar-lo en excés, perquè això converteix el petit en egoista. Un mètode que no només busca que el comportament de la criatura s'adapti a les necessitats dels adults, sinó també a les del mercat.

Els pits petits no tenen llet?

«Al principi, quan encara érem a la clínica, s'havia agafat al pit fàcilment, però un cop a casa alguna cosa es va torçar i ja no en va voler. Xuclava uns quants segons, llavors xisclava com una bestiola furiosa. Em vaig descobrir dèbil, exposada a velles supersticions. Què li passava? Tenia els mugrons massa petits, se li escapaven? La meva llet no li agradava? O algú li havia inoculat a distància, amb un malefici, una aversió per mi, la seva mare?», confessava Lenù, una de les protagonistes d'*Una fuig, l'altra es queda*, la novel·la d'Elena Ferrante, després del naixement de la seva filla, allà cap al 1970.[60]

La recepta del biberó sempre ha anat acompanyada d'una bona dosi de mites falsos sobre la lactància materna, alguns dels quals encara perduren, com per exemple «els pits petits no tenen llet», «si tinc els mugrons invertits no serà possible la lactància», «la meva llet és aigualida i per tant no alimenta», «si el nadó mama o plora molt és perquè es queda amb gana», «si el bebè no s'acostuma a una pauta horària es farà mal a l'estómac» (això li ho van dir a ma mare!), «si amb el tirallet me'n trec poca quantitat és que no tinc prou llet», etc. Una barreja d'idees que ha resultat fatídica i ha deteriorat la nostra confiança, com a dones, en la lactància.

Tot un seguit de prejudicis que els mitjans de comunicació han contribuït a propagar. Un exemple és el reportatge aparegut al suplement dominical d'*El Mundo*, l'octubre de 2010, amb el titular «Mare o vaca?», que va generar molt d'enrenou. La revista obria portada amb una fotografia, a tota pàgina, d'una dona despullada pintada com si fos una vaca, amb banyes incloses, que sostenia en braços un nadó, i a l'interior una altra de la mateixa dona a quatre potes simulant alletar la criatura. Més enllà del caràcter ofensiu de les imatges, el text estava ple de dades falses que pretenien qüestionar els beneficis de la lactància materna. S'afirmava que es pressiona les dones perquè donin mamar sí o sí, que l'objectiu de la lactància materna és apartar-les del mercat de treball, que s'ataca aquelles que opten pel biberó; i, com acostuma a succeir, s'intentava enfrontar unes mares amb les altres.[61] Una mostra, de les moltes que podríem posar, d'una suposada «informació» que en realitat confon, crea falsos mites i estigmatitza.

El cinema, per la seva banda, ha tendit a invisibilitzar la lactància materna. Hi ha poques pel·lícules en què veiem mares donant la teta amb normalitat, i quan apareixen mai acostumen a ser la protagonista principal. En general, el fet que una mare doni el pit a les produccions cinematogràfiques sol tenir connotacions eròtiques. Ho veiem en pel·lícules com *Amarcord* (1973), *La teta i la lluna* (1994) o *Juana la Loca* (2001). Altres vegades es dona a l'alletament un caràcter humorístic, pel context on es porta a terme, com a *Tres bodas de más* (2013), quan una mare, enmig d'una festa de casament, intenta donar el pit a la criatura com pot, a causa de la incomoditat del vestit que porta.[62] El cinema contribueix a estigmatitzar la lactància materna i dificulta que sigui percebuda com una pràctica normal.

3.2. Les virtuts de la llet materna

Jo vaig optar per donar la teta. No tenia cap sentit per mi donar el biberó si tinc pits que donen bona llet, i de moltíssima millor qualitat que l'artificial. Tanmateix, donar mamar no és fàcil, no naixem ensenyades. De fet, el millor regal que et poden fer tan bon punt pareixes és donar-te el telèfon d'una assessora de lactància. Jo tenia el de la meva llevadora, que em va acompanyar en el part, i que les setmanes després sempre va estar allà. El seu suport va ser imprescindible.

La llet artificial és un gran invent, permet alimentar els nadons quan no hi ha lactància materna possible o desitjada, i és capaç de salvar vides. El problema rau en la mesura que s'equipara una llet amb l'altra, com ha succeït en el transcurs del segle XX. I això quan no s'afirma, fins i tot, que la de fórmula és millor que la de les dones. De fet, la indústria no ha dubtat a explotar les pors més íntimes de les mares per guanyar diners, dient-nos, per posar un cas, que si el nadó no pren la llet suficient emmalaltirà. El mateix ús de la paraula *fórmula*, en lloc de *llet artificial* o *substituta*, que poden tenir connotacions més negatives, mostra la capacitat de la indústria alimentària d'imposar els seus marcs conceptuals.[63] Darrere el biberó s'amaga un gran negoci, el de les multinacionals del sector, que utilitzen tots els recursos que tenen a l'abast, des del màrqueting fins al personal sanitari, per vendre'ns com inqüestionables les bondats de la lactància artificial.

La llet humana i l'artificial no són el mateix

La llet artificial, tot i ser químicament similar a la de les mares, no compta amb les propietats immunitàries d'aquesta última; és tan sols un aliment. En canvi, la llet materna, com indica l'Unicef, «és un complex fluid nutricional viu que conté anticossos, enzims, àcids grassos de cadena llarga i hormones, molts dels quals simplement no poden incorporar-se a la fórmula»,[64] per més que les companyies ho intentin, amb l'objectiu d'augmentar els seus beneficis. Malgrat el que diguin, la llet de fórmula i la materna ni de lluny són el mateix.

La fórmula és la millor alternativa quan un nadó no pot prendre llet de dona, i inclou els nutrients coneguts i necessaris per a la criatura, però no incorpora aquells que encara no han estat identificats, de manera que resulta impossible saber què li falta al bebè que pren el biberó. Les llets manufacturades no tenen les cèl·lules vives de la llet materna ni les propietats antiinfeccioses.[65] Sembla mentida que encara avui s'hagi d'insistir en el fet que la llet humana és l'aliment més indicat pel nounat.

En la mesura que el sistema immunitari triga uns anys a madurar, la llet materna conté les substàncies necessàries per protegir el bebè de la malaltia, com anticossos, proteïnes, enzims i fins i tot cèl·lules vives com glòbuls blancs. Quan el nadó mama, pot indicar quins anticossos necessita perquè l'organisme els produeixi i els hi doni a la presa següent. A més, com assenyala Paola Negri, a *Tutte le mamme hanno il latte* ['Totes les mares tenen llet'], «la llet materna no només proporciona immunitat passiva, que compensa la immaduresa de les defenses del nadó amb efectes immediats (per exemple, amb els anticossos de la llet materna); la lactància proporciona immunitat activa, és a dir, estimula el sistema immunitari del nen a funcionar i a créixer».[66] Aleshores, per què s'ha promogut amb tanta insistència la lactància artificial quan ja teníem la millor llet possible?

Un altre inconvenient de la lactància artificial és que sempre té el mateix gust i composició, mentre que la de la dona incorpora els sabors d'allò que menja i habitua la criatura a la dieta familiar. La llet materna canvia al llarg del període de lactància (del calostre inicial passa a la llet de transició fins a la llet madura), en el transcurs de la jornada (amb diferències entre el dia i la nit), en una mateixa presa (amb més o menys lactosa, sucre, proteïnes, vitamines, minerals, aigua i greix), i s'adequa a les necessitats del nadó (gana, son, malaltia, set), la qual cosa és impossible d'imitar per la indústria.

Davant la llet de fórmula i la materna, no es pot pretendre que tots dos tipus de lactància són equivalents. No es tracta d'una simple elecció o d'una posició ideològica entre dues pràctiques iguals. L'evidència científica ha demostrat la superioritat de la llet de les dones.[67] Tanmateix, el debat científic sobre la lactància no està exempt de discussions i polèmiques. Algunes autores assenyalen que els beneficis de donar el pit han estat sobrevalorats o no són tan concloents com de vegades s'afirma. Hi ha estudis que presenten problemes metodològics, com obviar la classe social dels nadons analitzats.[68] En qualsevol cas, el debat pot situar-se en quin grau la lactància materna és millor que l'artificial, però no en si la fórmula és millor que donar la teta.

Cara, incòmoda i insostenible

La llet artificial és cara i incòmoda: s'ha de comprar, preparar i donar en un determinat període de temps. Per subministrar-la, cal comptar amb diversos accessoris, com biberons, mesuradors i tetines, instruments que s'han d'adquirir —desembutxacant els diners pertinents—, de fàcil contaminació bacteriana i encara alguns elaborats actualment amb substàncies químiques nocives per a la salut infantil com el Bisfenol A (BPA) i els ftalats. A més, es poden donar errors en la preparació i produir una llet o bé massa diluïda o bé excessivament concentrada.

Capítol a part mereix l'impacte mediambiental de la producció i la distribució de llet artificial. Calen quantitats ingents de terra i aigua per alimentar les vaques que la produeixen i de petroli per transportar-la. Per obtenir un quilo de llet de fórmula en pols es necessiten, ni més ni menys, que 4.700 litres d'aigua, mentre que donar el pit no requereix cap tipus de subministrament i estalvia aigua. Per això la llet materna és considerada l'aliment més sostenible, ja que genera zero residus, zero gasos d'efecte d'hivernacle i una petjada hídrica igual a zero.[69]

La indústria ramadera, i en particular la indústria vacuna, ja sigui de llet o de carn, s'estima que genera el 18% dels gasos d'efecte d'hivernacle, una xifra superior fins i tot a la que ocasiona el transport. La ramaderia industrial provoca el 9% de les emissions antropocèntriques de CO_2, a causa de l'ús intensiu que fa de la terra i la desforestació; el 65% de les d'òxid nitrós, la majoria procedent dels fems; el 37% de les emissions de metà, un gas molt més perjudicial que el CO_2, originat per la digestió dels remugants, i els seus eructes i flatulències; i el 64% de les d'amoníac, que contribueix a la pluja àcida.[70]

Ara que es parla tant de canvi climàtic, quin és l'impacte de la llet de fórmula en la seva generació? La investigació més exhaustiva sobre el tema assenyala que, sumant la producció de cada ingredient de la llet artificial (llet en pols, oli vegetal, sucre de canya), i prenent com a referència el total de llet de fórmula venuda en sis països de la regió d'Àsia-Pacífic (Austràlia, Corea del Sud, la Xina, Malàisia, l'Índia i les Filipines) l'any 2012, es generaven gairebé tres milions de tones de CO_2. Una quantitat de gasos d'efecte d'hivernacle equivalent a recórrer onze milions de quilòmetres en cotxe durant un any.[71] En la mesura que la venda de llet de fórmula no fa sinó augmentar, el dany ambiental que provoca també s'incrementa, i som nosaltres, i el conjunt del planeta, els qui en paguem les conseqüències.

La llet artificial, a més, cal mantenir-la refrigerada i escalfar-la, amb la qual cosa necessitem energia, mentre que la llet materna surt a la temperatura ideal. En definitiva, donar el pit és la millor opció per al medi ambient. Cap altra llet és tan km0 com la humana. Alimentar els nadons amb llet de fórmula ens genera una dependència artificial, d'alt cost mediambiental, per donar resposta a una necessitat que pot cobrir-se de manera fisiològica, en la majoria de casos.

Sobirania alimentària i sobirania lactant

La lactància materna com a pràctica és una expressió de sobirania alimentària. Però, en què consisteix? La demanda de sobirania alimentària va ser plantejada per primera vegada pel moviment internacional de pagesos La Vía Campesina, el 1996, coincidint amb la Cimera Mundial sobre l'Alimentació de la FAO a Roma. La Vía la va descriure com «el dret dels pobles a definir les seves polítiques agrícoles i alimentàries».[72] Una reivindicació que va sorgir com a reacció al neoliberalisme alimentari imperant, és a dir, a un model agroalimentari capitalista mundial controlat per les grans empreses del sector. La seva proposta pretenia transcendir el concepte de seguretat alimentària, definit per la FAO el 1974, el qual, malgrat defensar el dret i l'accés universal al menjar, no qüestionava ni on ni com es produeixen els aliments, i era una demanda fàcilment cooptable per la indústria agroalimentària, en no assenyalar les causes estructurals de la pobresa i la fam.

La sobirania alimentària situa en el centre de les seves demandes la defensa dels drets de la pagesia, i els dona suport en la disputa per produir aliments al marge de les condicionalitats imposades pel mercat, prioritzant els circuits locals, i col·locant la producció, la distribució i el consum de menjar sobre la base de la sostenibilitat social, econòmica i mediambiental. Tot això no implica un retorn romàntic a un passat arcaic, sinó que significa combinar els sabers tradicionals amb els nous coneixements. Tampoc vol dir un replegament identitari en l'àmbit local; al contrari, l'objectiu consisteix a repolititzar el sistema alimentari global en un sentit democràtic.[73]

Des de la perspectiva de la sobirania alimentària pràcticament no s'ha reflexionat sobre l'alimentació dels nadons, com si aquesta no estigués condicionada, igual que la dels adults, per forts interessos econòmics. L'anàlisi de la lactància materna no s'insereix en els debats més generals sobre el model alimentari, i la seva defensa no s'acostuma a fer des del paradigma de la sobirania alimentària.

Però, si la sobirania alimentària fa referència a la capacitat de les persones, les comunitats, els pobles, per decidir quins aliments es produeixen i què es menja, el lloc on resideix la sobirania en l'alimentació infantil és, sens dubte, en la lactància materna, en la capacitat de les dones per produir l'aliment de les criatures, és a dir, la llet, i donar-los-hi. Això ho podem definir com a sobirania lactant, la qual permet la producció i l'accés al menjar més ecològic, saludable i local per als nadons. La sobirania alimentària comença per la lactància materna, i la sobirania lactant és el primer acte de sobirania alimentària.

L'alimentació dels nounats ve condicionada pel model alimentari hegemònic en cada període històric i societat. L'evolució del capitalisme ha donat lloc al que els sociòlegs Harriet Friedmann i Philip McMichael anomenen diferents «règims alimentaris». Un concepte que permet analitzar l'estructura de producció, distribució i consum dels aliments a escala internacional en relació amb les transformacions del capitalisme, i que ens mostra com el model agroalimentari és una de les peces que configuren el sistema de poder global.[74] A partir d'aquí, podem considerar que a cada règim alimentari internacional li correspon un règim de lactància, és a dir, unes pautes d'organització de l'alimentació primerenca. D'aquesta manera, la globalització alimentària actual es caracteritza per tenir una cultura de la lactància subordinada als interessos de l'agroindústria en conjunció amb els del sistema mèdic.

La sobirania alimentària, en el món actual, és vulnerada sistemàticament per les pràctiques de les multinacionals agroalimentàries, que impedeixen a la pagesia produir aliments i guanyar-se la vida dignament, en dificultar-los l'accés a l'aigua, la terra i les llavors; béns comuns que han estat privatitzats. Unes empreses que acaben amb el dret dels consumidors a saber quins aliments mengem, com s'han produït i d'on venen, i que obstaculitzen l'accés al menjar local i pagès. Es tracta d'un model agroalimentari al servei de les multinacionals de l'*agrobusiness*, dependent de l'ús d'agrotòxics, amb aliments que viatgen milers de quilòmetres, amb escassa diversitat alimentària i que ens emmalalteixen.[75]

La sobirania lactant, per la seva banda, és atacada pels interessos de la indústria de l'alimentació infantil, la qual deteriora la capacitat i la confiança de les mares per produir llet i acaba amb el dret dels infants a consumir-ne. Tant en el cas de la sobirania alimentària com en el de la sobirania lactant són els interessos econòmics, privats, de grans empreses els que s'avantposen a necessitats vitals, i sovint compten fins i tot amb suport institucional.

La indústria agroalimentària i la indústria de la llet artificial i l'alimentació infantil són el mateix. Ho constaten els seus noms. Les principals companyies del sector de la fórmula són multinacionals que veuen en els petits d'avui els consumidors del demà. Les malalties que provoca un model alimentari sotmès als interessos d'aquestes empreses comencen cada vegada a edats més primerenques. L'obesitat i el sobrepès entre infants i joves s'ha multiplicat per deu en els últims quaranta anys a escala global, i es calcula que el 2022 hi haurà més població infantil i adolescent amb problemes d'obesitat que amb un pes inferior al saludable. A l'Estat espanyol, gairebé tres de cada deu criatures i adolescents tenen sobrepès i obesitat, amb dades del 2017, una de les xifres més altes d'Europa. Els sectors socials més pobres són els que pateixen en major mesura les conseqüències d'una mala alimentació en la salut.[76]

Què n'opinen els experts?

Però, quina és l'opinió dels màxims experts en la matèria? I no em refereixo als catedràtics, doctors ni al personal sanitari, sinó a aquells que consumeixen llet materna diàriament: els nadons. Encara recordo com el meu fill només néixer es va agafar al pit. El seu món, des de les primeres setmanes de vida, començava i acabava a la teta. S'hi enganxava a cegues, i fins i tot mesos després amb la teta seguia perdent, literalment, el món de vista. Com diu Michel Odent, «el bebè és un mamífer», no només a la cerca de menjar, sinó també d'afecte i repòs.[77] Mamar és la seva opció predilecta, i també la més beneficiosa.

Tot i que quan vam començar mai no ho hauria dit, la nostra va ser una història de lactància comuna de gairebé tres anys. Una història que va iniciar-se amb dificultats, amb dolor, amb crisis, però que al cap de poc temps, i amb el suport necessari, va ser una font de plaer per al petit i per a mi. Per ell, la teta ha estat aliment, consol, joc, vincle, calma, salut. Per mi, fusió, amor, cansament, potència, delit, benestar, satisfacció, tendresa. I un bon dia, es va acabar. La intensitat de les primeres setmanes va quedar al final en una cosa puntual. Pel menut, hauríem continuat, però a mi ja no em venia de gust. Aleshores, quan vaig veure que ell estava a punt, ho vam anar preparant tot per aquell gran dia en què ens acomiadaríem del pit. Un diumenge de febrer de 2018, va haver-hi pastís i cançó per dir-li adeu. Ell estava molt content i jo també. En Martí se sentia gran. Tot va anar molt bé. Mesos després, un matí en què després de dutxar-me em va veure els pits, em va demanar si podia provar de nou, i li vaig dir que sí; havia passat tant de temps que per què no. Va intentar mamar, però ja no en sabia. Havia perdut, oblidat, la capacitat de succió.

La realitat és que gairebé ningú no pregunta als més petits. Les causes les hem de buscar en la societat adultocèntrica en què vivim, que menysprea amb freqüència els interessos de les criatures, que malgrat no poder expressar sempre verbalment les seves predileccions, no vol dir que no en tinguin. Els adults hem d'escoltar també els menors per poder formar-nos una opinió. Tampoc s'interpel·la a les nenes i els nens de més de dos anys, que sí que podrien expressar oralment les seves preferències. Tot i la gran quantitat d'investigacions científiques sobre la lactància materna, no n'hi ha pràcticament cap que reculli l'opinió dels lactants.

Un dels pocs estudis que aborda aquesta qüestió és el que es va fer amb un centenar d'infants a Austràlia. Quines eren les conclusions? Les criatures afirmaven que els agradava o els encantava la llet materna i se sentien contentes, satisfetes, acollides, estimades o felices quan mamaven. Així mateix, consideraven que el gust de la llet que prenien era «tan bo com la xocolata», «millor que el gelat» o bé com les maduixes, el sucre, els polos, les taronges o els plàtans.[78] A tots els fascinava la teta.

Els perjudicis de no prendre el pit

A vegades el biberó és el millor, perquè no hi ha alternativa. Però, quan la indústria de la llet de fórmula equipara un model de lactància amb l'altre, quan hi ha professionals que ens insten a deixar la teta abans dels sis mesos, quan hem de tornar a la feina després de setze miserables setmanes de permís maternal i no podem seguir alletant, són els menuts i nosaltres els qui en paguem les conseqüències.

Segons el Comitè de Lactància Materna de l'Associació Espanyola de Pediatria, els perjudicis causats als infants per no prendre el pit o abandonar-lo abans d'hora són múltiples. A curt termini, en el primer any de vida, segons avalen diferents estudis científics, hi ha més possibilitats de patir processos infecciosos gastrointestinals, respiratoris i urinaris i, si aquestes infeccions són greus, la probabilitat d'hospitalització augmenta fins a deu vegades. A llarg termini, l'alimentació amb llet de fórmula incrementa les opcions de patir dermatitis atòpica, celiaquia, inflamació intestinal, diabetis *mellitus*, obesitat i, amb criatures amb antecedents familiars, al·lèrgia i asma, entre altres afeccions. El Comitè afirma que, com més temps es manté la lactància materna, menys possibilitats hi ha de patir alguna d'aquestes malalties.[79]

Ens han insistit tantes vegades que el bebè, com més *plenet* millor, que això ha conduït, en algunes ocasions, a una sobrealimentació a través del biberó. Ja no confiem en la capacitat del nadó per autoregular-se, i ens refiem de quantitats anunciades en etiquetes o mesuradors que acaben tenint a vegades una capacitat superior a la que indiquen, o s'omple el got pressionant perquè hi càpiga la màxima quantitat possible. Una investigació feta a diversos països de la Unió Europea el 2007 assenyalava que els nadons de zero a quatre mesos alimentats exclusivament amb llet de fórmula poden estar ingerint una quantitat extra de fins al 24% més de les calories necessàries, la qual cosa pot induir a l'obesitat de petits o quan siguin grans. Un altre estudi, fet a Estats Units amb criatures nascudes el 2001, arribava a conclusions similars. Si quan aquests arribaven als cinc anys i mig, la prevalença d'obesitat era del 16%, en aquells que havien pres el biberó fins als dos anys la xifra augmentava al 23%.[80]

Un altre tema és la presència de transgènics en la llet de fórmula. El 2011, el grup de pressió dels principals fabricants i comercialitzadors de llet de fórmula a Austràlia i Nova Zelanda, el Consell de Nutrició Infantil —que inclou companyies com Nestlé, Nutricia (que pertany al grup Danone, amb marques com Almirón, Nidina, Nan i Milupa), Heinz i Fonterra— va reconèixer que era impossible produir una llet artificial sense transgènics, i que la demanda d'una llet de fórmula lliure d'organismes genèticament modificats (OGM) era «inviable i poc realista». Unes declaracions que es van produir després que Greenpeace denunciés la presència d'OGM en diversos dels seus productes.[81] La pregunta que cal fer-se és: amb el biberó, sabem què donem de menjar als nadons?

Donar la teta salva vides. Ho diu l'OMS: «Si pràcticament tots els infants fossin alletats, cada any se salvarien unes 820.000 vides», i es podria donar un desenvolupament millor a molts altres. La lactància materna es considera una de les accions principals que es pot portar a terme per reduir la mortalitat infantil en menors de cinc anys. És per això que l'OMS només recomana el consum de llet artificial com a quarta opció, per darrere, en primer lloc, de la llet materna succionada directament del pit de la mare, seguida de la llet de la mare extreta i subministrada al bebè i després de la llet d'una altra dona. Si totes aquestes opcions no prosperen, només aleshores l'OMS aposta per la lactància artificial. Una dada que sovint s'obvia.[82]

La indústria de la llet de fórmula ha guanyat la batalla de l'imaginari col·lectiu. Hem integrat la pràctica de la lactància artificial fins a tal punt que inclús quan se'n posen en evidència els efectes perniciosos ningú sembla adonar-se'n. Un exemple el tenim en la crisi humanitària després del pas de l'huracà Katrina el 2005 a Nova Orleans, als Estats Units. Moltes televisions van oferir aleshores imatges impactants de mares desesperades en veure els seus nadons deshidratats per no poder-los donar llet de fórmula durant el caos posterior a la catàstrofe. Tanmateix, ningú va preguntar-se per què tantes mares donaven el biberó, i com la lactància materna hauria evitat aquestes situacions dramàtiques.[83]

Una situació similar es dona en els camps de refugiats, on a vegades, amb tota la bona voluntat, s'envien biberons i llet amb pols, quan la millor alimentació per a qualsevol bebè, i encara més en aquestes dures circumstàncies, és la llet materna. Com diuen des de Save the Children, «oferir als nadons llet materna durant una emergència és la forma més segura de protegir-los davant l'enorme risc d'infecció i la permanent amenaça de desnutrició».[84] En les emergències i les crisis humanitàries, la llet en pols no és una necessitat, sinó un problema que pot tenir conseqüències nefastes per a la nutrició dels petits. En condicions higièniques deplorables, resulta molt difícil preparar adequadament els biberons, esterilitzar els recipients o tenir accés a l'aigua potable. Per aquest motiu, algunes organitzacions no governamentals, en aquests contextos, s'especialitzen en donar suport a les mares perquè puguin seguir donant el pit o, si l'han deixat, realletar de nou.

Lactància feminista i anticapitalista

La lactància materna no només és bona per a la salut dels nadons, sinó també per a la de les mares. Donar la teta pot evitar i reduir el risc, a curt i llarg termini, de patir hemorràgia postpart, diabetis tipus 2, càncer de mama, d'ovari o úter, fractura espinal i de maluc postmenopàusica, artritis reumatoide, malaltia cardiovascular i hipertensió.[85] Augmentar la lactància materna a escala mundial, segons determinats estudis, podria prevenir fins a vint mil morts anuals per càncer de mama. A més, gràcies a l'alliberament d'oxitocina, coneguda també com l'hormona de l'amor, alletar produeix agradables sensacions que protegeixen de la depressió postpart, l'estrès i l'ansietat, alhora que afavoreixen el vincle maternofilial.[86]

Els beneficis de la lactància materna fan que aquesta pugui ser considerada una pràctica feminista, ja que afavoreix les dones en particular, però també la comunitat en general, que surt guanyant amb el benestar de mares i criatures. La teta és vindicada en clau de salut, però també en clau emancipadora, per la capacitat que ens atorga d'alletar al marge d'interessos privats i sense dependències externes. No donar el pit, per contra, té conseqüències negatives per a les dones, originades en el sistema patriarcal.[87] Un feminisme que no doni suport a la lactància materna expressa, ni que sigui involuntàriament, un malestar i una desconfiança en el cos i les capacitats biològiques femenines, cosa que entra en contradicció amb la raó de ser de tot moviment emancipador.

Alletar pot definir-se així mateix com una pràctica anticapitalista, ja que se situa fora del mercat. Donar la teta és *per se* una acció de resistència davant la mercantilització del món, les relacions socials i els béns comuns. La criatura que mama no paga per fer-ho, la mare que dona el pit no espera cobrar, totes les dones que ofereixen la seva llet a un banc de llet perquè altres nounats puguin alimentar-se no volen res a canvi. Alletar requereix temps, calma i tranquil·litat, valors antagònics al capitalisme.[88] En definitiva, és el mercat el que surt guanyant amb les lactàncies que acaben abruptament. Amb l'abandonament prematur de la lactància materna, són les empreses privades les que obtenen sucosos beneficis, ja que es multiplica la demanda de llet artificial, però també de medicaments per malalties més susceptibles de ser contretes al no prendre llet materna.[89] Si el pit com a objecte sexual és un gran negoci, el pit lactant n'és l'antítesi.

La lactància materna, però, només és possible en una societat que l'afavoreixi, i la nostra no ho fa. Perquè donar la teta sigui un dret universal, necessitem canvis en l'organització del mercat de treball, els permisos de maternitat, les regulacions i els codis culturals per poder alletar en públic. Si desvinculem la defensa del pit d'aquestes transformacions, la lactància materna queda com una mera opció individual, com un estil de vida, només accessible a les dones de classe mitjana. De nou, feminisme i anticapitalisme es troben. La maternitat del 99% implica una lactància materna per al 99%, i fer-la possible passa per aconseguir canvis estructurals en el conjunt de l'organització social.

La defensa feminista de la lactància materna transcendeix el discurs que n'han fet les institucions internacionals, els governs i els professionals de la salut, unes posicions prolactància compatibles amb el fet de veure encara la dona com un subjecte passiu. La perspectiva feminista i anticapitalista de la lactància materna va més enllà d'aquests arguments i posa l'accent en l'autonomia de les dones i la seva capacitat d'acció.

La mercantilització de la llet materna

La lactància materna, com tota pràctica social sota el capitalisme, malgrat ser una acció de resistència, corre el risc de ser cooptada i mercantilitzada, cosa que no és nova i que hem vist anteriorment en altres àmbits. L'agricultura ecològica i el comerç just en són un exemple: pràctiques transformadores que el mercat intenta cooptar, buidar de tot potencial de canvi i fer-ne negoci. Les etiquetes «ecològic», «pagès», «km0» han estat assumides per les multinacionals del sector, però sota la lògica del capitalisme agroalimentari de sempre, sense canviar ni una sola coma dels seus mecanismes injustos de producció, distribució i consum, contra el qual aquestes iniciatives van sorgir. A les seves mans, aquestes alternatives són una mera estratègia de màrqueting, amb l'objectiu de donar resposta a un nínxol de mercat creixent.

Avui, així, conviu una agricultura ecològica, pagesa i local, que treballa des de baix per canviar les coses, amb una altra que comercialitza productes etiquetats com a «bio» que venen de l'altra punta del món, elaborats en condicions injustes i venuts en supermercats com Carrefour, Aldi, El Corte Inglés, Lidl, etc., o bé distribuïts per multinacionals, com Nestlé, Danone, Kellogg's, Kraft o Ebro Foods. Al comerç just li ha passat tres quarts del mateix. Una iniciativa que va sorgir per promoure una alternativa a les injustes pràctiques del comerç internacional ha acabat en part sent assimilada per grans empreses, com Starbucks, Nestlé, Alcampo o McDonalds, i reproduint aquells mecanismes contra els quals va emergir.[90] El mateix que li ha passat a l'agricultura ecològica i al comerç just pot succeir-li, i en part ja li està passant, a la llet materna.

Hi ha diverses empreses i institucions que han començat a patentar alguns dels components de la llet humana amb l'objectiu de comercialitzar-los. Són multinacionals de la llet de fórmula, com ara Nestlé —encara que aquesta ho nega—, companyies farmacèutiques, facultats de medicina, el Govern dels Estats Units, bancs de llet amb finalitat de lucre com Prolacta Bioscience, que elabora i ven llet de fórmula i fortificadors per a nadons a partir de llet materna.[91] De la mateixa manera que es privatitzen els recursos naturals, ara les empreses fan el mateix amb la llet de les dones. Tot val per fer negoci. Però, quines seran les conseqüències socials i biològiques de patentar els components de la llet humana?

Als Estats Units, la compra i venda de llet materna s'ha convertit en un comerç en expansió. La pàgina web Only the Breast ['Només el pit'], que funciona a mode de lloc web col·laboratiu, creada l'any 2009, va ser la primera plataforma a comercialitzar llet materna i posar en contacte mares que venien i compraven llet. Una iniciativa que va sorgir per l'elevat cost econòmic que tenia l'adquisició de llet humana en un banc de llet estatunidenc —uns 150 euros al dia per alimentar un nadó de dos mesos— i per l'escassetat de reserves en aquests centres.[92] Tanmateix, sota eslògans maternalistes i solidaris, com ara «una comunitat de mares» o «publica un anunci i ajuda els nadons a prendre només el pit», trobem una pròspera iniciativa empresarial que ja està arribant a Europa. Only the Breast és avui el portal de referència del sector, el número u, amb deu mil anuncis aproximadament, i ha expandit l'oferta al Canadà i el Regne Unit. També hi ha altres pàgines web i grups organitzats a Facebook que ofereixen aquests serveis.

Però no només són les mares les que adquireixen llet a través d'aquest portal; hi ha homes que en compren per prendre'n com a suplement alimentari. En els cercles de culturisme, la llet materna té bona reputació com a superaliment, per desenvolupar múscul i mantenir la força. D'altres n'adquireixen per consumir-ne com a fetitxe sexual. La secció, a Only the Breast, que permet la compra de llet materna per part dels homes és una de les més actives.

Only the Breast pot ser considerada un exemple d'economia col·laborativa, com Airbnb, Uber o Wallapop. Les mares poden penjar un anunci, amb una foto seva, un text sobre la llet que ofereixen, el preu al qual la venen, els seus hàbits de vida i alimentaris i informació sobre els nadons que crien. De fet, els anuncis es classifiquen en seccions —com per exemple «llet per a nadons de zero a dos mesos», «de dos a sis mesos», «prematurs», «venda local», «disposada a vendre a homes» o «dieta especial»—, on fins i tot trobem oferta de llet de mares que segueixen una alimentació vegetariana, vegana, asiàtica o orgànica.

Un inconvenient, amb el qual sovint no compten aquells que adquireixen llet en línia, és que, en la mesura que aquest sistema de comercialització no obliga a cap tipus de control, s'han donat casos en què la llet materna s'ha venut barrejada amb llet de vaca; també hi ha la possibilitat, tot i que no s'ha registrat de moment cap denúncia, que la llet comercialitzada pugui transmetre malalties infeccioses.[93] Actualment, als Estats Units no hi ha cap regulació sobre el tema, però aquesta pràctica no és il·legal, la qual cosa permet que qualsevol dona pugui vendre llet i qualsevol pugui comprar-ne. A l'Estat espanyol, on no existeix una plataforma específica per comercialitzar-ne, alguns d'aquests anuncis es troben en pàgines genèriques de publicitat en línia.

La comercialització de llet ha traspassat continents, i fins i tot hi ha qui fa negoci comprant llet materna a les dones pobres dels països del sud. Heus aquí el cas de l'empresa nord-americana de biotecnologia Ambrosia Labs. En concret, la companyia adquiria llet a mares de barris deprimits de Cambodja, a 64 cèntims de dòlar l'unça (29,5 ml), per després vendre-la a 200 dòlars el paquet de cinc unces. Un mecanisme d'explotació de les mares més pobres d'aquest país asiàtic amb finalitats comercials, i que amenaçava la seguretat alimentària dels nadons. Davant d'aquesta pràctica, el govern cambodjà, el 2017, va decidir prohibir la compra i exportació de llet humana i va impedir l'activitat de l'empresa en qüestió.[94]

La venda de llet materna no és una pràctica nova. Al llarg de la història, ha estat habitual que les dones venguessin la seva llet treballant com a dides. Avui, no són poques les mares, en particular als Estats Units, que veuen en la venda de llet un mecanisme per a guanyar diners. Tanmateix, hi ha algunes diferències entre la comercialització de llet materna abans i ara. En el passat, tot i que els contractes de lactància eren signats per homes —el marit de la mare i el de la dida—, les dones alletaven directament els infants i tenien un control més gran sobre la llet que donaven. Avui se separa la llet que es ven del cos de la dona. En l'era del capitalisme globalitzat, el negoci de la llet materna està controlat per terceres empreses —algunes grans multinacionals, d'altres de la indústria biotecnològica, unes quantes vestides d'economia col·laborativa— on les dones tenen poc a dir. Inclús la compra de llet humana s'arriba a deslocalitzar als països del sud, com si es tractés d'un aliment qualsevol, aprofitant les desigualtats estructurals a escala global. En les pàgines en línia, hi ha casos en els quals qui ven la llet de la dona és el marit. Portals com Only the Breast signifiquen l'entrada de la llet materna a l'economia col·laborativa. Unes plataformes que, sota la imatge de cooperació i intercanvi, representen un gran negoci per a tercers. Ens trobem davant d'una nova ofensiva del control patriarcal, i ara també capitalista mercantil, del cos de les dones? Quines mares són les que venen llet i quines la compren? La comercialització de llet materna pot augmentar les desigualtats socials i econòmiques?

Una altra de les fonts de negoci vinculades a la lactància materna és el comerç de tirallets, aquests aparells —manuals o elèctrics— que serveixen per extreure llet de les glàndules mamàries, ja sigui per buidar-se el pit o per treure's llet i donar-la al nadó. A escala mundial, el mercat de tirallets el 2016 sumava uns 890 milions de dòlars, i les expectatives de creixement eren d'un 8% de mitjana l'any fins al 2025. Amèrica del Nord és la regió amb un consum més gran —un 61% del total, amb dades de 2013—, i els Estats Units és el líder mundial en vendes. Les regions d'Europa i l'Àsia-Pacífic la segueixen a més distància, i en aquesta última es preveu el creixement més important en els propers anys, amb un desenvolupament potencial del 17%, en especial en els mercats emergents de l'Índia i la Xina.[95]

El tirallet s'ha convertit en un gran negoci als Estats Units, amb empreses com Medela i Philips al capdavant, però el seu ús a la resta del món està menys estès. La generalització del tirallet en aquest país no té comparació amb cap altre, tot i que pot indicar una tendència. Entre els anys 2005 i 2007, un 85% de les dones estatunidenques que donaven de mamar l'havien utilitzat almenys en alguna ocasió i un 25% ho feien de manera regular.[96] Un factor que explica la predisposició a utilitzar-lo és la inexistència, en la primera potència mundial, d'un permís de maternitat, la qual cosa obliga les mares a reincorporar-se a la feina al cap de poc temps d'haver donat a llum.* Amb l'aprovació el 2010, per part del govern de Barack Obama, de la Llei d'assistència mèdica assequible, més coneguda com a *Obamacare*, l'ús del tirallet es va incrementar de forma considerable, ja que aquesta llei obligava les empreses a facilitar un temps i un lloc a les mares lactants per treure's la llet i subvencionava la compra d'aquests estris.

* Tot i que als Estats Units no existeix la baixa per maternitat, les dones utilitzen els dies de vacances o lliure disposició per estar amb els nadons després del part.

La lactància materna mitjançant l'ús del tirallet s'adapta al món del treball i permet en aparença conciliar lactància i ocupació, i fernos creure que arribem a tot. Una pràctica que facilita en part la vida a les mares, però evita centrar el debat en la qüestió realment important: la necessitat de canviar l'organització del mercat laboral, millorar les condicions de treball i ampliar el permís de maternitat. El que el tirallet amaga és la nostra total subordinació a unes polítiques d'ocupació injustes, que hem acabat normalitzant. No n'hi ha prou amb donar un tirallet a les mares, que aquestes se les arreglin com bonament puguin, i pensar que el problema està resolt.

El tirallet és percebut com un aliat de la lactància materna, un mecanisme que l'afavoreix, però de fet l'únic que permet és l'alimentació del nadó. La teta se separa de la llet i es promou la lactància al marge del pit. La maternitat és així descorporitzada.[97] El vincle entre la mare i la criatura desapareix, i només queda la llet com a aliment saludable. Prendre llet materna amb biberó no és el mateix que prendre la teta. Ho apunten algunes investigacions: el subministrament de llet materna mitjançant l'extracció amb tirallet no té els mateixos beneficis per a la salut infantil que si el nadó mama directament del pit. La llet materna conté una sèrie d'enzims i hormones l'activitat dels quals pot disminuir en la mesura que la llet és extreta i refrigerada, alhora que els nadons aprenen a autoregular la ingesta d'aliments quan mamen, cosa que no succeeix quan se'ls dona el biberó, encara que sigui amb llet materna.[98]

Amb el tirallet es defensa la llet de les mares, però no la lactància materna, i la dona passa a ser considerada un simple objecte de producció d'aliment. Hi ha mares que n'han descrit l'ús com un suplici. Ho comentaven algunes a Twitter, arran d'un article que vaig publicar sobre el tema: «Jo no el vaig poder fer servir tret de comptades ocasions. Ni el més sofisticat m'anava bé». Una altra, en el mateix fil, afegia: «Per mi, és un instrument de tortura». I una darrera deia: «Per mi també ho va ser. Tortura psicològica, càrrega mental, sentiment de culpa per no poder-me'n extreure la quantitat suficient».

Algunes autores han utilitzat aquesta mercantilització de la lactància materna, ja sigui mitjançant la seva comercialització o la venda de tirallets, per desacreditar el conjunt de la pràctica de l'alletament.[99] Tanmateix, no es pot equiparar el negoci de la llet materna amb el de la fórmula. El volum del comerç de la lactància artificial, així com el negatiu impacte social, econòmic i mediambiental que comporta, és infinitament superior al relacionat amb la llet humana.[100] La lactància materna pot ser mercantilitzada, l'artificial neix com a negoci.

L'amenaça que significa l'ús mercantil de la llet de les dones hauria de servir per reforçar una posició prolactància feminista i antineoliberal, diferenciada de la simple defensa medicoinstitucional de la lactància com a proveïdora de salut i de la promoció d'una lactància amb tirallet que deixa intactes tots els problemes i les desigualtats del mercat laboral.

Una societat enemiga de la lactància materna

Malgrat tots els beneficis que implica donar la teta, aquesta no és una pràctica social majoritària. Als països d'ingressos mitjans i baixos, només el 37% dels lactants menors de sis mesos, amb dades de l'any 2010, prenien llet materna com a alimentació exclusiva. Als països d'ingressos alts, el percentatge, amb molt poques excepcions, era encara menor.[101] En alguns informes podem llegir xifres més elevades, però és perquè consideren com a nadons que prenen llet materna aquells que la complementen amb artificial, és a dir, que duen a terme una lactància mixta, que no és el mateix que prendre únicament el pit. A Austràlia, per exemple, el 2010, tot i que un 90% de les mares iniciaven la lactància materna, als sis mesos només un 2% alletava en exclusiva. Als Estats Units, el 2013, el percentatge d'inici de la lactància materna era del 76%, però al cap de sis mesos tan sols un 16% de les mares seguia només amb la teta.[102] El suport social i polític a la maternitat és essencial per garantir taxes de lactància materna més elevades i perllongades en el temps, com recomana l'OMS.

A l'Estat espanyol, un 74% dels nadons de sis setmanes prenen el pit en exclusiva, segons dades de l'Enquesta Nacional de Salut 2017. Quan el nadó arriba als sis mesos, aquesta xifra es redueix al 39%. En canvi, quantes criatures de sis mesos prenen llet artificial com a únic aliment? Un 42%. Si bé és cert que són unes dades millors que les que oferia l'anterior Enquesta Nacional de Salut 2011-2012, quan només el 66% dels bebès de sis setmanes i el 28% dels que tenien sis mesos prenien la teta en exclusiva encara resulten insuficients.[103] En particular, si tenim en compte el discurs institucional prolactància i l'actitud, en general, favorable de les dones a donar el pit, la qual cosa vol dir que alguna cosa falla. Les institucions púbiques haurien de fer enquestes regulars sobre la situació de la lactància materna, un instrument del qual avui no disposem, i que permetria avaluar-ne millor l'evolució i emprendre mesures per promocionar-la. Actualment, només l'Enquesta Nacional de Salut, que s'elabora cada cinc anys, en recull dades.

Veient aquestes xifres, com s'expliquen uns índexs d'alletament matern exclusiu que encara deixen a desitjar? Quines són les principals dificultats amb què es troben les mares a l'hora de donar la teta? Són diversos els motius que podem apuntar: l'exercici de la violència obstètrica en el transcurs del part; l'insuficient suport sanitari a les mares les primeres setmanes després de donar a llum; la facilitat amb què alguns professionals recepten suplements i insten a deixar la teta abans d'hora; i una organització sociolaboral que dona l'esquena a la maternitat. A continuació ho analitzem en detall.

La violència obstètrica, que implica parts altament intervinguts, cesàries innecessàries, separació primerenca entre mare i nadó, ansietat o estrès, pot dificultar l'inici de la lactància materna. També donar al nounat llet de fórmula només néixer. Ho expliquen algunes mares que han passat per aquesta situació. «No vaig veure néixer la meva filla. Després vaig veure'n fotos a la incubadora i em moria de pena. Durant la nit li van donar dos biberons sense permís».[104] Una altra mare: «La veritat és que no ho entenc. Per què la van separar de mi? Per què no em van deixar donar-li el pit? A mi em van operar, però no vaig tenir dolor, no vaig tenir febre, per tant podia estar amb la meva filla i donar-li la teta».[105]

El suport insuficient per part del personal sanitari després del part i/o en el puerperi, quan sorgeixen moltes de les dificultats, és una altra de les raons per les quals una lactància materna a demanda i en exclusiva a vegades no prospera. Tot i que cada cop més s'aconsella i s'anima a les mares a donar el pit després del part, la manca d'un seguiment continuat és un problema. Són diverses les dones que afirmen que troben a faltar una major preparació i acompanyament de l'equip sanitari. Una realitat que constatava un informe publicat per l'Associació Espanyola de Pediatria l'any 2003 que indicava com «malgrat que la majoria dels professionals sanitaris saben que la lactància materna és la millor alimentació per al lactant, molts ignoren com funciona i es limiten a repetir vells costums perjudicials per a la lactància com: horaris rígids, separar la mare i l'infant en el puerperi immediat, retardar la primera presa, fer servir xumets i biberons o contraindicar la lactància natural per motius menors. En altres ocasions, quan no saben resoldre algun problema plantejat per la mare, es limiten a recomanar el biberó».[106] D'aquí que sigui tan important millorar el coneixement i l'actitud de ginecòlegs, llevadores, pediatres i personal d'infermeria respecte a la lactància materna.

Una altra debilitat és el nombre tan escàs d'hospitals certificats com a «hospitals amics dels nens», una iniciativa promoguda a escala global per l'OMS i l'Unicef des de l'any 1991. L'objectiu consisteix a encoratjar hospitals i centres de salut a implementar pràctiques que fomentin la lactància materna exclusiva des del naixement. A l'Estat espanyol, el 1995, es va crear un comitè estatal encarregat de desenvolupar el projecte i certificar els centres sanitaris en qüestió. El 2009, el comitè va prendre el nom d'Iniciativa per a la Humanització de l'Assistència al Naixement i la Lactància. Fins el 2017, només divuit hospitals, un 2% del total, i cinc centres de salut, un 0,5% d'aquests, havien estat certificats com a tals. Un dels factors que podria explicar aquest percentatge tan baix, segons indica el *Report on the situation of infant and young child feeding in Spain* [Informe sobre la situació de l'alimentació en infants i joves a Espanya][127] seria la manca d'interès dels pediatres, influïts per l'estreta relació que mantenen amb la indústria de l'alimentació infantil.[107]

La facilitat amb què alguns professionals recepten de manera rutinària suplements de llet artificial no ajuda a la lactància materna exclusiva. En la mesura que a un nadó se li subministra llet de fórmula, mama menys, amb la qual cosa disminueix la producció de llet, i la mare cada vegada és més dependent del biberó. Hi ha pediatres i infermeres que al cap d'uns mesos et recomanen que deixis de donar la teta o aprofiten qualsevol excusa per suggerir-te que posis fi a la lactància. Ho explicava una mare al meu mur de Facebook: «Un cop vaig anar a la metgessa perquè tenia el nas tapat. Li vaig dir que donava el pit a la meva filla perquè ho tingués en compte a l'hora de receptar-me una cosa o una altra, i em va dir que podia aprofitar l'oportunitat per deixar de donar la teta!». Una altra mare escrivia en el mateix fil: «Una infermera em va dir que si no donava el biberó, el nen perdria pes. No li vaig fer cas, per descomptat. Al nen vaig donar-li el pit tretze mesos, i a la nena, deu».

A mi, una de les coses que més em sorprenia cada cop que anava al pediatre després del part és que, tot i animar-me a alletar a demanda, em preguntés constantment cada quan donava el pit. I jo em deia: «Com ho puc saber si l'hi dono sempre que m'ho demana? No tinc horaris. No vam quedar que la teta es donava a demanda?». Quan el petit va complir sis mesos, vam anar al centre d'atenció primària per la visita del mig any. Aquell dia, com sempre, la infermera el va revisar, mesurar i pesar (temible dictadura de la bàscula!); era com passar un examen i en Martí sempre estava al límit, perquè era primet i no es movia de la part baixa del gràfic. Aquell dia, dramàticament, a ulls de la infermera, en Martí es va situar en el percentil 10. Tot i que ella no m'ho va dir, en realitat, no passava res, la seva corba de creixement progressava amb normalitat, només que per sota de la mitjana. Tot i així, la infermera es va posar tràgica i va decidir que havia arribat l'hora de reduir dràsticament la teta. «D'ara endavant —em va dir— només pots donar-li mamar al matí quan es llevi i a la nit quan el posis a dormir». Estupefacta, li vaig preguntar: «I si demana teta?» La resposta: «La llet materna els encanta, això és així, però si demana pit li dones una altra cosa de menjar». I atenció, tot sota l'amenaça que si seguia amb la lactància a demanda com fins aleshores el nadó, va afirmar, podia patir anèmia. «Avui en dia, amb tanta teta moltes criatures pateixen falta de ferro després dels primers sis mesos», va concloure. No sabia la infermera que l'OMS recomana seguir amb la lactància materna fins als dos anys? Ara ho explico amb ironia, però quan m'ho va dir no em va fer gens ni mica de gràcia. Que el meu nadó podia agafar anèmia? Que si no li feia cas el petit emmalaltiria? Que seria culpa meva? Vaig tenir sort, tenia relació amb altres professionals, em vaig assessorar —fins i tot el pediatra del CAP tenia una opinió diferent d'ella—. Vaig trigar molt, més del que tocava, a tornar al CAP, no volia ni parlar amb la infermera. Vaig seguir amb la lactància a demanda i introduint a poc a poc nous aliments. Però, què hauria fet una altra mare sense possibilitat de recórrer a altres fonts? Amb aquest tipus de «suports», no em sorprenen les estadístiques.

L'organització sociolaboral tampoc hi ajuda. Les insuficients setze setmanes de permís maternal castiguen la lactància materna en obligar les mares a reincorporar-se a la feina tot just quatre mesos després de parir. Són moltes les que en aquest moment decideixen deixar la lactància totalment o parcialment, al no tenir temps suficient o no disposar de les instal·lacions adequades per donar el pit o extreure's la llet i recollir-la. Així ho constata un estudi que assegura que un 44% de les dones té problemes per conciliar la lactància materna amb el lloc de treball, segons dades de l'any 2018. Si es té en compte el tipus d'empresa per a la qual es treballa, aquelles que ho fan per a grans companyies internacionals són les que tenen més dificultats, un 49%, i les autònomes, un 37%, en tenen menys. Malgrat que un 85% de les mares afirma ser partidària de la lactància prolongada, només un 7% alleta fins als dos anys o més.[108] En la mesura que la dona treballa més hores fora de casa, més difícil ho té per continuar amb la lactància.

En realitat, hi ha un decalatge important entre el discurs institucional a favor de la lactància materna i els recursos per portar-la a terme de manera satisfactòria. Quantes mares s'han trobat, un cop arriben a casa després de parir, quan es dona un dels moments més crítics amb la pujada de la llet, amb dificultats a l'hora de donar el pit, nombrosos dubtes i sense saber a qui recórrer? Si bé en l'àmbit de la salut pública hi ha cada vegada més consciència sobre els beneficis de la lactància materna, encara hi ha molts professionals sanitaris que no compten amb la formació adequada per resoldre una mastitis, una obstrucció mamària, unes clivelles als mugrons o un problema de posició o succió. No han estat poques les mares que han hagut de visitar una infinitat de professionals fins trobar una assessora de lactància capaç de solucionar-los el problema. Això sí, després d'haver passat per un via crucis de dolor, sentiment de culpa i incomprensió. Una mare m'ho explicava així per correu electrònic: «Jo he donat el pit als meus dos fills. La primera durant dos anys i el segon tres anys i mig. Em va costar molt amb la primera, sobretot per la falta de suport mèdic. Fins que em vaig trobar amb una llevadora sensibilitzada, quan ja tenia els mugrons ben destrossats. A partir d'aquí, se'm va obrir el cel».

Són problemes que, malgrat que podrien ser resolts per professionals ben formats, al no trobar una resposta adequada acaben sovint amb un abandonament primerenc de la lactància materna. La majoria de mares la deixen aviat per les dificultats amb què es troben per portar-la a terme, més que per una decisió prèvia. El principal motiu per deslletar, en un 29% dels casos, segons apunta un estudi fet el 2013 a l'Estat espanyol, és perquè les mares consideren que tenen poca llet. Tanmateix, la hipogalàctia o escassetat de llet és una malaltia que afecta un percentatge molt baix de dones. En realitat, la «manca de llet» es deu sovint a males pràctiques induïdes que interfereixen en la seva producció, com marcar un temps rígid entre les preses, establir-ne una durada o alternar la lactància materna amb l'artificial. La segona causa de deslletament precoç, en un 18% dels casos, és fruit de la reincorporació al mercat laboral.[109]

Una enquesta feta als residents de pediatria sobre el funcionament de la lactància materna en constatava les mancances. Només el 44% dels residents sabia que la lactància materna exclusiva ha de portar-se a terme en el transcurs dels sis primers mesos de vida del nadó, un irrisori 6% era conscient que la producció de llet depèn del vigor de les mamades, un 22% pensava, de manera equivocada, que la primera presa després del part havia de ser tres hores després del naixement i un 21% afirmava, també erròniament, que si un nadó alletat plorava de gana se li havia de donar el biberó.[110] Amb aquests resultats, no és d'estranyar que tantes mares es queixin de la manca de suport i coneixement del personal sanitari. L'informe constatava diferències rellevants entre territoris, en funció dels esforços fets per formar els professionals.

A vegades, quan es formulen aquest tipus de crítiques, alguns professionals de la salut se senten qüestionats. Després de publicar l'article «Enemics de la lactància materna» a *El Periódico de Catalunya*, l'agost de 2018, una infermera em va escriure al Twitter: «Soc infermera i discrepo amb el que dius sobre la lactància materna i la meva professió. Estem molt qualificades, donem suport i expliquem el que molts metges comenten de forma ràpida quan una dona acaba de donar a llum». No tinc cap dubte que hi ha professionals boníssims, per sort m'he trobat amb molts d'ells, com també estic convençuda que, com en totes les feines, n'hi ha de nefastos. Ho he viscut també en carn pròpia. I el més probable és que el suport sanitari a la lactància materna amb els anys vagi millorant. Tanmateix, m'agradaria centrar-me en algunes dades objectives, més enllà de la percepció subjectiva de cadascú. Segons un estudi fet l'any 2013, la raó principal per la qual les mares opten per la lactància artificial, en un 34% dels casos, és la incorporació immediata a la feina remunerada, seguida molt de prop, en un 32%, per la manca de suport dels professionals de la salut; amb aquesta darrera dada respondria a la infermera que va escriure el tuit anterior.[111] A més, el finançament sistemàtic que reben les associacions del sector per part de la indústria de la llet de fórmula genera un conflicte d'interessos que en compromet la pràctica i l'objectivitat. No es tracta de formular crítiques individuals als professionals, sinó d'assenyalar els límits del sistema sanitari respecte a la lactància materna.

De fet, fins al curs acadèmic 2018-2019 cap universitat de l'Estat espanyol havia inclòs en el currículum una assignatura específica sobre lactància materna dirigida als futurs metges. La primera a fer-ho ha estat la Facultat de Medicina i Ciències de la Salut de la Universitat de Barcelona. L'assignatura s'imparteix en el quart curs del grau de Medicina, i té com a objectiu proporcionar formació específica sobre aquest tema. Els continguts inclouen des de l'estudi dels components de la llet materna fins als mecanismes per a l'extracció passant per la identificació de les lactàncies no eficaces o el funcionament dels bancs de llet. Tot i que qualsevol estudiant de medicina pot fer l'assignatura, aquesta va dirigida en particular als que s'especialitzen en obstetrícia, ginecologia o pediatria. La llàstima és que es tracta d'una assignatura optativa, i en el primer curs s'hi van matricular vint-i-cinc alumnes.[112]

Vivim en una societat que dona l'esquena a la maternitat i a la teta. Són desenes els mites sobre la lactància materna: que si tenir llet és qüestió de sort, que si dones de mamar el pit et quedarà caigut, que és gairebé impossible tenir llet per alimentar bessons, que si tens el mugró invertit no podràs alletar, que la lactància a demanda és factible però mai abans de tres hores de la darrera presa, que si no sents la teta plena és que no tens llet, que cal esperar unes hores abans de tornar a donar de mamar perquè la teta s'ompli, que hi ha famílies en què les dones no tenen llet.[113] I així, un llarg reguitzell.

La nostra societat en realitat és enemiga de la lactància materna, i acumula després de dècades de cultura del biberó molts prejudicis contra la teta, la qual cosa deteriora la confiança de les mares per donar mamar i debilita la força del gir sociocultural prolactància que hem viscut des dels anys noranta. Les dones que volen donar el pit han de fer front a moltes dificultats. Així ho expressava la poeta Hollie McNish a *Nobody Told Me* ['Ningú em va dir']: «Visc en un país [Anglaterra] en què una tasca tan senzilla com alletar el nadó perquè no es mori de gana és vista com un punyeter acte criminal. Estic més cansada d'això que de cap altra cosa que impliqui la criança (...). Soc tan afortunada de poder fer-ho sense mastitis, sagnats, obstruccions (...). No tinc problemes excepte per la nostra estúpida cultura».[114] Si l'entorn social i l'atenció sanitària no acompanyen les mares lactants, això condiciona la seva decisió per donar o no la teta. Sense una societat *lactant friendly*, donar el pit és molt complicat.

S'imposa donar la teta?

Hi ha qui diu que avui s'imposa donar la teta perquè després del part és el que es promou als centres hospitalaris i perquè cada vegada són més les mares que opten per la lactància materna. Però això no vol dir, per desgràcia, que la lactància materna exclusiva, com recomanen tots els organismes internacionals de salut, sigui la pràctica hegemònica durant els sis primers mesos de vida del nadó. Més aviat succeeix el contrari, i a les xifres, que anteriorment citava, em remeto.

A més, no entenc per què hi ha qui s'escandalitza perquè el sistema públic de salut promogui la lactància materna. De fet, ens hauríem d'alegrar, i molt, que maternitats i hospitals apostin per donar el pit només néixer, ja que s'ha demostrat àmpliament com és de beneficiós tant per al nadó com per a la mare. Malgrat els avenços, s'haurien de destinar més recursos al suport i la normalització de la lactància materna. El que seria preocupant és que passés tot el contrari, com succeïa no fa tant, allà en les dècades dels setanta i els vuitanta, quan molts metges feien tot el possible per boicotejar-la.

A vegades des dels mitjans de comunicació o un sector del feminisme s'afirma que hi ha una guerra entre mares, entre les que opten pel biberó i les que ho fan per la teta; però no crec que puguem caure tan fàcilment en donar això per fet. La lactància materna és un tema controvertit en el si del moviment feminista, una qüestió que polaritza, però això no vol dir que a peu de carrer hi hagi una confrontació equivalent. En realitat, aquest és un debat més promogut pels mitjans de comunicació que no pas real. A les mares sempre se'ns jutja, fem el que fem, donem el pit o el biberó, portem el nadó a la motxilla o al cotxet, el posem a dormir al nostre llit o en un bressol, el tinguem a casa o a la llar d'infants..., i els que ens jutgen no tenen per què ser necessàriament altres mares. Si quan estàvem embarassades tothom es creia amb dret d'opinar sobre la nostra panxa, quan la criatura ja ha nascut la cosa és encara pitjor.

He llegit històries molt dures de dones que s'han sentit pressionades i ho han intentat tot per donar el pit, d'altres que no volien alletar després del part i no els han facilitat les coses, mares a les quals miren malament per donar el biberó. També he llegit casos de dones que volien donar mamar i els han posat mil i una traves, d'altres a qui se'ls ha impedit alletar els seus nadons ingressats, mares a les quals miren malament o fins i tot els prohibeixen donar la teta. Hi ha molts paral·lelismes entre les que narren unes experiències i les altres. A unes se'ls retreu donar el biberó, se les culpabilitza per no persistir amb el pit i se les acusa de fer mal a les criatures. De la mateixa manera que a les altres, se'ls retreu donar la teta, se les culpabilitza per no voler llet artificial i se les acusa de fer mal als infants.

Nosaltres, com a dones, no ens podem permetre caure en aquest joc. No hi ha males mares, ni bones mares. El problema no és el d'unes contra les altres, sinó el d'una societat patriarcal on sempre se'ns diu que ho fem tot malament, i se'ns imposa un ideal de maternitat, que s'ajusta en funció del context, i que resulta impossible d'assolir. Insistir que hi ha una guerra entre mares és fer-nos un mal favor i només serveix a aquells que ens volen confrontades. Si el feminisme ens ha ensenyat una cosa, entre moltes altres, és que la sororitat és imprescindible.

Bancs de llet materna

Una mostra de la solidaritat entre mares són els bancs de llet materna. L'any 2016, a l'Estat espanyol, al voltant de 1.500 mares van donar més de 7.400 litres de llet. Gràcies a aquestes donacions, gairebé 2.300 nounats, majoritàriament prematurs de molt baix pes, que no podien ser alletats, van poder rebre aliment.[115] Tanmateix, la llet materna és molt més que menjar, és també una medicina, ja que és vital per millorar el desenvolupament d'aquests bebès, en particular si són prematurs, els protegeix de patir greus malalties i els ajuda en la progressió neuronal i digestiva.

Els orígens dels bancs de llet a escala global es remunten a principis del segle XX, quan van començar a funcionar a Àustria (1909) i els Estats Units (1911). Una de les principals dificultats en els inicis era conservar la llet. No va ser fins el 1930, al banc de llet de Boston, als Estats Units, que es va posar en marxa un sistema de refrigeració ràpida que permetia preservar-la correctament. El 1936 es va desenvolupar un sistema de pasteurització per esterilitzar-la per un període de dos anys. Tots aquests avenços van permetre un salt endavant important. Als anys quaranta, coincidint amb la Segona Guerra Mundial, es va produir l'expansió d'aquestes iniciatives a Europa, els Estats Units i el Brasil. Però a finals del segle XX, amb l'aparició del VIH, la constatació que el virus es podia transmetre a través de la llet materna i l'auge de la llet de fórmula, moltíssims bancs van acabar tancant. Aquells que van continuar van haver d'aplicar un seguit de mesures i controls estrictes. A partir de mitjans dels noranta, els bancs de llet materna van ressorgir de nou.[116]

A l'Estat espanyol, el primer banc de llet va obrir les portes anys més tard, el 2001, a Palma, i el segon, el 2002, a Madrid. Des d'aleshores, el nombre de centres s'ha multiplicat fins als catorze actuals, tot i que encara queden territoris sense abastir. A Catalunya, el primer banc de llet materna es va crear el 2011 a Barcelona, amb el nom de MAMA. La xifra de mares donants, amb el temps, també ha crescut, així com el total de llet donada. Si el 2009 van ser 175 les dones que van oferir llet, el 2016 van ser 1.565. Tanmateix, aquestes xifres estan molt per sota de les d'altres països europeus com els nòrdics, el Regne Unit, Itàlia o França. El país amb més bancs de llet del món és el Brasil, amb uns 250.[117]

Hi ha mares que donen llet perquè les seves criatures se'n van beneficiar anteriorment i senten que és una manera de tornar el favor. D'altres ho tenen clar des del primer moment, i afirmen que «si dono sang, per què no he de donar llet?» Algunes en desconeixen l'existència, fins que les informen al centre hospitalari. «Vaig tenir la sort de produir molta llet, i a l'hospital em van comentar que podria donar-ne (...). Faig servir el tirallet cada tres hores aproximadament. La llet la introdueixo en envasos i la congelo. Abans anava dos cops per setmana a l'hospital a portar-la. Ara hi vaig una vegada a la setmana. El meu fill Noah té molts germans de llet», assenyalava orgullosa aquesta mare, que va tenir el seu fill de manera prematura, i en set mesos va arribar a donar fins a cinquanta litres de llet materna.[118]

Hi ha també aquelles mares que donen llet després d'haver perdut el nadó, mares amb els pits plens i els braços buits, per a les quals la donació es converteix en una forma de transitar el dol. Ho explicava Julia Vázquez, que va perdre la seva filla Lola a les vint-i-set setmanes de gestació. «Em van provocar el part. Vaig estar a l'hospital unes vint-i-quatre hores. Em van oferir una pastilla per tallar la lactància. Jo ja havia decidit que no me la prendria (...). Vaig arribar a casa i l'endemà del part vaig començar a sentir el pit dur i calent. Allà estava. L'havia de buidar, però no volia llençar la llet sota cap concepte, i encara menys el calostre! Així que vaig començar la meva petita odissea buscant on i com poder donar-la. (...) Sempre dic que era com lliurar un regal importantíssim que la Lola havia deixat en el meu cos; així ho vaig viure. Em va acompanyar molt durant aquest primer moment tan difícil del dol, era una mica com honrar la seva visita i donar-li sentit. I em posava els pèls de punta pensar en els nadons que la rebrien». Arran d'aquesta experiència, Julia Vázquez, amb un grup de dones a Múrcia, va crear el Projecte Lola per ajudar altres mares que haguessin patit una pèrdua a gestionar les seves lactàncies, i que no els passés com a ella, que tinguessin els recursos i la informació suficient per decidir si inhibir-se la producció de llet, mitjançant fàrmacs o per via natural, o donar-la a un banc de llet.[119]

3.3. Lactància prohibida

Em pregunto: per què donar la teta en públic pot violentar a d'altres? Per què alletar una criatura pot ser motiu d'expulsió o reprovació en un centre comercial, un museu, un supermercat o una cafeteria? No passa sempre, però sí més sovint del que podríem imaginar. Vet aquí la doble moral d'una societat que cosifica i sexualitza el cos de les dones, mentre que s'escandalitza quan una mare dona el pit a plena llum del dia.

El pit, entre el símbol eròtic i la lactància

Els pits femenins són concebuts com una part del cos eminentment eròtica. Han de tenir una determinada mida, volum, diàmetre. En la cultura occidental moderna, els pits com a font de plaer i satisfacció masculina van anar guanyant terreny socialment en detriment de les seves capacitats lactants.[120] Els mitjans de comunicació, les multinacionals de la moda, la indústria de la bellesa, etc., han contribuït a destacar-los com un símbol sexual. Si no compleixen aquesta funció no poden ser mostrats en públic. D'aquí que donar mamar a un nadó al carrer, un centre comercial o una cafeteria sigui considerat una pràctica obscena i impúdica. Però, què passaria si els que poguessin donar mamar fossin els homes? Molt em temo que tant d'escàndol ni existiria. Mostrar els pits a l'alletar és tabú perquè ho fem les dones amb les nostres tetes.

La mare que dona mamar és percebuda com un ésser desexualitzat. Els pits lactants són interpretats com la màxima expressió del sacrifici matern. Ho veiem quan es posa èmfasi tan sols en els beneficis nutricionals de la lactància. La teta, aleshores, deixa de pertànyernos. La dona es converteix en un subjecte a educar en la pràctica de l'alletament.[121] Se separa, es dissocia, el cos de l'experiència materna de donar la teta. Reivindicar alletar amb plaer ofèn i incomoda, perquè uneix dues facetes de la dona que són considerades antagòniques: la maternal i la sexual. La lactància forma part de la sexualitat femenina,[122] de la mateixa manera que l'embaràs i el part, però no d'una sexualitat heterosexual, fal·locèntrica, sinó d'una concepció més àmplia que inclou el conjunt de la nostra vida reproductiva. Els pits «trenquen la barrera entre maternitat i sexualitat»,[123] la qual cosa fa que resultin extremament escandalosos per al patriarcat.

L'erotització dels pits femenins té un impacte directe en la lactància materna. Moltes mares prefereixen no donar la teta en un lloc públic, davant mirades lascives, de sorpresa o reprovació. Una enquesta feta l'any 2013, assenyalava com un 43% de les dones se sentien incòmodes alletant en públic. Aquest era el segon inconvenient més important amb què es trobaven les mares al donar el pit, només per darrere de la difícil conciliació entre la lactància i la vida laboral, que ocupava la primera posició, amb un 48%. Hi ha mares que no volen alletar perquè creuen erròniament que la lactància deteriorarà l'aparença dels pits i els deixarà caiguts i flàccids. De fet, un 37% de les mares, segons l'enquesta abans citada, consideraven que un dels principals inconvenients de donar el pit és que aquests perden fermesa.[124] La hipersexualització de les tetes ha calat, i fort.

Les dificultats amb les que es troben les mares per donar el pit en un lloc públic (prohibicions, mirades reprovadores, prejudicis...) mostren un profund desconeixement del procés fisiològic de la lactància materna. Els nadons no mengen seguint un horari programat, sinó que ho fan a demanda, i no només mamen per necessitats alimentàries, sinó també afectives, amb la qual cosa no es pot establir quan ho faran, si a casa o al carrer. No es pot plantejar una divisió entre l'espai privat i el públic a l'hora d'alletar. Els més petits han de tenir dret a prendre la teta on i quan ho necessitin.

Aquí, això no es fa

L'argument per reprendre les mares que donen el pit en públic és sempre el mateix: «Aquí, això no es fa perquè molesta», «incomoda», «ofèn», «dona mala imatge» o bé perquè «és la política de l'empresa». Tot seguit, es convida la dona a marxar o a recloure's en un lloc tancat, lluny de la vista de tothom, a un quarto de bany o una sala de lactància, que moltes vegades no són ni els espais més agradables ni els que fan més bona olor. No hi ha res de dolent en les sales de lactància *per se*, però no poden ser d'ús obligatori.

Altres vegades, encara que no se les amonesti, reben mirades obscenes, de censura, o bé comentaris desagradables. I si la criatura és considerada «gran», encara és pitjor, obviant que l'OMS recomana donar el pit fins als dos anys d'edat o més. Tot un símptoma de com està de poc normalitzat donar la teta a la nostra societat. Hi ha tot tipus de casos: mares que han estat advertides en botigues de roba, supermercats, biblioteques, museus, restaurants, universitats, oficines de correu. Si aquests casos es fan públics, acostumen a generar una onada de protesta i indignació, en particular a les xarxes socials, amb ressò a vegades als mitjans de comunicació, i fins i tot puntualment amb mobilitzacions a peu de carrer.

Les primeres accions per part de dones a qui se'ls havia prohibit alletar en espais públics les trobem als Estats Units, a mitjans dels anys setanta, en forma de «tetades», concentracions massives de mares donant el pit a plena llum del dia amb l'objectiu de trencar la divisió entre l'espai públic i el privat, redefinir l'ús de l'espai comú i confrontar els prejudicis socials sobre la lactància materna.[125] Des d'aleshores, s'han fet diverses mobilitzacions al respecte en aquest país. Una de les més emblemàtiques va ser la campanya *Nurse at Starbucks* ['Alleta a Starbucks'], llançada el 2004 després que una mare que donava la teta en un local de Starbucks a Silver Spring, Maryland, fos comminada a tapar-se o a anar al bany si volia seguir donant el pit a la seva filla. Aquests fets van despertar una forta onada d'indignació contra la política anti lactància de la multinacional, i es va organitzar, entre altres d'accions, una «tetada» col·lectiva amb més de cent participants a les portes de l'establiment, amb un significatiu ressò mediàtic. El 2003, l'amenaça d'organitzar una «tetada» en un Burger King a Orem, a Utah, després d'una acció discriminatòria a una dona que alletava, va forçar la multinacional a posar en marxa una política de protecció dels drets de les mares lactants als seus establiments.[126] Els casos són múltiples.

A l'Estat espanyol, un dels més sonats va ser el que va tenir lloc a la botiga de roba Primark de Valladolid, l'agost de 2013, quan un guàrdia de seguretat va prohibir a una dona seguir donant el pit a la seva criatura de set mesos. «Aquí no hi pot estar», li va dir. «Hi ha sales de lactància habilitades al centre per això. Pot incomodar la resta de clients». La mare li va respondre: «Però si el que estic fent és totalment natural; no té res de dolent». Tanmateix, davant la insistència del guàrdia, la dona va abandonar les dependències, no sense abans posar una reclamació. El cas va córrer com la pólvora, especialment a les xarxes socials, i en menys de dues setmanes es van organitzar «tetades» a disset centres Primark de tot l'Estat, que van arribar a reunir, en conjunt, fins a 700 persones.[127] A partir d'aquest cas, es van fer públics altres testimonis de mares que havien estat amonestades per donar el pit en establiments de Madrid, Gran Canària, Astúries, València, Jerez, Gijón i Múrcia. Es tracta, sembla, de la política de la multinacional, ja que en altres països, com el Regne Unit, s'han donat casos similars.

Vet aquí la doble moral d'una empresa que, mentre que considera impúdic que una dona es tregui una teta per donar mamar, promociona —així ho va fer el 2010— biquinis amb farciment per a nenes de tan sols set anys, en un clar exemple d'erotització de la infància. Una peça de roba que finalment Primark es va veure obligada a retirar del mercat a causa de les nombroses queixes i denúncies rebudes.[128] Els fets del Primark de Valladolid van resultar ser l'espurna que va encendre la metxa, i van donar lloc al naixement de l'associació Lactancia en Libertad, que des de l'any 2013 recull i denuncia experiències de dones que s'han sentit violentades o han estat expulsades de locals per donar mamar en públic.

Contra mares i nadons

Casos similars s'han produït en altres establiments com en un supermercat Mercadona, a Villafranca de los Barros, a Badajoz, el 2012, quan es va obligar una mare a abandonar el recinte si volia seguir lactant la seva criatura, o al Leroy Merlin de la Zenia Boulevard, a Torrevieja, a Alacant, el 2013, quan una dona i el seu nadó van ser instats a anar al bany perquè donar el pit en públic, segons l'encarregat de la botiga, donava «mala imatge». Altres dones denuncien també haver-se sentit violentades a l'alletar en centres comercials per part del personal o la direcció.[129]

No només les grans superfícies poden ser l'enemic públic número u de les mares i els nadons lactants. El 2016, una estudiant de pedagogia va denunciar com la Universitat de Barcelona li havia prohibit portar el seu nadó d'onze mesos a classe. Els arguments utilitzats pel centre eren que la nena no estava coberta per una assegurança en cas d'accident i que s'havia de respectar el dret de la resta d'alumnes a rebre les classes en condicions òptimes. Malgrat que la mare havia estat portant la petita durant un mes a classe, la qual cosa permetia donar-li mamar, sortint de l'aula si la criatura plorava, i tenir el suport d'altres estudiants; la universitat li va prohibir seguir fent-ho. Com ella mateixa va dir, així és impossible conciliar maternitat, lactància i estudis.[130]

També hi ha museus que han estat denunciats per prohibir a les mares donar el pit. Hi ha situacions hilarants. Estiu de 2007: una mare dona mamar a la sala Goya del Museu del Prado de Madrid, davant d'una de les obres més cèlebres de Francisco de Goya, *La maja desnuda*. De sobte, un guàrdia de seguretat se li apropa i li ordena retirar-se perquè «la seva actitud pot molestar altres visitants». Però com pot ser que enmig de tanta teta exhibida en múltiples obres d'art, algú s'escandalitzi per uns pits que alleten? La decisió del museu va donar lloc a la convocatòria d'una «tetada» de protesta dies després al mateix escenari on s'havien produït els fets. Unes vint dones, citades a través d'internet, es van congregar a la sala on hi havia el quadre de *La maja desnuda*, i van donar mamar col·lectivament, davant la mirada, entre atònita i còmplice, dels visitants. Ningú els va dir res.[131] La denúncia va fer que el Museu del Prado modifiqués la normativa per permetre la lactància a totes les sales d'exposició, sempre que, van dir, «es mantingui una distància prudencial amb les obres». No fos cas que la llet les acabés tacant. El museu va habilitar també una sala de lactància. El 2018, però, una altra mare va denunciar com un vigilant del mateix museu l'havia obligat a retirar-se de la sala on es trobava donant la teta.[132] Potser no va respectar la distància de seguretat establerta? Sense comentaris.

El Museu Picasso de Màlaga és un altre dels centres que han rebut denúncies. El 2015, una dona va ser obligada a abandonar la sala on era perquè donava mamar a una de les seves bessones de tres mesos. L'argument utilitzat va ser que era «la política del centre per preservar la seguretat de les obres», perquè tothom sap que no hi ha res més perillós en un museu que una dona donant el pit. L'alternativa que li van proposar va ser que anés a la cafeteria o a un banc del passadís. El 2016, un altre cas va ser denunciat en el mateix museu per una dona a la qual se li va impedir alletar el seu petit. La queixa interposada, en aquest cas, va donar resultat. Finalment, el Museu Picasso de Màlaga, el 2016, va canviar els protocols per permetre alletar a les sales d'exposició.[133]

Situacions similars s'han donat en museus com el CaixaForum Barcelona, el Museu Reina Sofia a Madrid o l'Institut Valencià d'Art Modern. En aquest últim, després de la queixa interposada, el director va demanar disculpes i es va comprometre a un canvi de normativa per garantir la lactància a totes les dependències.[134] Ja seria hora que els museus d'aquí prenguessin nota de les bones pràctiques d'altres centres, alguns tan emblemàtics com la National Gallery de Londres, on es permet alletar a les sales. Tot i això, a Anglaterra també s'han donat casos de mares que han estat amonestades per donar el pit en centres museístics. Aquest és el cas del museu d'art i disseny V&A de Londres, on el 2017 una dona va ser comminada a tapar-se perquè donava mamar. Després de difondre per internet el cas, la mare va aconseguir que el director de la institució es disculpés en públic.[135]

Fins i tot a les piscines es persegueixen els pits lactants. Així ho han denunciat diverses dones a les quals se'ls ha prohibit alletar els seus nadons en instal·lacions de Salou, la Selva del Camp i Santa Coloma de Gramenet, a Catalunya; Burriana, al País Valencià; Alcorcón, a Madrid, i Erandio, al País Basc, entre altres llocs. L'argument: «la piscina no és lloc per donar menjar», «s'embruta el recinte» o «s'ofenen altres usuaris». En una piscina de Saragossa, a una mare fins i tot li van prohibir donar el pit perquè la llet, van afirmar, «podia contaminar l'aigua».[136]

Però poder alletar en públic és una condició *sine qua non* per exercir el dret a la lactància. Si una societat impedeix o fa molt difícil donar el pit en espais públics, només deixa com a opció fer-ho d'amagat, a la llar, i dificulta l'activitat de les mares més enllà de l'esfera privada.

Les famoses se sumen a la causa

Hi ha *celebrities* que s'han fet ressò d'aquesta doble moral. És el cas de la model de Victoria's Secret Candice Swanepoel, que assenyalava com mai se li havia dit res per posar en *topless* per a firmes de moda i en canvi sí que havia estat criticada per donar mamar al seu nadó en públic.[137] D'altres *top models* com Gisele Bündchen, Natalia Vodianova o Miranda Kerr, per només citar-ne algunes, s'han sumat a la causa publicant imatges on apareixen alletant les seves criatures.

La model nord-americana de talles grans Mara Martin no s'ho va pensar dues vegades per sortir a la passarel·la, el 2018, en el marc de la desfilada de moda organitzada per la revista *Sports Illustrated* a Miami, lluint un biquini de color d'or i portant el seu nadó de cinc mesos en braços, mentre li donava el pit. Segons ella mateixa va explicar, l'acció no va ser premeditada; la petita «començava a tenir una mica de gana, la desfilada s'havia retardat i li tocava menjar». Així que va sortir del *backstage* donant la teta. La controvèrsia no es va fer esperar. Aquí, també algun tertulià va desbarrar afirmant que la lactància en públic «no és bona per al nadó perquè és una cosa molt íntima».[138] L'acció de Mara Martin, com tantes d'altres, és un pas més en el camí per normalitzar la lactància materna i reivindicar una imprescindible conciliació entre la vida personal i laboral.

Les famoses visibilitzen la situació que viuen moltes dones anònimes en silenci. Comptar amb el seu suport permet arribar a molta més gent, però pot impedir anar al fons de la qüestió, i quedar en una demanda merament glamurosa i *trendy*.

Un congrés de pediatria on es prohibeix donar mamar?

En el 66è Congrés de l'Associació Espanyola de Pediatria, el 2018, la polèmica va sorgir quan es va prohibir l'entrada a una pediatra i al seu nadó de tres mesos, dient-li que la criatura no podia passar i que per alletar-la havia de desplaçar-se a una àrea fora del recinte. A les dependències del congrés no hi havia cap zona habilitada per donar el pit ni canviar bolquers. En un comunicat, els organitzadors van justificar la mesura perquè el congrés es feia en un lloc privat amb una normativa que no permetia l'entrada de personal no acreditat, com... un bebè![139] El fet, més enllà de suposar una interpretació molt restrictiva d'una normativa que assenyala que on hi ha presència de productes farmacèutics no hi poden entrar persones no identificades, mostra una contradicció evident, que va ser denunciada per múltiples entitats i a les xarxes socials: com, des de l'AEP, es pretén promoure i normalitzar la lactància materna, si es prohibeix l'entrada a mares i nadons lactants en el seu congrés anual?

En contrast amb això, al recinte es trobaven presents, i de forma ostentosa, empreses del negoci de la llet de fórmula, les quals aprofiten aquests esdeveniments per donar a conèixer els seus productes entre els professionals del sector i utilitzar-los d'intermediaris per arribar a pares i mares. «Potser la preocupació de l'AEP —com assenyalava en un comunicat arran d'aquests fets la Iniciativa per a la Humanització de l'Assistència al Naixement i la Lactància— no hauria de ser que els nadons estiguin amb les seves mares pediatres en un entorn d'indústria farmacèutica. L'AEP hauria d'estar preocupada per l'important conflicte d'interessos que suposa la col·laboració com a societat científica amb la indústria de l'alimentació infantil».[140] Les multinacionals d'aquest sector, en particular Nestlé, són les principals finançadores del congrés anual de l'AEP, així com de la majoria dels seminaris, cursos i programes formatius de l'entitat.[141]

L'Associació Espanyola de Pediatria, a més, col·loca de forma habitual el seu logotip en el *packaging* de nombrosos productes de la indústria alimentària adreçada a la infància, a mode d'aval, com ara a Mi Primer Danone, potets Hero, mini brics de Puleva o cereals per esmorzar Cheerios de Nestlé, i contribueix al rentat d'imatge d'aquestes multinacionals i a desinformar els progenitors sobre els hàbits alimentaris de la canalla.

Mugrons censurats a les xarxes

Els pits tampoc són benvinguts a les xarxes socials. Facebook ha prohibit en diverses ocasions fotografies de dones lactant. El problema, segons ells mateixos han reconegut, no eren tant els pits com els mugrons. A partir d'aquí, s'han censurat imatges, perfils individuals i grups al considerar que el material que penjaven era «obscè» i «atemptava contra persones i col·lectius», en paraules de la mateixa empresa. Però, són més eròtics els mugrons d'una dona que els d'un home? Per què se censuren els nostres i no els seus? Què té d'obscè el mugró d'una mare que dona mamar? Instagram és una altra de les xarxes inquisitorials que segueix normes semblants.

Davant la hipocresia d'unes multinacionals que censuren mugrons, mentre que permeten imatges i comentaris de violència extrema, les usuàries s'han mobilitzat. Una de les iniciatives amb més recorregut ha estat la campanya *Free the Nipple* ['Allibera el mugró'], convertida en un fenomen viral, i que denuncia la sexualització dels pits femenins. També s'han fet múltiples peticions en línia i accions de tot tipus a les xarxes socials. La suma de totes aquestes protestes ha aconseguit alguns canvis. El 2014 Facebook va incorporar a la pàgina d'ajuda aquesta pregunta: «Permet Facebook la publicació de fotos de mares alletant?» La companyia responia: «Sí. Creiem que la lactància és una pràctica bella i natural, i ens agrada saber que per les mares és important compartir les seves experiències amb altres persones a Facebook. La gran majoria d'aquestes fotos compleix amb les polítiques». Però tot seguit afegia: «Tingues en compte que quasi totes les imatges que revisem corresponen a denúncies d'altres membres de Facebook que es queixen per la seva publicació», i així justificava els esborrats.

Després de la cimera de comunitats de Facebook 2017, a Chicago, als Estats Units, on van participar uns 300 administradors dels seus grups virtuals, i fruit de la mobilització de les usuàries, la xarxa social va comprometre's no només a permetre les imatges de mares alletant, sinó a donar visibilitat a la lactància materna. Així ho deia una de les fundadores del grup internacional de suport a la lactància materna Milky Mommas, Christine Rushing, en el perfil de l'entitat, després d'assistir a la cimera i penjar una fotografia on se la veia donant el pit al seu nadó al costat del fundador de la xarxa, Mark Zuckerberg.[142] La pregunta que ara es fan moltes activistes és: de debò Facebook no sancionarà ni esborrarà més imatges de mares donant la teta? No se seguiran bloquejant ni tancant els comptes de les usuàries que comparteixin aquestes fotografies? Veurem.

Dret a donar el pit

En el conjunt de l'Estat espanyol no hi ha una llei que garanteixi la lactància en públic, però tampoc n'hi ha cap que la prohibeixi, de manera que són els drets de les persones —en aquest cas, el dret dels nadons a alimentar-se quan i on necessitin— els que haurien de prevaldre. Aquest principi, com hem vist, no sempre es compleix. D'aquí que l'associació Lactancia en Libertad treballi per aconseguir una legislació que asseguri aquest dret.

El 2014, Lactancia en Libertad va presentar una petició al Congrés dels Diputats per protegir per llei la lactància en espais públics. La demanda anava acompanyada d'una sèrie de signatures, moltes d'elles recollides a través de Facebook. La Comissió de Peticions del Congrés va decidir remetre-la a la Comissió de Sanitat i Serveis Socials. Per ara, no hi ha més informació al respecte. Alguns establiments s'escuden en el dret d'admissió per no permetre que una dona alleti, però amb una llei així aquest dret quedaria garantit, es posaria fi al buit legal actual i s'evitarien episodis discriminatoris.

Al País Basc, la Carta de drets i deures de les persones en el sistema sanitari basc, a l'article 9, sobre salut sexual i reproductiva, garanteix, des del 2015, que les mares puguin donar el pit on considerin oportú. Les dones tenen dret a ser «informades i formades en matèria de lactància materna» i a «exercir el dret a alletar els fills i filles en qualsevol espai públic», conclou la Carta. En la versió anterior, de l'any 1989, aquesta referència no s'incloïa. Les Corts Valencianes el 2016 van aprovar una proposició no de llei en què instaven el Consell de la Generalitat Valenciana, l'òrgan executiu del govern, a reconèixer el dret de les dones a donar el pit en qualsevol espai públic i el dret de les criatures a rebre'l. Així, es va demanar al Consell que emprengués les accions pertinents per fer-ho efectiu i tipificar com a tracte discriminatori, en el marc de la normativa autonòmica sobre igualtat, la prohibició de lactar en públic. No ha transcendit, però, més informació sobre el tema.

En l'àmbit municipal, l'Ajuntament de Bilbao va reconèixer, el 2013, el dret de les mares i els pares a alimentar les criatures amb lactància materna o artificial en totes les instal·lacions municipals. La decisió es va prendre després del malestar que va generar l'expulsió d'una mare lactant d'un centre cívic a Bilbao. A Navarra, diversos ajuntaments, com el de Pamplona, Mendavia o Zizur, s'han adherit a la campanya «Lacta a Navarra», impulsada per un grup de llevadores i infermeres del Complex Hospitalari de Navarra amb l'objectiu de fomentar i normalitzar la lactància materna en espais públics. Com a resultat de l'adhesió, aquests ajuntaments han declarat totes les dependències municipals, biblioteques, escoles, centres culturals, parcs, jardins, carrers, etc., com «espais de lactància materna», i han donat la benvinguda a mares, criatures i tetes. Des del 2015, quan es va posar en marxa aquest projecte, més de 200 institucions, organitzacions de professionals i comerços, entre altres, s'hi han adherit.[143]

I, quina és la situació en altres Estats? A la Unió Europea, només un país garanteix per llei el dret de donar el pit en públic: el Regne Unit, on la Llei d'igualtat de 2010 empara la lactància materna en qualsevol espai públic i considera discriminatori tractar desfavorablement una dona per alletar. Malgrat aquesta legislació, continuen donant-se casos en què s'amonesta i recrimina a mares que així ho fan. Un dels que més repercussió va tenir va ser el d'una dona a qui van instar a tapar-se quan donava discretament el pit a l'exclusiu saló de l'hotel Claridge's de Londres, el 2014. Un dels cambrers va acostar-se a la mare portant un tovalló enorme, i li va demanar que es cobrís perquè, en paraules de l'empleat, era «la política de la casa». Malgrat l'enuig i la humiliació, la mare ho va fer. Tot seguit, però, va enviar per les xarxes socials dues imatges: una on se la veia alletant amb normalitat el seu nadó i una altra tapant-se, com li havien indicat, amb l'enorme tovalló. Les fotografies ràpidament es van fer virals, en particular a Twitter. La repercussió va ser tan gran, que fins i tot dies després es va organitzar una «tetada» a les portes del luxós hotel per exigir el dret de tota mare a donar el pit on i quan vulgui.[144]

A Itàlia, a principis de 2017, la ministra d'Administració Pública, Marianna Madia, va anunciar que el seu govern estudiaria una directiva per permetre la lactància en llocs públics, després que una dona fos expulsada d'una oficina de correus per donar la teta.[145] Al Parlament Europeu, algunes diputades han portat puntualment els seus nadons a l'hemicicle, on fins i tot els han donat mamar. Cal tenir en compte que el reglament de l'Eurocambra no permet delegar el vot, malgrat estar de baixa per maternitat, amb la qual cosa algunes europarlamentàries —com va ser el cas de la danesa Hanne Dahl, el 2009, la italiana Licia Ronzulli, el 2010, o la sueca Jytte Guteland, el 2017— han assistit a la cambra amb els seus bebès per participar en les votacions pertinents. D'aquesta manera, han visibilitzat les dificultats de tantes mares per conciliar vida personal i laboral. Ningú els va recriminar l'acció. Tot el contrari del que va succeir al Congrés dels Diputats, el 2016, quan la diputada de Podem Carolina Bescansa va assistir al ple amb el seu fill de cinc mesos. Aleshores, l'escàndol va ser majúscul.

Als Estats Units, donar la teta en públic és legal als cinquanta estats. Els darrers a legalitzar-ho van ser Utah i Idaho el 2018.

Tanmateix, els instruments reals per fer efectiu aquest dret són escassos, i sovint les mares topen amb els prejudicis de sempre.[146] A Austràlia, des del 1984, la Llei de discriminació sexual prohibeix la discriminació per raons de sexe, situació matrimonial, embaràs, orientació sexual, identitat de gènere o... alletar en públic. A dia d'avui, fins i tot les representants electes poden donar el pit al Senat o la Cambra de Representants com a part del nou codi, reformat el 2016, per avançar cap a un Parlament *family friendly*. Fins aleshores, si bé els nadons podien entrar a les dependències parlamentàries, no podien mamar a l'hemicicle. El 2017, la senadora Larissa Waters va ser la primera dona a donar la teta a la seva filla de vuit setmanes al Parlament Federal.[147] Els càrrecs electes van rebre el gest de bon grat.

Necessitem sales de lactància?

Algú dirà que per donar mamar, ja hi ha en alguns espais sales de lactància, i que per tant no cal fer-ho en públic. Tanmateix, aquestes sales no poden ser d'ús obligatori. Hi haurà mares que les considerin útils, i és positiu que existeixin, però sovint no presten el confort necessari, perquè es troben a prop de la zona de banys, fan pudor i són llocs molt petits amb poca circulació d'aire.

Qui de nosaltres dinaria en un lavabo? Per què els nadons han de menjar d'amagat? No seria més lògic que cada mare fes el que considerés millor per a la criatura? Així ho denunciaven les fotografies del projecte «When nurture calls» ['Quan nodrir ens crida'], un joc de paraules amb l'expressió *When nature calls* ['Quan la natura ens crida'], que retratava diverses dones joves donant el pit en lavabos públics estrets, bruts i claustrofòbics.[148] Un treball fet per un grup d'estudiants d'art de la Universitat del Nord de Texas, als Estats Units, a mode de reflexió, interpel·lació i provocació, que va tenir un ressò significatiu a les xarxes socials.

Jo mai vaig donar de mamar en un vàter: fan pudor. A mi sempre m'ha agradat més donar el pit a l'aire lliure. Tot i que, quan ho feia, no acostumava a mirar gaire al meu voltant. No m'agradava trobar mirades de desconeguts que m'observaven sorpresos, incòmodes o sortits. De vegades, també donava mamar enmig del carrer mentre caminava, com a acte de desesperació, davant d'un nadó amb gana, por o son que no parava de plorar. La teta era sempre el millor i únic consol. Al final, vaig acabar donant-li el pit a tot arreu: a cafeteries, busos, perruqueria, metro, botigues, parcs... El més incòmode, ho reconec, era el tren, quan a menys d'un pam, cara a cara, cama amb cama, tenia una altra persona. Si normalment ja és difícil entaforar-te en un seient d'aquells, imagina't si a banda de la bossa i la jaqueta portes un bebè: ni t'ho explico. Tanmateix, què fas si allà, asseguda, la criatura comença a plorar? O et volatilitzes o li dones mamar. I davant la impossibilitat de fer el primer, sempre vaig optar pel segon, malgrat que m'hagués d'acabar traient la teta a mig metre del de davant. Mires cap a una altra banda, i som-hi. Vaig trobar-li el punt. I encara que no anava per allà passejant els pits a l'aire, com alguna amiga sí que feia, sense cap tipus de complex, quan calia (quina enveja!), tampoc em tallava per treure-me'ls on fes falta, això sí, amb discreció. Al final, fins vaig arribar a fer conferències amb la criatura enganxada al mugró. Com deia una campanya que es va llançar fa algun temps, la millor manera de normalitzar la lactància materna és no amagar-nos.

El pudor per ocultar els pits lactants ha portat fins i tot a promoure iniciatives inversemblants, com la de voler instal·lar sales de lactància a les platges de Peníscola, l'estiu del 2017, com si allà no es veiessin tetes a dojo. Una iniciativa de l'ajuntament que els grups hotelers no van perdre pistonada a utilitzar com a reclam turístic. «Aquest estiu, com a gran novetat, les platges de Peníscola estaran equipades amb cabines de lactància», anunciava el sector.[149] Algú les farà servir?

Hi ha qui encara s'escandalitza per veure una mare donant la teta en públic, però fins i tot el màxim representant de l'Església catòlica, el papa Francesc, s'ha sumat a la causa, i ha defensat no només la lactància materna sinó la lactància en qualsevol moment i lloc. «Si els nadons comencen a plorar perquè no estan còmodes, tenen calor, o tenen gana, alleteu-los, sense por, perquè això també és un llenguatge d'amor», sentenciava el Pontífex en una homilia a la Capella Sixtina, el 2018.[150] De vegades, els suports sorgeixen d'on menys te'ls esperes.

Alletar a criatures que ja no són nadons

Si donar el pit en públic pot resultar incòmode, ni us ho explico si la criatura ja no és un nadó. Vivim en una societat que no entén que ho puguis fer, no ho considera normal. En canvi, l'OMS recomana la lactància materna fins als dos anys de la criatura o més. Fins i tot en els judicis de divorci, la lactància materna pot ser utilitzada en contra de la mare, acusant-la de sobreprotegir el petit i posar-lo en contra del pare pel fet de donar-li la teta. Així mateix li va passar a una amiga. Qui defensa aleshores els drets de l'infant?

Les pel·lícules són les primeres a posar les bases per a l'estigma i propagar informacions errònies sobre la lactància materna. Al cinema, gairebé no hi ha escenes de criatures de més d'un any mamant, i quan les trobem apareixen com a mostra d'anormalitat, d'una pràctica obscena, que genera rebuig social. Ho veiem, per exemple, al film *Grown Ups* ['Adults'] (2010), en què una mare alleta el seu fill de quatre anys en un acte social, davant la mirada atònita d'altres mares, que arriben fins i tot a tapar els ulls als seus menuts perquè no ho vegin. Després, algú li comenta al pare del nen lactant: «Al teu fill, què li passa amb la teta? Aviat li fregarà el pit amb la barba». I un altre amic afegeix rient: «Sí, acabarà tacant el bigoti amb llet i això no queda bé».[151] D'aquesta manera, la gran pantalla contribueix a reafirmar la idea que alletar una criatura que ja no és un nadó és una pràctica estranya o incorrecta.

Una de les sèries més populars del moment, *Game of Thrones* ['Joc de trons'] (2011), presentava Lady Lysa Arryn, senyora del

Niu de les Àguiles, una de les protagonistes secundàries de la sèrie, com una dona vídua, paranoica i sobreprotectora amb el seu únic fill de sis anys, Robert, al qual donava de mamar. Així ho vèiem, per primera vegada, en el cinquè episodi de la primera temporada. Quina millor manera de mostrar-nos la bogeria de Lady Arryn que donant el pit a un nen d'aquesta edat, a qui precisament la lactància, se sobreentenia, havia convertit en un ésser dèbil, dependent i malcriat. Una representació que acaba estigmatitzant el conjunt de mares que alleten criatures que ja no són nadons, ja que presenta aquesta pràctica com una anormalitat, una aberració, i li atribueix conseqüències nefastes per a la salut emocional dels infants. En realitat, donar la teta fins als dos anys d'edat o més, s'ha demostrat que és beneficiós per als petits.[152]

D'aquesta manera, s'acaba donant el pit d'amagat, a la llar. Són poques les mares que s'atreveixen a treure's la teta en públic i donar mamar, per exemple, a una nena de tres anys si ho demana al parc, al supermercat o al tren. La lactància prolongada, com se l'acostuma a anomenar —un terme que genera debat, ja que el verb *prolongar* pot donar a entendre que la lactància dura més del que es recomana, quan no és així, ja que es tracta d'un objectiu de salut maternoinfantil—, és una pràctica que no acostuma a estar ben vista. El rebuig o la sorpresa en l'entorn familiar, social, professional i fins i tot sanitari es dona, per desgràcia, massa sovint.

Un dels reptes pendents rau en normalitzar la lactància materna quan els petits ja no són bebès, i deixar clar que alletar una criatura d'aquesta edat no vol dir malcriar-la ni passar-te el dia amb el petit enganxat al mugró. En aquestes circumstàncies, de fet, el pit es dona de manera puntual, i no implica un esforç particular. La lactància materna hauria d'acabar quan la mare i/o la criatura volguessin, no per imperatiu mèdic o social.

3.4. Treure la teta de l'armari

Qui són les lactivistes?

Alletar, com la criança en general, és un acte massa sovint relegat a la invisibilitat de la llar, no valorat, com tot treball de cures. El lactivisme es proposa treure la teta de l'armari. Però, què és el lactivisme? Qui són les lactivistes? Tot i que no hi ha una definició formal al diccionari, es tracta, segons les seves promotores, d'un activisme que defensa el dret de les dones i els nadons a donar i rebre el pit on i quan desitgin, sense mirades ni comentaris de desaprovació.

Les lactivistes treuen la teta a la llum pública i converteixen el fet d'alletar en un acte social i reivindicatiu, l'autonomia de les dones es confronta al principi patriarcal que el cos femení ha d'estar a disposició única dels homes.[153] Hi ha una raó pràctica per donar la teta a l'espai públic, perquè un nadó no té horaris, però també hi ha motius polítics, ja que les dificultats per fer-ho n'impedeixen la normalització i vulneren el dret a donar i a rebre el pit. La millor manera que la lactància materna a demanda esdevingui un acte quotidià és fer-la visible.

Una acció que pot ser tant a títol individual (una mare alletant al parc, en un restaurant, a l'autobús, al mercat...) com col·lectiva, que és on radica la potencialitat del canvi. Ho veiem en forma de grups de suport a la lactància materna, espais de criança i postpart. Es tracta d'indrets on compartir i teixir xarxes de solidaritat, que resulten imprescindibles. Grups presencials, però també virtuals, com fòrums de debat, blocs o llistes de distribució. Les mares d'avui poques vegades abans n'hem vist una altra donant el pit. Hem après a força d'assajos i errors, i no sempre és fàcil trobar el suport necessari. Ajuntar-nos amb altres dones, crear espais de confiança, és sovint l'única opció per sobreviure a la criança. Hi ha també accions de protesta i denúncia com les «tetades», si bé aquestes tenen el repte de no donar una imatge susceptible de ser estigmatitzada per mitjans de comunicació i detractors.

La pràctica lactivista va sorgir a mitjans del segle XX com una reacció a la cultura del biberó. Les primeres activistes a favor de la lactància materna eren dones que volien alletar i topaven amb un buit de sabers i una falta de suport familiar i professional. La societat de l'època menyspreava les pràctiques tradicionals en benefici del coneixement tecnicocientífic. El terme *lactivista* té tanmateix un origen posterior. Les primeres referències les trobem en el món anglosaxó, a partir de l'any 2006, per part de les mateixes dones que s'autoorganitzaven en aquests espais. Si bé és una paraula que ha anat guanyant terreny, però, no és d'ús majoritari.

La Lliga de la Llet

Un dels grups pioners va ser la Lliga de la Llet, que va sorgir als Estats Units el 1956. L'associació, fundada per un petit nucli de mares catòliques de classe mitjana d'Illinois, volia ajudar altres mares amb dificultats amb la lactància, a causa de la manca d'informació o per la pressió social en contra. La base social del grup es va ampliar ràpidament, i molt aviat la majoria de les seves integrants van deixar de ser catòliques. El nom original en anglès, *Leche League*, es deu al fet que quan l'organització es va fundar, els diaris de l'època no permetien anuncis que incloguessin la paraula *pit* o *lactància*, així que van haver de buscar alternatives. Després de donar-hi moltes voltes, van prendre l'apel·latiu en castellà de *leche*, inspirat en el nom de la capella catòlica dedicada a Nuestra Señora de la Leche y el Buen Parto de la ciutat de St. Augustine, a Florida.[154]

La Lliga de la Llet és avui una de les xarxes de suport a la lactància materna més importants a escala global, amb presència en més de seixanta països, i als Estats Units és on té un pes més rellevant. El seu manual de lactància, *The Womanly Art of Breastfeeding* ['L'art femení d'alletar'], publicat per primera vegada el 1959, ha tingut nombroses reedicions i ha venut més de dos milions de còpies. L'organització, però, no vol entrar en debats polítics, ni reivindicar reformes socioeconòmiques que afavoririen la lactància materna. Per aquest motiu, als anys setanta no va participar en el boicot internacional a Nestlé, malgrat que es va beneficiar de l'impacte de la campanya. A l'Estat espanyol, l'associació compta amb uns cinquanta grups a escala local.

La Lliga de la Llet parteix d'una crítica tradicionalista i familiarista a la cultura del biberó. La defensa que fa de la llet materna ha permès empoderar moltes dones en la lactància, però des d'una posició conservadora que situa la dona fonamentalment com a mare.[155] El text de presentació de l'organització a l'Estat espanyol així ho corrobora: «La Lliga de la Llet considera que alletar (...) és la millor opció per al nadó i la mare, alhora que constitueix la forma ideal d'iniciar la relació del fill o la filla amb els pares. L'ajuda afectuosa i el suport del pare permeten a la mare concentrar-se en la cura del petit; així, els pares desenvolupen conjuntament una relació estreta que enforteix la família i el conjunt del teixit social. La Lliga de la Llet considera, a més, que, a través de la lactància, les mares entenen i accepten amb més claredat les responsabilitats i les recompenses que comporta el seu paper especial dins la família».[156]

Malgrat emergir en un entorn catòlic i conservador, el treball contrahegemònic d'ajuda mútua, «mare a mare», en un context advers, ha estat interpretat per algunes autores en clau feminista.[157] Tanmateix, la Lliga de la Llet representa una posició maternalista tradicional de defensa de la lactància materna, que poc té a veure amb l'aposta per una maternitat i una lactància feminista i emancipadora que reivindiquen altres grups de lactivistes.

Grups de suport a la lactància materna

A l'Estat espanyol, el moviment es va desenvolupar anys més tard, a partir de finals dels vuitanta. El 1987 es va constituir Vía Láctea, a l'Aragó, una de les primeres associacions que va començar a treballar com a grup de suport a la lactància materna. A partir d'aquí, van anar emergint una gran diversitat de col·lectius, tant en ciutats grans com petites, formats per mares, assessores de lactància i llevadores.

Una xarxa que avui resulta difícil de quantificar a causa de la seva gran heterogeneïtat. Hi ha experiències amb una llarga trajectòria, d'altres més curta; unes sorgeixen vinculades a grups de criança, d'altres a centres d'atenció primària; hi ha les que depenen d'alguna associació, d'altres formen part de centres de salut privats... Però totes tenen un element en comú: el suport «mare a mare». L'objectiu és ajudar altres dones en la lactància, acompanyar-les, empoderar-les, acabar amb la desinformació, normalitzar l'alletament, aconseguir suport institucional, recuperar la memòria de la pràctica lactant i donar-li el valor social que li correspon.

En l'àmbit estatal, la Federació Espanyola d'Associacions Pro-Lactància Materna (Fedalma), creada el 2003, és el principal espai de coordinació, que agrupa més de cinquanta associacions i grups. A Catalunya, el 2002, es va crear la Federació Catalana de Grups de Suport a la Lactància Materna, amb la finalitat de coordinar aquells grups que ho desitgessin —actualment 44—, dotar-los de recursos, crear una xarxa virtual i oferir dades sobre la situació de la lactància materna a Catalunya, les necessitats de les dones que alleten i la qualitat de l'atenció sanitària que reben. Tanmateix, les xarxes de suport van més enllà d'aquests espais.

A Catalunya, el 2017, el Parlament va aprovar una Proposta de resolució sobre l'alletament matern en què instava l'executiu a implementar un seguit d'accions per tal de promoure-la. Entre les mesures, destacava la creació d'un Comitè de Lactància, format per professionals i associacions del sector, encarregat de revisar, dissenyar i millorar les polítiques referents a aquesta pràctica. Sens dubte el treball que han fet els grups de suport a la lactància materna ha estat clau per aconseguir aquesta resolució. Ara, però, queda per veure fins on arribarà la iniciativa.

Algunes de les mares que participen en aquests grups hi arriben després d'una experiència de part traumàtic, i la lactància, així com el suport d'altres dones, esdevé una manera de guarir ferides. L'activisme per la lactància materna sorgeix a l'escalf d'una dinàmica social més àmplia, que reivindica que les necessitats de la dona i el nadó en l'embaràs, el part i el postpart siguin escoltades, respectades i ateses. El lactivisme és una faceta més del matriactivisme i de la militància a favor d'una maternitat feminista.

Lactàncies en plural

Hi ha crítiques a aquests espais, fins i tot des de posicions feministes, que els titllen d'intransigents amb aquelles mares que donen el biberó. En la majoria dels casos, es tracta d'opinions que prejutgen i tenen un desconeixement molt gran sobre com funcionen aquests col·lectius. Els grups de suport a la lactància materna parteixen d'una mirada oberta i inclusiva a la lactància. S'acostuma a parlar de lactàncies en plural, ja que s'entén que no hi ha una lactància única, ni hi ha lactàncies bones i dolentes. Els grups de suport pretenen informar, no jutjar, i acompanyar totes les dones en les seves lactàncies, durin el que durin.

La sororitat és essencial. Ho afirmaven, així de rotundes, des d'El Parto es Nuestro: «Com a associació ens posicionem clarament a favor de la lactància materna com a forma d'alimentació biològicament idònia i normal dels lactants, però això en cap cas suposa una exclusió o crítica a les dones que, ja sigui per decisió pròpia o bé per dificultats amb la lactància materna, opten per donar lactància artificial. (...) Si una dona que ha decidit donar biberó és violentada, nosaltres estarem al seu costat sense dubtar, sense qüestionar, sense negar».[158]

Algunes activistes i teòriques defensen el que seria una estratègia feminista de promoció de la lactància materna, que informi dels beneficis d'aquesta al marge de sentiments de culpa que puguin condicionar l'autoestima de les mares i la relació amb els nadons, que reconegui la complexitat de l'experiència i subratlli les dificultats per tirar-la endavant. Una estratègia que se centri en informar sense pressionar, tenir cura de la salut mental de les dones en el postpart i promoure la lactància per plaer i no per obligació.[159]

La reivindicació de la lactància materna no significa essencialitzar-la ni naturalitzar-la. Donar el pit és un procés indubtablement biològic, però també un comportament cultural après, que pot definir-se com una pràctica biocultural o biosocial.[160] El treball que durant segles han fet les dones transmetent la pràctica lactant d'una generació a una altra, així com les múltiples formes d'alletar (lactància materna, lactància mercenària, lactància en tàndem...)* o de deslletar, són el millor exemple. No obstant això, la cultura de la lactància en les últimes dècades ha estat contrària a donar la teta i ha desempoderat els nostres cossos.[161] Les lactivistes, per contra, busquen recuperar aquestes pràctiques i sabers i donar-los el valor social negat.

Sumar

Una de les debilitats de l'activisme a favor de la lactància materna, així com del moviment en defensa d'un altre tipus de maternitat i criança, és la seva limitada transversalitat social, ja que està integrat principalment per dones de classe mitjana. Un fet que no és exclusiu d'aquests espais, sinó que és una feblesa endèmica de la majoria de moviments que aposten per un model alternatiu de consum, alimentació, educació o economia. Un biaix de classe que s'ha tenir en compte no per desacreditar aquests espais, sinó per subratllar la importància d'ampliar-los a altres sectors socials i que no es quedin en un simple moviment *healthy*, *cool* o *trendy*. Un dels reptes del lactivisme és, en conseqüència, sumar-hi dones de classe treballadora, migrants..., les quals afronten encara més dificultats per do-

* La lactància en tàndem es produeix quan una mare que dona el pit a una criatura en té una altra i les alleta totes dues de manera simultània.

nar mamar, fruit de la situació de vulnerabilitat social i econòmica que pateixen, i integrar els seus contratemps particulars per exercir la maternitat. Arribar a com més dones millor amb un missatge inclusiu, de suma, però també reivindicatiu.

El suport activista a la lactància materna se centra, en general, a donar resposta a les dificultats pràctiques amb què es troben les mares per portar-la a terme (problemes de succió, clivelles als mugrons, posicions per alletar...). El mateix succeeix amb les polítiques públiques de promoció del pit i el discurs mèdic institucional, que emfatitzen sobretot els beneficis per a la salut de la criatura, i també de la mare. Les dues qüestions són fonamentals, però limitar-nos només a aquestes és insuficient. El lactivisme té el repte d'integrar en les seves propostes i anàlisis els obstacles socials, laborals i econòmics que enfronta la pràctica lactant i deixar clar que no es tracta d'una opció merament individual, sinó que aquesta ve molt determinada per l'entorn socioeconòmic, que condiciona les nostres decisions. De fet, la majoria de dones són conscients que la lactància materna és la millor opció per als infants, però no totes tenen les mateixes oportunitats per dur-la a terme.[162] Les dificultats per alletar no només depenen de la informació que tingui la mare o de la seva bona voluntat.

Si la lactància materna és considerada una decisió personal, tota la responsabilitat acaba recaient en les dones, i s'amaguen les desigualtats socials que fan que per a algunes sigui més fàcil donar la teta que per a altres.[163] Donar el pit no és una pràctica individual privada, per més que es repeteixi, és una qüestió pública, que té repercussions polítiques i col·lectives.[164] Des d'una perspectiva feminista, és fonamental desindividualitzar la lactància i emfatitzar com les dificultats per a la pràctica lactant no només són conseqüència d'una discriminació de gènere, sinó que interseccionen amb altres opressions de classe i ètnia. En definitiva, la lactància materna depèn de com està organitzada la reproducció social, defensar la primera implica alliberar la segona dels imperatius del mercat de treball i del capital.

Quan, des d'un sector del feminisme, s'afirma que la lactància materna esclavitza, augmenta la bretxa salarial, reclou la dona a la llar, etc., ens hauríem de preguntar si la teta n'és la responsable o el problema va més enllà. Carregar tota la culpa de les desigualtats de gènere després del part a la lactància materna és com a mínim agosarat.

Quantes dones que donen el biberó pateixen les mateixes discriminacions en el lloc de treball que les que donen el pit? Quantes, malgrat la lactància artificial, es fan càrrec de tota la feina de cures del nadó? Quantes, independentment de si donen el biberó o la teta, senten que no arriben a tot? A la vegada, alletar no té per què implicar assumir la criança en solitari, si tens qui t'acompanyi per fer la resta de tasques de cura. Alletar no vol dir quedar-se tancada a casa, i encara menys si comptes amb una xarxa de relacions socials i suport mutu.

Fer-se càrrec d'un nadó és sempre esgotador, al marge del tipus de lactància; així és la cura d'un ésser totalment dependent. Igual de sacrificat pot ser donar el biberó que el pit, si no tens el suport necessari. No em sembla que en la generació de ma mare, en què s'imposava la lactància artificial, la criança fos més igualitària, ans al contrari.[165] Ni el biberó ni la teta *per se* ens faran lliures.

Notes

1. Maternitats en disputa

1. FORNA, A. *Mother of All Myths. How Society Moulds And Constrains Mothers*. Londres: HarperCollins, 1998.

2. FEDERICI, S. *Caliban i la bruixa. Dones, cos i acumulació primitiva*. Barcelona: Virus Editorial, 2018 [2004]; TUBERT, S. (ed.). *Figuras de la madre*. Madrid: Ediciones Cátedra, 1996.

3. ROSE, J. *Madres. Un ensayo sobre la crueldad y el amor*. Madrid: Siruela, 2018, p. 40.

4. CHODOROW, N.; CONTRATTO, S. «The Fantasy of the Perfect Mother». A: THORNE, B.; YALOM, M. (ed.). *Rethinking the Family: Some Feminist Questions*. Nova York: Longman, 1982.

5. RICH, A. *Nacida de mujer. La crisis de la maternidad como institución y como experiencia*. Barcelona: Noguer, 1978 [1976], p. 271.

6. ALLEN, A. T. *Feminism and Motherhood in Western Europe, 1890-1970: The Maternal Dilemma*. Nova York: Palgrave Macmillan, 2005.

7. WOLF, N. *Misconceptions: Truth, Lies, and the Unexpected on the Journey to Motherhood*. Nova York: Knopf Doubleday Publishing Group, 2003.

8. DOUGLAS, S. J.; MICHAELS, M. W. *The Mommy Myth: The Idealization of Motherhood and How It Has Undermined Women*. Nova York: Free Press, 2004.

9. MCROBBIE, A. «Feminism, the Family and the New *Mediated* Maternalism». *New Formations*, vol. 80, núm. 4 (2013), p. 119-137.

10. ESTEVE, A.; DEVOLDER, D.; DOMINGO, A. «La infecundidad en España: tic-tac, tic-tac, tic-tac!!!». *Perspectives Demogràfiques*, núm. 1 (2016), p. 1-4.

11. FERNÁNDEZ-MIRANDA, M. *No madres. Mujeres sin hijos contra los tópicos*. Barcelona: Penguin Random House, 2017, p. 16.

12. ALER, I. «Sociología de la maternidad en España». A: ALBA, C.; ALER, I.; OLZA, I. *Maternidad y salud. Ciencia, conciencia y experiencia*. Madrid: Ministerio de Sanidad, Servicios Sociales e Igualdad, 2012, p. 71-126.

13. IEDDI. «Barómetro Cisneros XI. Liderazgo tóxico y mobbing en la crisis económica». A: *Cincodias.com* [en línia] (2 juliol 2009) <http://www.cincodias.com/5diasmedia/cincodias/media/200907/02/economia/20090702cdscdseco_2_Pes_PDF.pdf>

14. LIDÓN, I. «La congelación de óvulos en la empresa llega a España: ¿beneficio laboral o abuso». *El Mundo* (8 gener 2018)

15. INE. «Movimiento natural de la población (nacimientos, defunciones y matrimonios). Indicadores demográficos básicos año 2017. Datos provisionales» (19 juny 2018) [nota de premsa]

16. IDESCAT. «Estadística de naixements 2017. Dades provisionals» (27 setembre 2018) [nota de premsa]

17. ESTEVE, DEVOLDER I DOMINGO, A., *op. cit.*, 2016.

18. LÓPEZ TRUJILLO, N. «Cumplir 30 con ganas de ser madre y trabajo precario: aplazar los hijos hasta que quizá sea demasiado tarde». A: *Eldiario.es* [en línia] (11 maig 2018) <https://www.eldiario.es/nidos/Aplazar-tener-hijos-demasiado-tarde_0_768873797.html>

19. Dades obtingudes respectivament d'ESTEVE, DEVOLDER I DOMINGO, A., *op. cit.*, 2016; INE. «Encuesta de fecundidad. Año 2018. Datos avance» (28 novembre 2018) [nota de premsa]

20. NANCLARES, S. *Quién quiere ser madre*. Madrid: Alfaguara, 2017, p. 191.

21. SOCIEDAD ESPAÑOLA DE FERTILIDAD. «Se incrementa un 9,5% el número de tratamientos de fecundación in vitro (FIV) en España, según el Registro Nacional de Actividad 2015-Registro SEF» (10 octubre 2017) [nota de premsa]

22. FERNÁNDEZ-MIRANDA, *op. cit.*, 2017, p. 75.

23. BALINOT, N. «Cuando querer no es poder: el duelo de la maternidad». A: *Ctxt.es* [en línia] (8 agost 2018) <https://ctxt.es/es/20180808/Politica/21038/maternidad-mujer-hijos-precariedad-transicion.htm>

24. KLEIN, N. *Esto lo cambia todo. El capitalismo contra el clima*. Barcelona: Paidós, 2017, p. 191.

25. PORTA, M. *Vive más y mejor. Reduciendo tóxicos y contaminantes ambientales*. Barcelona: Grijalbo, 2018.

26. LEVINE, H., *et al.* «Temporal trends in sperm count: a systematic review and meta-regression analysis». *Human Reproduction Update*, vol. 23, núm. 6 (2017), p. 646-659.

27. CRIADO, M. A. «La calidad del esperma de los occidentales ha bajado a la mitad en 40 años». *El País* (25 juliol 2017)

28. ATWOOD, M. *El conte de la serventa*. Barcelona: Quaderns Crema, 2018 [1985].

29. UGT. *La igualdad salarial, un objetivo pendiente*. Madrid: UGT Secretaría de Igualdad, 2016.

30. THE LOCAL. «Dads in Sweden are taking more parental leave than ever». A: *Thelocal.se* [en línia] (10 novembre 2017) <https://www.thelocal.se/20171110/dads-in-sweden-are-taking-more-parental-leave-than-ever>; NORGE.NO. «Having a child». A: *Norge.no* [en línia] (2018) <https://www.norge.no/en/life_situation/having-child>

31. MERINO, P. *Maternidad, igualdad y fraternidad. Las madres como sujeto político en las sociedades poslaborales*. Madrid: Clave Intelectual, 2017.

32. PPIINA. «Reforma legislativa». A: *Igualeseintransferibles.org* [en línia] (2018) <https://igualeseintransferibles.org/que-proponemos/reforma-legislativa>

33. PPIINA. «Ante la tramitación de la ley de permisos igualitarios, la PPiiNA demanda transparencia» (12 juliol 2018) [nota de premsa]

34. REQUENA, A. «Los nuevos permisos de paternidad: 16 semanas en 2021, intransferibles y con la simultaneidad en el aire». A: *Eldiario.es* [en línia] (10 octubre 2018) <https://www.eldiario.es/economia/permisos_0_823468615.html>

35. MMMEUROPE. «Lo que importa a las madres en Europa» (3 maig 2018) [nota de premsa]

36. ASOCIACIÓN ESPAÑOLA DE PEDIATRÍA DE ATENCIÓN PRIMARIA. «Posicionamiento de la Asociación Española de Pediatría de Atención Primaria sobre la proposición de ley de permisos de maternidad y paternidad» (12 setembre 2018) [nota de premsa]

37. MERINO, P. «Maternidad y políticas: confusiones, falsedades y mandatos». A: *Pikaramagazine.com* [en línia] (18 juny 2018) <http://

www.pikaramagazine.com/2018/06/maternidad-y-politicas-confusiones-falsedades-y-mandatos>

38. FEDERACIÓN DE ASOCIACIONES DE MADRES SOLTERAS. «La nueva Ley de Permisos Iguales e Intransferibles discrimina a los/as hijos/as de las familias monoparentales» (28 juny 2018) [nota de premsa]

39. CAMPILLO, I. «Permisos iguals i intransferibles: no tot són flors i violes». *Ara* (2 setembre 2018).

40. MERINO, *op. cit.*, 18 juny 2018.

41. CAMPILLO, *op. cit.*, 2 setembre 2018.

42. INE. «Encuesta de empleo del tiempo 2009-2010» (14 juliol 2011) [nota de prensa]

43. CLIT, E. *La carga mental.* Barcelona: Lumen, 2018. El concepte de «carga mental» va ser desenvolupat anteriorment per MONIQUE HAICAULT al seu article «La gestion ordinaire de la vie en deux». *Sociologie du Travail*, vol. 26 núm. 3 (1984), p. 268-277.

44. BALBO, L. «La doble presencia». A: BORDERÍAS, C.; CARRASCO, C.; ALEMANY, C. (comp.). *Las mujeres y el trabajo.* Barcelona: Icaria editorial, 1994, p. 503-513.

45. LEÓN, C. «Sarah Paulson, ¿qué hay de feminista en negar los cuidados?». A: *Eldiario.es* [en línia] (1 gener 2018) <http://www.eldiario.es/nidos/Sarah-Paulson-feminista_0_723378277.html>

46. HOCHSCHILD, A. R. «Global Care Chains and Emotional Surplus Value». A: HUTTON, W.; GIDDENS, A. (ed.). *On The Edge: Living with Global Capitalism.* Londres: Jonathan Cape, 2000.

47. MINISTERIO DE EDUCACIÓN. «Ratio en el primer ciclo de Educación Infantil» [en línia] (2016) <https://www.mecd.gob.es/dam/jcr:889c0725-04ac-43bf-865c-bf66056142l1/ratio-primer-ciclo-18012016.pdf>

48. MEGÍAS, I.; BALLESTEROS, J. C. *Abuelos y abuelas... para todo: percepciones en torno a la educación y el cuidado de los nietos.* Madrid: FAD, 2011.

49. CÁNOVAS, G. *El oficio de ser madre. La construcción de la maternidad.* Barcelona: Grafein Ediciones, 2007; BADENES, N.; LÓPEZ, M. T. «Doble dependencia: abuelos que cuidan nietos en España». *Zerbitzuan*, núm. 49 (2011), p. 107-125.

50. DEL OLMO, C. *¿Dónde está mi tribu? Maternidad y crianza en una sociedad individualista.* Madrid: Clave Intelectual, 2014, p. 98.

51. LANTIGUA, I. «Los padres que no jugaban con sus hijos». *El Mundo* (1 juliol 2017)

52. BAENA, L. (2017). «¿Eres una madre desaparecida?». A: *Clubdemalasmadres.com* [en línia] (14 juliol 2017) <https://clubdemalasmadres.com/eres-madre-desaparecida>

53. INE. «Encuesta continua de hogares. Año 2017» (12 abril 2018) [nota de premsa]

54. VICENTE, T. L.; ROYO, R. *Mujeres al frente de familias monoparentales*. Bilbao: Universitat de Deusto, 2006.

55. GONZÁLEZ, M. M. (coord.). *Madres solas por elección. Análisis de la monoparentalidad emergente. Año 2004-Año 2007*. Madrid: Ministerio de Igualdad, 2007.

56. *Ibídem*.

57. HERTZ, R. *Single by chance, mothers by choice: how women are choosing parenthood without marriage and creating the New American Family*. Nova York: Oxford University Press, 2006; GONZÁLEZ, *op. cit.*, 2007.

58. INE. «Encuesta de Condiciones de Vida (ECV). Año 2017» (21 juny 2018) [nota de premsa]

59. SAVE THE CHILDREN. «Una de cada diez madres solas está en situación de pobreza severa» (4 maig 2018) [nota de premsa]; SASTRE, A. (coord.). *Más solas que nunca. La pobreza infantil en las familias monomarentales*. Madrid: Save the Children, 2015.

60. SAVE THE CHILDREN. «Más de la mitad de los niños que viven con madres solas son pobres» (2 juliol 2015) [nota de premsa]

61. INE. *op. cit.*, 12 abril 2018.

62. FEDERACIÓN DE ASOCIACIONES DE MADRES SOLTERAS. «Las familias monoparentales instamos al Gobierno un título propio regulado a través de una Ley de Familias Monoparentales» (28 maig 2018) [nota de premsa]

63. SÍNDIC DE GREUGES. «El Síndic reclama que s'equiparin les famílies nombroses i les monoparentals en el reconeixement d'avantatges i descomptes». A: *Sindic.cat* [en línia] (31 maig 2017) <http://www.sindic.cat/ca/page.asp?id=53&ui=4474&prevNode=408&month=5>

64. GIL, M. «Este lunes entra en vigor el decreto de las familias monoparentales». A: *Cadenaser.com* [en línia] (23 setembre 2018) <http://

cadenaser.com/emisora/2018/09/23/radio_valencia/1537694583_680432.html?ssm=fb>

65. CELA, D. «Andalucía hará un registro oficial de familias monoparentales para depurar casos irregular». A: *Eldiario.es* [en línia] (15 maig 2018) <https://www.eldiario.es/andalucia/Andalucia-registro-familias-monoparentales-irregulares_0_771673291.html>

66. PÉREZ, S. «PP y Ciudadanos vuelven a votar juntos para tumbar la ley de familias monoparentales de Podemos». A: *Eldiario.es* [en línia] (20 setembre 2018) <https://www.eldiario.es/madrid/PP-Ciudadanos-familias-monoparentales-Podemos_0_816468736.html>

67. EUROPA PRESS. «La Cámara no legislará sobre familias monoparentales pero el PPdeG defiende un reglamento con medidas para ellas». A: *Europapress.es* [en línia] (25 setembre 2018) <https://www.europapress.es/galicia/noticia-camara-no-legislara-familias-monoparentales-ppdeg-defiende-reglamento-medidas-ellas-20180925125535.html>

68. PARLAMENTO DE NAVARRA. «Aprobada la toma en consideración de la PLF para la acreditación de las familias monomarentales-monoparentales». A: *Parlamentodenavarra.es* [en línia] (4 octubre 2018) <http://www.parlamentodenavarra.es/es/noticias/aprobada-la-toma-en-consideraci%C3%B3n-de-la-plf-para-la-acreditaci%C3%B3n-de-las-familias>

69. LÓPEZ TRUJILLO, *op. cit.*, 11 maig 2018.

70. MERINO, P. «Por qué los países del sur de Europa no podrán luchar contra la desigualdad mientras siga en pie su sistema familiarista de prestaciones sociales». A: *Blogs.publico.es* [en línia] (14 maig 2017) <https://blogs.publico.es/econonuestra/2017/05/14/por-que-los-paises-del-sur-de-europa-no-podran-luchar-contra-la-desigualdad-mientras-siga-en-pie-su-sistema-familiarista-de-prestaciones-sociales>

71. CAMPILLO, I. «Totes som famílies monomarentals». *Ara* (4 juny 2018)

72. SECRETARÍA DE ESTADO DE SERVICIOS SOCIALES E IGUALDAD. *Boletín de datos estadísticos de medidas de protección a la infancia. Boletín número 19. Datos 2016.* Madrid: Ministerio de Sanidad, 2017.

73. GARCÍA LÓPEZ, M.; MELLADO, M. J. «Adopción internacional en España: situación actual». *Anales de Pediatría*, vol. 82, núm. 5 (2015), p. 291-292.

74. *Ibídem*; VALMORISCO, C. «Menos adopciones internacionales y más tiempo de espera: las historias detrás de las cifras». A: *Eldiario.es* [en línia] (14 novembre 2017) <https://www.familiayadopcion.com/antes-de-adoptar-necesitas-saber/familia-biologica-y-familia-adoptiva-igual-o-diferente>

75. SECRETARÍA DE ESTADO DE SERVICIOS SOCIALES E IGUALDAD, *op. cit.*, 2017.

76. Informació proporcionada per Laia Tresserra. Comunicació personal per correu electrònic (2 octubre 2018); INSTITUTO FAMILIA Y ADOPCIÓN. «Familia biológica y familia adoptiva ¿igual o diferente?». A: *Familiayadopcion.com* [en línia] (6 setembre 2018) <https://www.familiayadopcion.com/antes-de-adoptar-necesitas-saber/familia-biologica-y-familia-adoptiva-igual-o-diferente>

77. MARRE, D. «Los silencios de la adopción en España». *Revista de Antropología Social*, vol. 18 (2009), p. 97-126.

78. KIRK, H. D. *Shared Fate. A Theory of Adoption and Mental Health.* Glencoe, Illinois: Free Press of Glencoe, 1964.

79. DÍAZ, J. «Diario de una madre sin hijo I». A: *Latribu.info* [en línia] (13 abril 2015) <http://latribu.info/memoria/herdiary/201521diario-de-una-madre-sin-hijo-i>.

80. INE. «Estadística de nulidades, separaciones y divorcios. Año 2017» (25 setembre 2018) [nota de premsa]

81. RIVAS, A. M. «Las nuevas formas de vivir en familia: el caso de las familias reconstituidas». *Cuadernos de Relaciones Laborales*, vol. 26, núm. 1 (2008), p. 179-202.

82. AJENJO-COSP, M.; GARCÍA-SALADRIGAS, N. «Las parejas reconstituidas en España: un fenómeno emergente con perfiles heterogéneos». *Revista Española de Investigaciones Sociológicas*, núm. 155 (2016), p 3-20.

83. IDESCAT. «Estadística de les estructures familiars 2011» (17 desembre 2014) [nota de premsa].

84. AJENJO-COSP, GARCÍA-SALADRIGAS, *op. cit.*, 2016.

85. RUBIO, B. «Les famílies enllaçades: els teus, els meus i els nostres». A: *Nuvol.com* (6 febrer 2015) <https://www.nuvol.com/opinio/les-families-enllacades-els-teus-els-meus-i-els-nostres>

86. DAVISON, *op. cit.*, 2004.

87. VILELLA, F.; SIMÓN, C. «Hsa-miR-30-d, secreted by the human endometrium, is taken up by the pre-implantation embryo and might modify its transcriptome». *Development*, vol. 142, núm. 18 (2015), p. 3210-3221.

88. PLEASANCE, C. «Surrogate mother, 48, who was paid $33k for triplets files for custody after the father demanded that she abort one of the babies "because he couldn't afford to care for it"». A: *Dailymail.co.uk* [en línia] (25 maig 2016) <https://www.dailymail.co.uk/news/article-3608920/Surrogate-mother-48-gave-birth-triplets-despite-father-s-demand-abort-one-babies-couldn-t-afford-care-sues-custody.html>

89. RHONE, N. «Georgia man accused of being unfit parent in legal battle with surrogate mom». A: *Myajc.com* [en línia] (23 octubre 2017) <https://www.myajc.com/blog/talk-town/georgia-man-accused-being-unfit-parent-legal-battle-with-surrogate-mom/WxnV58zQW5gmjiDfPAEjYN>

90. OHCHR. «Children risk being *commodities* as surrogacy spreads, UN rights expert warns». A: *Ohchr.org* [en línia] (6 març 2018) <https://www.ohchr.org/EN/NewsEvents/Pages/DisplayNews.aspx?NewsID=22763&LangID=E>

91. EFE. «España desaconseja ir a Ucrania en busca de "vientres de alquiler"». A: *Efe.com* [en línia] (19 desembre 2017) <https://www.efe.com/efe/espana/sociedad/espana-desaconseja-ir-a-ucrania-en-busca-de-vientres-alquiler/10004-3471857>

92. PANDEY, G. «India surrogate mothers talk of pain of giving up baby». A: *Bbc.com* [en línia] (15 agost 2016) <https://www.bbc.com/news/world-asia-india-37050249>

93. OLZA, I. «La gestación subrogada es violencia». A: *Iboneolza.wordpress.com* [en línia] (29 març 2017) <https://iboneolza.wordpress.com/2017/03/29/la-gestacion-subrogada-es-violencia>

94. MOUZO, J.; RIVAS, L. «Las familias españolas buscan vientres de alquiler "baratos"». *El País* (1 maig 2014)

95. GARCÍA, F. «Lío en el Congreso por el bebé de Carolina Bescansa». *La Vanguardia* (12 gener 2016)

96. MERINO, *op. cit.*, 2017, p. 13.

97. FERRANTE, E. *Una fuig, l'altra es queda*. Barcelona: La Campana, 2016, p. 303, 305 i 306.

98. ROSE, *op. cit.*, 2018.

99. LAZARRE, J. *El nudo materno*. Barcelona: Las Afueras, 2018 [1976], p. 107-108.

100. FREIXAS, L. *El silencio de las madres. Y otras reflexiones sobre las mujeres en la cultura*. Barcelona: Aresta, 2015.

101. RICH, *op. cit.*, 1978 [1976], p. 23-24.

102. ALMOND, B. *The Monster Within. The Hidden Side of Motherhood*. Los Angeles: Universitat de Califòrnia, 2010.

103. LAZARRE, *op. cit.*, 2018 [1976], p. 17.

104. MCNISH, H. *Nadie me dijo: criar y crear*. Sevilla: La Señora Dalloway, 2018.

105. PARKER, R. *Mother Love/mother Hate. The Power of Maternal Ambivalence*. Nova York: Basic Books, 1995.

106. DONATH, O. *Madres arrepentidas. Una mirada radical a la maternidad y sus falacias sociales*. Barcelona: Reservoir Books, 2016.

107. KNIGHTLEY, K. «The Weaker Sex». A: CURTIS, S. (coord.). *Feminists Don't Wear Pink (and other lies): Amazing women on what the F-word means to them*. Nova York: Ballantine Books, 2018.

108. EL HACHMI, N. «Maternitat sense cos». *El Periódico* (29 maig 2018)

109. GAVIN, N. I., *et al.* «Perinatal depression: a systematic review of prevalence and incidence». *Obstet Gynecol*, vol. 106, núm. 5 (2005), p. 1071-1083.

110. ASCASO, C., *et al.* «Prevalencia de la depresión posparto en las madres españolas: comparación de la estimación mediante la entrevista clínica estructurada y la escala de depresión posparto de Edimburgo». *Medicina Clínica*, vol. 9, núm. 120 (2003), p. 326-329.

111. SEGRE, L.; O'HARA, M. W.; ARNDT, S.; STUART, S. «The prevalence of postpartum depression». *Social Psychiatry and Psychiatric Epidemiology*, vol. 42, núm. 4 (2007), p. 316-321.

112. BARGATE, V. *No, mamá, no*. Barcelona: Alba, 2017 [1978], p. 15-17.

113. MAUSHART, S. *The Mask of Motherhood: How Becoming a Mother Changes Everything and why We Pretend it Doesn't*. Nova York: Penguin Books, 2000.

114. KLEIMAN, K.; MCINTYRE, M. *Good Moms Have Scary Thoughts*. Sanger, Califòrnia: Familius, 2019.

115. OLZA, I. citada por GARCÍA, C. «Depresión "sonriente", mujeres que ocultan su dolor por miedo a ser malas madres». *El País* (4 maig 2017)

116. GENERALITAT DE CATALUNYA. *Protocol de seguiment de l'embaràs a Catalunya*. Barcelona: Departament de Salut, 2018.

117. GILMAN, CH. P. *El paper de paret groc*. Barcelona: Laertes, 2016 [1890], p. 26.

118. EISLER, R. *El cáliz y la espada. Nuestra historia, nuestro futuro*. Santiago de Xile: Cuatro Vientos, 1990; CRESPO, C. *Maternalias. De la historia de la maternidad*. Tenerife: Ob Stare, 2013; MOLINA, M. E. (2006). «Transformaciones histórico culturales del concepto de maternidad y sus repercusiones en la identidad de la mujer». *Psykhe*, vol. 15, núm. 2 (2006), p. 93-103.

119. BODIOU, L.; BRULÉ, P.; PIERINI, L. «En Grèce antique, la douloureuse obligation de la maternité». *Clio. Histoire, femmes et sociétés*, núm. 21 (2005).

120. GOFF, B. *Citizen Bacchae: Women's Ritual Practice in Ancient Greece*. Oakland: University of California Press, 2004.

121. IMAZ, E. *Convertirse en madre: etnografía del tiempo de gestación*. Madrid: Ediciones Cátedra, 2010.

122. *Ibídem*; OIBERMAN, A. «Historia de las madres en Occidente: repensar la maternidad». *Psicodebate*, vol. 5 (2005), p. 115-130.

123. KNIBIEHLER, Y. *Histoire des mères et de la maternité en Occident*. París: Presses universitaires de France, 2000.

124. Gènesi 3, 16.

125. KNIBIEHLER, *op. cit.*, 2000.

126. TUBERT, S. *Mujeres sin sombra. Maternidad y tecnología*. Madrid: Siglo XXI, 1991.

127. KNIBIEHLER, *op. cit.*, 2000.

128. CRESPO, *op. cit.*, 2013.

129. KNIBIEHLER, *op. cit.*, 2000.

130. CRESPO, *op. cit.*, 2013.

131. DUBY, G.; PERROT, M. (dir.). *Historia de las mujeres en Occidente*. Vol. II: *La Edad Media*. Madrid: Taurus Ediciones, 1991.

132. KNIBIEHLER, *op. cit.*, 2000.

133. BUSH, M. «History of Motherhood: 1000 to 1500». A: O'REILLY, A. (ed.). *Encyclopedia of Motherhood 2*. Londres: Sage Publication, 2010, p. 492-496.

134. KNIBIEHLER, *op. cit.*, 2000.

135. LOZANO, M. «La construcción del imaginario de la maternidad en Occidente». Barcelona: Universitat Autònoma de Barcelona, 2001 [tesi doctoral]; AUSONA, M. «Alletaments de llarga durada i altres usos de la corporalitat en la criança». Barcelona: Universitat de Barcelona, 2015 [tesi doctoral]

136. BUSH, *op. cit.*, 2010.

137. YALOM, M. *Historia del pecho*. Barcelona: Tusquets, 1997.

138. MARRADES, A. I. *Luces y sombras del derecho a la maternidad: análisis jurídico de su reconocimiento*. València: Universitat de València, 2002.

139. EHRENREICH, B.; ENGLISH, D. *Por tu propio bien. 150 años de consejos expertos a las mujeres*. Madrid: Capitan Swing, 2010 [1989].

140. FEDERICI, *op. cit.*, 2018 [2004].

141. KNIBIEHLER, *op. cit.*, 2000.

142. EHRENREICH I ENGLISH, *op. cit.*, 2010 [1989].

143. HUFTON, O. «Mujeres, trabajo y família». A: DUBY, G.; PERROT, M. (dir.). *Historia de las mujeres en Occidente*. Vol. III: *La Edad Media*. Madrid: Taurus Ediciones, 1991, p. 23-65.

144. TAHON, M-B. «La lente absorption de la femme dans l'individualisme abstrait: la mère est-elle un individu?». A: CÔTÉ, J. F. (dir.). *Individualismes et individualité*. Quebec: Éditions du Septentrion, 1995, p. 91-101.

145. IMAZ, *op. cit.*, 2010.

146. NARI, M. *Políticas de maternidad y maternalismo político: Buenos Aires, 1890-1940*. Buenos Aires: Biblos, 2004, p. 101.

147. ROUSSEAU, J-J. *Emili o de l'educació*. Vic: Eumo Editorial, 1989 [1762]; IMAZ, *op. cit.*, 2010.

148. MARRADES, *op. cit.*, 2002.

149. WOLLSTONECRAFT, M. *Vindicación de los derechos de la mujer*. Madrid: Ediciones Cátedra, Universitat de València, Instituto de la Mujer, 1996 [1792], p. 329.

150. MARRADES, *op. cit.*, 2002.

151. KNIBIEHLER, *op. cit.*, 2000, p. 51.

152. DE GOUGES, O. «Declaración de los derechos de la mujer y de la ciudadana» [en línia] (1791) <https://www.nodo50.org/xarxafeminis tapv/IMG/pdf/declaracionDerechosMujer.pdf>

153. VARELA, N. *Feminismo para principiantes.* Barcelona: Ediciones B, 2013.

154. IMAZ, *op. cit.*, 2010; MARRADES, *op. cit.*, 2002.

155. HAYS, S. *The Cultural Contradictions of Motherhood.* New Haven: Yale University Press, 1998.

156. IMAZ, *op. cit.*, 2010.

157. BADINTER, E. *¿Existe el instinto maternal? Historia del instinto maternal. Siglos XVII al XX.* Barcelona: Paidós, 1991.

158. ALLEN, *op. cit.*, 2005.

159. BASSIN, D.; HONEY, M.; KAPLAN, M. M. «Introduction». A: BASSIN, D.; HONEY, M.; KAPLAN, M. M. (ed.). *Representations of Motherhood.* New Haven, Connecticut: Yale University Press, 1994, p. 1-25.

160. MARONEY, H. J. «Embracing Motherhood: New Feminist Theory». *Canadian Journal of Political and Social Theory,* vol. 9, núm. 1-2 (1985), p. 40-64.

161. BADINTER, *op. cit.*, 1991; MARRADES, *op. cit.*, 2002.

162. SINCLAIR, U. *La jungla.* Madrid: Capitan Swing, 2012 [1906], p. 163.

163. MARRADES, *op. cit.* 2002; OIBERMAN, *op. cit.,* 2005.

164. KNIBIEHLER, *op. cit.*, 2000.

165. ALLEN, *op. cit.,* 2005.

166. BASSIN, HONEY I KAPLAN, *op. cit.,* 1994.

167. SUÁREZ, C. «Las maternidades y el pensamiento feminista. De Simone de Beauvoir a los feminismos de los años sesenta y setenta del siglo XX». A: SUÁREZ, C. (ed.). *Maternidades. (De) construcciones feministas.* Oviedo: KRK Ediciones, 2009, p. 145-170.

168. VARELA, *op. cit.,* 2013.

169. WYLIE, I. A. R. *The Little Woman.* Nova York: Harper's Magazine, 1945.

170. TRISTÁN, F. *La Unión Obrera.* Barcelona: Debarris, 2005 [1843].

171. TRISTÁN, F. *Paseos por Londres.* Barcelona: Global Rhythm Press, 2008 [1840].

172. IRIBARNE, M. M. «Flora Tristán y la tradición del feminismo socialista». Madrid: Instituto de Derechos Humanos Bartolomé de las Casas, Universitat Carlos III de Madrid (2009) [tesi doctoral]

173. ZETKIN, C. «Lenin on the Women's Question». A: *Marxists.org*

[en línia] (2004) [1925] <https://www.marxists.org/archive/zetkin/1920/lenin/zetkin1.htm>

174. ZETKIN, C. «Solo con la mujer proletaria triunfará el socialismo». A: *Marxists.org* [en línia] (2017) [1896] <https://www.marxists.org/espanol/zetkin/1896/0001.htm>

175. VARELA, *op. cit.*, 2013; PAZ, O. «La *mujer nueva* de Alexandra Kollontay: aproximación a través de su biógrafa, Isabel Oyarzábal Smith». A: SUÁREZ, C. (ed.). *Maternidades. (De) construcciones feministas.* Oviedo: KRK Ediciones, 2009, p. 93-108.

176. KOL·LONTAI, A. *La mujer en el desarrollo social.* Barcelona: Guadarrama, 1976 [1925].

177. *Ibídem.*

178. KOL·LONTAI, A. «Preface to the Book "Society and Motherhood"». A: *Marxists.org* [en línia] (2000) [1916] <https://www.marxists.org/archive/kollonta/1915/mother.htm>

179. KNIBIEHLER, *op. cit.*, 2000; EHRENREICH I ENGLISH, *op. cit.*, 2010 [1989].

180. LOZANO, M. «Comunicar la maternidad: palabras entre la ciencia y las mujeres». *Mètode. Anuario 2010* (2010), p. 94-99.

181. MOLINA, *op. cit.*, 2006.

182. EHRENREICH i ENGLISH, *op. cit.*, 2010 [1989].

183. *Ibídem*, p. 58-59.

184. LESSING, D. *Dentro de mí.* Barcelona: Ediciones Destino, 1997, p. 236.

185. DOCTOR JAFF. *La higiene sexual en el matrimonio.* Barcelona: Ediciones Obelisco, 1935, p. 39-40.

186. APPLE, R. D. *Perfect Motherhood. Science and Childrearing in America.* Nova Brunsvic, Nova Jersey: Rutgers University Press, 2006.

187. IRIBARNE, M. M. «Discurso sobre la maternidad científica. Una perspectiva crítica». *Investigaciones Feministas*, vol. 1 (2010), p. 193-212.

188. RIERA, C. *Temps d'una espera.* Barcelona: Columna, 1998, p. 23.

189. JAGGAR, A. M. *Feminist Politics and Human Nature.* Nova Jersey: Rowman & Littlefield Publishers, 1988, p. 311.

190. MARRADES, *op. cit.*, 2002.

191. FORNA, *op. cit.*, 1998.

192. DE BEAUVOIR, S. *El segundo sexo*. Vol. I i II. Madrid: Ediciones Cátedra i Instituto de la Mujer, 2018 [1949], p. 341.

193. *Ibídem*, p. 595.

194. *Ibídem*, p. 624.

195. PULEO, A. «Perfiles filosóficos de la maternidad». A: DE LA CONCHA, A.; OSBORNE, R. (coord.). *Las mujeres y los niños primero*. Barcelona: Icaria editorial, 2004, p. 23-42; ZERILLI, L. M. G. «Un proceso sin sujeto: Simone de Beauvoir y Julia Kristeva, sobre la maternidad». A: TUBERT, S. (ed.). *Figuras de la madre*. Madrid: Ediciones Cátedra, Universitat de València i Instituto de la Mujer, 1996, p. 155-188.

196. FRIEDAN, B. *La mística de la feminitat*. Barcelona: Edicions 62, 1975 [1963].

197. SUÁREZ, *op. cit.*, 2009.

198. COONTZ, S. *A Strange Stirring: The Feminine Mystique and American Women at the Dawn of the 1960s*. Nova York: Basic Books, 2011.

199. COLLINS, P. H. «Shifting the Center: Race, Class, and. Feminist Theorizing and Motherhood». A: GLENN, E. N.; CHANG, G.; FORCEY, L. *Mothering: Ideology, Experience and Agency*. Nova York: Routledge, 1994, p. 45-65.

200. COLLINS, P. H. *Black Feminist Thought: Knowledge, Consciousness, and the Politics of Empowerment*. Nova York: Routledge, 2000 [1990].

201. HOOKS, B. *Feminist Theory: From Margin to Center*. Boston: South End Press, 1984.

202. BASSIN, HONEY I KAPLAN, *op. cit.*, 1994.

203. FIRESTONE, S. *La diálectica del sexo*. Barcelona: Kairós, 1976 [1970], p. 21 i 248.

204. PIERCY, M. *Woman on the Edge of Time*. Nova York: Alfred A. Knopf, 1976.

205. UMANSKY, L. *Motherhood Reconceived. Feminism and the Legacies of the Sixties*. Nova York: New York University Press, 1996.

206. RICH, *op. cit.*, 1978 [1976], p. 70 i 274.

207. *Ibídem*, p. 42.

208. DINNERSTEIN, D. *The Mermaid and the Minotaur: Sexual Arrangements and Human Malaise*. Nova York: Harper Perennial, 1991 [1976].

209. CHODOROW, N. *El Ejercicio de la maternidad: psicoanálisis y sociología de la maternidad y paternidad en la crianza de los hijos*. Barcelona: Gedisa, 1984 [1978].

210. RUDDICK, S. *Maternal Thinking: Towards a Politics of Peace*. Nova York: Beacon Press, 1989.

211. MURARO, L. *El orden simbólico de la madre*. Madrid: Editorial Horas y Horas, 1994 [1991].

212. PULEO, *op. cit.*, 2004.

213. MIES, M.; SHIVA, V. *Ecofeminismo: teoría, crítica y perspectivas*. Barcelona: Icaria editorial, 1997.

214. TRIANA, D. P. «Éticas ecofeministas: la comunidad de la vida». *Cuadernos de Filosofía Latinoamericana*, vol. 37, núm. 116 (2016), p. 117-131.

215. PULEO, A. «Del ecofeminismo clásico al deconstructivo: principales corrientes de un pensamiento poco conocido». A: AMORÓS, C.; DE MIGUEL, A. (ed.). *Teoría feminista: de la ilustración a la globalización. De los debates sobre el género al multiculturalismo,* vol 3. Madrid: Minerva, 2005, p. 121-152.

216. EL SAADAWI, N. «Las mujeres son esclavas de la maternidad». *La Vanguardia* (24 març 2017) [entrevista feta per Ima Sanchís]

217. TUBERT, S. «La maternidad en el discurso de las nuevas tecnologías reproductivas». A: DE LA CONCHA, A.; OSBORNE, R. (coord.). *Las mujeres y los niños primero*. Barcelona: Icaria editorial, 2004, p. 111-138.

218. SAU, V. «Del vacío de la maternidad, la igualdad y la diferencia». *Hojas de Warmi*, núm. 9 (1998), p. 61-75; SAU, V. *El vacío de la maternidad. Madre no hay más que ninguna*. Barcelona: Icaria editorial, 2004.

219. RICH, *op. cit.*, p. 232 i 233.

220. BARRAZA, V. *(In)subordinadas. Raza, clase y filiación en la narrativa de mujeres latinoamericanas*. Santiago de Xile: RiL Editores, 2014.

221. RYE, G. «Narratives of Mothering: Women's Writing in Contemporary France». *French Studies*, vol. 64, núm. 4 (2009), p. 510-511.

222. DURAN, M. A. *Contribución del trabajo no remunerado a la economía española: alternativas metodológicas*. Madrid: Instituto de la Mujer, 2000; PÉREZ OROZCO, A. «La economía: de icebergs, trabajos e (in) visibilidades». A: LEGARRETA, M.; DÉBORA, A.; PÉREZ OROZCO, A. (coord.). *Transformaciones del trabajo desde una perspectiva feminista: producción,*

reproducción, deseo, consumo. Madrid: Tierradenadie Ediciones, 2006, p. 233-253.

223. DURAN, M. A. *El trabajo no remunerado en la economía global.* Bilbao: Fundación BBVA, 2012.

224. *Ibídem.*

225. COMAS, D. «La crisis de los cuidados: ¿la "otra" crisis?». A: *Eldiario.es* [en línia] (9 abril 2014) <http://www.eldiario.es/agendapublica/impacto_social/crisis-cuidados_0_247775381.html>; LEÓN, *op. cit.*, 1 gener 2018.

226. FRASER, N. «Crisis of Care? On the social Reproductive Contradictions of Contemporary Capitalism». A: BHATTACHARYA, T. (ed.). *Social Reproduction Theory.* Londres: Pluto Press, 2017, p. 21-36.

227. BHATTACHARYA, T. «Introduction: Mapping Social Reproduction Theory». A: BHATTACHARYA, T. (ed.). *Social Reproduction Theory.* Londres: Pluto Press, 2017, p. 1-20; ARRUZZA, C.; CIRILLO, L. *Dos siglos de feminismo.* Barcelona: Sylone, 2018.

228. ALER, I. «Cuerpos *sin* o *contra* el tiempo: *extrañamiento* y *entrañabilidad* en los cuidados de las madres trabajadoras». A: XI Congreso Español de Sociología. Madrid: 2013.

229. CAPORALE, S. «Introducción». A: CAPORALE, S. (coord.). *Discursos teóricos en torno a la(s) maternidad(es): una visión integradora.* Madrid: Entinema, 2004.

230. MERINO, *op. cit.,* 2017.

231. LEÓN, *op. cit.,* 1 gener 2018.

232. FRASER, N. «How feminism became capitalism's handmaiden–and how to reclaim it». *The Guardian* (14 octubre 2013)

233. MERINO, *op. cit.*, 2017.

234. DEL OLMO, *op. cit.*, 2014.

235. PÉREZ OROZCO, A. *Subversión feminista de la economía.* Madrid: Traficantes de Sueños, 2014.

236. EZQUERRA, S. «De la economía feminista a la democratización de los cuidados». *Viento Sur*, núm. 156 (2018), p. 39-47.

237. FRASER, N. *Fortunas del feminismo.* Madrid: Traficantes de Sueños, 2015.

238. LEÓN, C. *Trincheras permanentes. Intersecciones entre política y cuidados.* Logroño: Pepitas de Calabaza, 2017.

239. KINSER, A. E. *Motherhood and Feminism*. Berkeley, Califòrnia: Seal Press, 2010.

240. BADINTER, E. *La mujer y la madre. Un libro polémico sobre la maternidad como nueva forma de esclavitud*. Madrid: Esfera de los Libros, 2011.

241. *Ibídem*, p. 207.

242. GIMENO, B. *La lactancia materna. Política e identidad*. Madrid: Ediciones Cátedra, 2018.

243. DEL OLMO, *op. cit.*, 2014.

244. *Ibídem*, p. 193.

245. AUSONA, *op. cit.*, 2015.

246. *Ibídem*, p. 353.

247. OLZA, I. *Parir. El poder del parto*. Barcelona: Ediciones B, 2017; PARICIO, J. M. «Aspectos históricos de la alimentación al seno materno». A: COMITÉ DE LACTANCIA MATERNA DE LA ASOCIACIÓN ESPAÑOLA DE PEDIATRÍA. *Lactancia materna: guía para profesionales*. Madrid: Asociación Española de Pediatría, 2004, p. 7-26.

248. MERINO, *op. cit.*, 2017.

249. TUBERT, *op. cit.*, 1996, p. 11.

250. RICH, *op.*, 1978 [1976].

251. BASSIN, HONEY I KAPLAN, *op. cit.*, 1994.

252. GORDON, T. *Feminist Mothers*. Nova York: New York University Press, 1990.

253. REDDY, M.T.; ROTH, M.; SHELDON, A. «What is "Feminist Mothering"?». A: REDDY, M.T.; ROTH, M.; SHELDON, A. (ed.). *Mother Journeys: Feminists Write about Mothering*. Minneapolis: Spinsters Ink, 1994, p. 1-6.

254. O'REILLY, A. (coord.). «"We were conspirators, outlaws from the institution of motherhood": Mothering against motherhood and the possibility of empowered maternity for mothers and their children». A: *Mother Outlaws. Theories and Practices of Empowered Mothering*. Toronto: Canadian Scholars, 2004, p. 95-104.

255. RICH, *op. cit.*, 1978 [1976], p. 193.

256. HUNTER, J. D. *Culture Wars: The Struggle to define America. Making sense of the battles over the family, art, education, law, and politics*. Nova York: Basic Books, 1991.

257. ARRUZZA, C. «El feminismo del 99% es la alternativa anticapitalista al feminismo liberal». A: *Ctxt.es* [en línia] (15 d'agost 2018) [entrevista feta per Josefina L. Martínez] <http://ctxt.es/es/20180815/Politica/21197/Cinzia-Arruzzo-feminismo-intelectual-99-anticapitalismo-Josefina-L-Martinez.htm>

258. BETTIO, F.; PLANTENGA, J. «Comparing Care Regimes in Europe». *Feminist Economics*, vol. 10, núm. 1 (2004), p. 85-113.

259. BLUM, E. «Power, Danger, and Control: Slave Women's Perceptions of Wilderness in the Nineteenth Century». *Women's Studies*, vol. 31, núm. 2 (2002), p. 247-265.

260. MORRISON, T. *Beloved*. Barcelona: Ediciones B, 2004 [1987].

261. RICOY, J. «Cómo surge el matriactivismo y por qué» (2018) [vídeo] <https://thefeministcoach.teachable.com/courses/charla-monografica-que-es-el-matriactivismo/lectures/4365128>

262. VILLARMEA, S.; OLZA I.; RECIO, A. «El parto es nuestro. El impacto de una asociación de usuarias en la reforma del sistema obstétrico de España». *Dilemata*, núm. 18 (2015), p. 157-183.

263. VISA, M.; CRESPO, C. *Madres en red. Del lavadero a la blogosfera*. Madrid: Clave Intelectual, 2014.

264. ALER, *op. cit.*, 2012.

265. TUBERT, S. «Introducción». A: TUBERT, S. (ed.). *Figuras del padre*. Madrid: Ediciones Cátedra, 1997, p. 7-27.

266. AE-RAN, K. *¡Corre, papá, corre!* Barcelona: Godall Edicions, 2018, p. 7-8.

267. FRASER, *op. cit.*, 2015, p. 43.

268. MERINO, *op. cit.*, 2017.

2. El part és meu

1. Comentaris de la pedagoga menstrual Erika Irusta, recollits a VALMORISCO, C. «Hola, embarazada, te presento a tu cuerpo». A: *Eldiario.es* [en línia] (12 gener 2018) <https://www.eldiario.es/nidos/Hola-presento-cuerpo_0_728277513.html>; BRIGIDI, S. «Sin educar en la consciencia corporal, ¿cómo vamos a disfrutar del parto?». A: *Elsaltodiario.com* [en línia] (29 gener 2018) [entrevista feta per Meritxell Rigol] <https://www.

elsaltodiario.com/parto/serena-brigidi-disfrutar-parto>; RODRIGAÑEZ, C. *Pariremos con placer. Apuntes sobre la recuperación del útero espástico y la energía sexual femenina*. Múrcia: Cauac Ed. Crimentales, 2009; GASKIN, I. M. *Guía del nacimiento*. Madrid: Capitán Swing, 2016.

2. Levític 12, 2.

3. NÚÑEZ, L. *Llevadores casolanes del segle XX. Pràctiques, coneixements i viviències d'un ofici*. Barcelona: Edicions Bellaterra, 2015; GARCÍA, E. M. «La violencia obstétrica como violencia de género. Una mirada feminista de la situación en España». Madrid: Universidad Autónoma de Madrid, 2018 [tesi doctoral]

4. FEDERICI, *op. cit.*, 2015 [2004]; CASSIDY, T. *Birth: The Surprising History of How We Are Born*. Nova York: Grove Press, 2007.

5. NÚÑEZ, *op. cit.*, 2015.

6. KUKLA, R. *Mass Hysteria: Medicine, Culture, and Mothers' Bodies*. Lanham, Maryland: Rowman & Littlefield Publishers, 2005.

7. MONTES, M. J. «Las culturas del nacimiento. Representaciones y prácticas de las mujeres gestantes, comadronas y médicos». Tarragona: Departament d'Antropologia, Filosofia i Treball Social, Universitat Rovira i Virgili, 2007 [tesi doctoral]

8. SHELTON, D.C. «The Emperor's new clothes». *Journal of the Royal Society of Medicine*, vol. 103, núm. 2 (2009), p. 46-50.

9. GARCÍA, *op. cit.*, 2018.

10. *Ibídem*.

11. KNIBIEHLER, *op. cit.*, 2000.

12. RUIZ-BERDÚN, D. «Análisis histórico de la violencia obstétrica». A: GOBERNA-TRICAS, J.; BOLADERAS, M. (coord.). *Violencia obstétrica. Y el debate actual sobre la atención al nacimiento*. Madrid: Tecnos, 2018, p. 31-38.

13. MONTES, *op. cit.*, 2007.

14. HUTTER EPSTEIN, R. *¿Cómo se sale de aquí? Una historia del parto*. Madrid: Turner, 2010.

15. DAVIS-FLOYD, R. *Perspectivas antropológicas del parto y el nacimiento humano*. Buenos Aires: Fundación Creavida, 1993.

16. MARCOS, I. «La unión hace la fuerza: matronas y mujeres unidas en la lucha por el parto respetado». A: Jornada 10è aniversari Dona Llum + Setmana Mundial del Part Respectat. Barcelona, 2016.

17. KITZINGER, S. *La crisis del parto*. Tenerife: Editorial Ob Stare, 2015.

18. Dades obtingudes respectivament d'OMS. «Mortalidad materna». A: *Who.int* [en línia] (16 febrer 2018) <http://www.who.int/es/news-room/fact-sheets/detail/maternal-mortality>; UNICEF. *Cada vida cuenta. La urgente necesidad de poner fin a las muertes de los recién nacidos*. Ginebra: Unicef, 2018.

19. ALLEN, R. E.; HANSON, R. W. «Episiotomy in Low-Risk Vaginal Deliveries». *J Am Board Fam Med*, vol. 18, núm. 1 (gener 2005), p. 8-12.

20. MARCOS, I. «Entrevistas de embarazo: Inma Marcos». A: *Webconsultas.com* [en línia] (11 agost 2016) [entrevista feta per Diana Oliver] <https://www.webconsultas.com/entrevistas/embarazo/inma-marcos-comadrona-experta-en-parto-en-casa>

21. SUAVINEX. *Estudio sobre el parto en España*. Alacant: Suavinex, 2017.

22. MARCOS, I. «Monitorización (ext/int, (dis)continua, etc.)». A: *Elpartoesnuestro.es* [en línia] (27 juliol 2018) <https://www.elpartoesnuestro.es/informacion/parto/monitorizacion-extint-discontinua-etc>

23. ROTHMAN, B. K. «Laboring Then. The Political History of Maternity. Care in the United States». A: SIMONDS, W.; ROTHMAN, B. K.; MELTZER NORMAN, B. *Laboring On: Birth in Transition in the United States*. Nova York: Routledge, 2006, p. 3-28.

24. EHRENREICH; ENGLISH, *op. cit*, 2010 [1989].

25. WOLF, J. H. *Deliver Me from Pain. Anesthesia and Birth in America*. Baltimore, Maryland: The Johns Hopkins University Press, 2009.

26. MINISTERIO DE SANIDAD. *Estrategia de atención al parto normal en el Sistema Nacional de Salud*. Madrid: Ministerio de Sanidad, 2007.

27. EL PARTO ES NUESTRO. «¿Qué es un parto respetado?». A: *Elpartoesnuestro.es* [en línia] (20 d'octubre 2018) <https://www.elpartoesnuestro.es/informacion/parto/que-es-un-parto-respetado>

28. DAVIS-FLOYD, *op. cit*., 1993.

29. ROTHMAN, B. K. *Recreating motherhood: Ideology and technology in a patriarchal society*. Nova York: Norton, 1989.

30. DAVIS-FLOYD, *op. cit*., 1993; VAN GENNEP, A. *Los ritos de paso*. Madrid: Alianza Editorial, 2013 [1909]; HERNÁNDEZ, J. M.; ECHEVARRÍA, P.

«El nacimiento hospitalario e intervencionista: un rito de paso hacia la maternidad». *Revista de Antropología Iberoamericana*, vol. 10, núm. 3 (2015), p. 401-426.

31. RICOY, J. «La violencia obstétrica es una cuestión feminista». A: *Pikaramagazine.com* [en línia] (15 abril 2016) <http://www.pikaramagazine.com/2016/04/la-violencia-obstetrica-es-una-cuestion-feminista>

32. ODENT, M. *The Farmer and the Obstetrician*. Londres: Free Association Books, 2002.

33. GÉRVAS, J. «Violencia obstétrica: biológica (física y farmacológica), psicológica, social e institucional». A: Jornada 10è aniversari Dona Llum + Setmana Mundial del Part Respectat. Barcelona: Dona Llum, 2016.

34. VALLS, C. *Mujeres, salud y poder*. Madrid: Cátedra, 2009.

35. *Ibídem*; GÉRVAS, J.; PÉREZ-FERNÁNDEZ, M. *El encarnizamiento médico con las mujeres*. Barcelona: Los Libros del Lince, 2016.

36. MONTES, *op. cit.*, 2007.

37. OLZA, *op. cit.*, 2017, p. 34; YOUNG, I. M. *On Female Body Experience. Throwing Like a Girl and Other Essays*. Nova York: Oxford University Press, 2005, p. 46.

38. VALLS, *op. cit.*, 2009.

39. ADAMSON, D. G., KENNEDY, S.; HUMMELSHOJ, L. «Creating solutions in endometriosis: global collaboration through the World Endometriosis Research Foundation». *Journal of Endometriosis*, vol. 2, núm. 1 (2010), p. 3-6.

40. SOLÉ, E. *Si no puc volar*. Barcelona: Rosa del Vents, 2016, p. 81-82.

41. ARÁNGUEZ, T. «¿Por qué la biología de las mujeres es importante para el feminismo?». A: *Tribunafeminista.elplural.com* [en línia] (15 octubre 2018) <https://tribunafeminista.elplural.com/2018/10/por-que-la-biologia-de-las-mujeres-es-importante-para-el-feminismo>

42. MONTES, *op. cit.*, 2007.

43. RODOREDA, M. *La plaça del Diamant*. Barcelona: Institut d'Estudis Catalans, 1992 [1962], p. 51-52.

44. LOBACCIÓN. «Había "que sacar al bebé de allí"». A: *Lobafilm.com* [en línia] (13 abril 2016) <http://lobafilm.com/2588>

45. SUAVINEX, *op. cit.*, 2017

46. MCNISH, *op. cit.*, 2018, p. 81-82.

47. HERNÁNDEZ, J. M.; ECHEVARRÍA, P. «Sociología del parto. Conflictos asistenciales en el marco del *paradigma tecnocrático*». *Revista Internacional de* Sociología, vol. 74, núm. 1 (2016).

48. RICOY, *op. cit.*, 15 abril 2016.

49. BHATIA, M. S.; JHANJEE, A. «Tokophobia: A dread of pregnancy». *Ind Psychiatry J* 21, vol. 2 (2012), p. 158-159; O'CONNELL, M. A., *et al.* «Worldwide prevalence of tocophobia in pregnant women: systematic review and meta-analysis». *Obstetrics and Gynaecology*, vol. 96, núm. 8 (2017), p. 907-920.

50. PLATH, S. *Tres mujeres*. Madrid: Nórdica Libros, 2017 [1968], p. 37.

51. ROSE, J. *Madres. Un ensayo sobre la crueldad y el amor*. Madrid: Siruela, 2018.

52. Gènesi: 3, 16

53. MOREL, M-F. «Histoire de la naissance en France (XVIIe-XXe siècle)». *ADSP* 61/62 (2007), p. 22-28; CESBRON, P.; KNIBIEHLER, Y. *La Naissance en Occident*. París: Albin Michel, 2004; GONZÁLEZ DE ZÁRATE, J., FERNÁNDEZ, B.; GÓMEZ, J. I. «Historia del alivio del dolor del parto en España». *Anales de la Real Academia de Medicina y Cirugía de Valladolid*, vol. 52 (2015), p. 71-84.

54. MOREL, *op. cit.*, 2007; APPLE, R. D. *Mothers and Medicine: A Social History of Infant Feeding, 1890-1950*. Madison: University of Wisconsin Press, 1987.

55. OLIVER, D. «La (no) sorprendente historia de mi parto no respetado». A: *Marujismo.com* [en línia] (5 abril 2016) <https://www.marujismo.com/historia-de-un-parto-no-respetado>

56. GASKIN, *op. cit.*, 2016.

57. RUIZ-BERDÚN, *op. cit.*, 2018.

58. ESTESO, M. J. (2018). «Bebés robados, un crimen que continúa en democracia». A: *Elsaltodiario.com* [en línia] (13 febrer 2018) <https://www.elsaltodiario.com/ninos-robados/bebes-robados-crimen-continua-democracia>

59. JUNQUERA, N. «Culpable, pero impune». *El País* (8 octubre 2018)

60. ESTESO, *op. cit.*, 13 febrer 2018.

61. LESSING, *op. cit.*, 1997, p. 239-241, 264.

62. BLUNDELL, J. *The principles and practice of obstetricy*. Londres: E.Cox. St. Thomas's Street, 1834, p. 255.

63. RUIZ-BERDÚN, *op. cit.*, 2018.

64. FERNÁNDEZ GUILLÉN, F. «¿Qué es la violencia obstétrica? Algunos aspectos sociales,éticos y jurídicos». *Dilemata*, núm. 18 (2015), p. 113-128.

65. DONA LLUM. «Mi cesárea no electiva». A: *Donallum.org* [en línia] (1 novembre 2015) <http://www.donallum.org/testimonis/mi-cesarea-no-electiva>

66. SILVA, X. «216. La historia de Ximena». A: *Elpartoesnuestro.es* [en línia] (2 desembre 2012) <https://www.elpartoesnuestro.es/relatos>

67. EL PARTO ES NUESTRO. «Historia de Andrea». A: *Quenoossepa-ren.info* [en línia] (2018) <http://www.quenoosseparen.info/articulos/testimonios/andreaanguera.php>

68. *Ibídem.*

69. KITZINGER, *op. cit.*, 2015; OLZA, *op. cit.*, 2017.

70. BOLLAÍN, I. «Prólogo». A: OLZA, *op. cit.*, 2017, p. 10.

71. PINHEIRO, I. «Anatomía dunha serea» (12 juliol 2018) [vídeo] <http://redenasa.tv/es/post/6aa4bc98453f>

72. ARIZA, G. «Mi testimonio de violencia obstétrica: Día Internacional Contra la Violencia Obstétrica». A: *Lactandoamando.com* [en línia] (25 novembre 2012) <https://www.lactandoamando.com/2012/11/mi-testimonio-de-violencia-obstetrica.html

73. BECK, C. T. «The anniversary of birth trauma: Failure to rescue». *Nursing Research*, vol. 55, núm. 6 (2006), p. 381-390.

74. OLZA, I. «Las secuelas de la violencia obstétrica». A: *Iboneolza.wordpress.com* [en línia] (15 abril 2013) <https://iboneolza.wordpress.com/2013/04/15/las-secuelas-de-la-violencia-obstetrica>; AYERS, S.; BOND, R.; BERTULLIES, S.; WIJMA, K. «The aetiology of post-traumatic stress following childbirth: a meta-analysis and theoretical framework». *Psychological Medicine*, vol. 6, núm. 46 (2016), p. 1121-1134.

75. OLZA, *op. cit.*, 2017.

76. OLZA, I. *El síndrome de estrés postraumático como secuela obstétrica.* Madrid: Ministerio de Sanidad, 2007.

77. KITZINGER, *op. cit.*, 2015, p. 16.

78. SUAVINEX, *op. cit.*, 2017.

79. KITZINGER, *op. cit.*, 2015, p. 78-79.

80. OMS. *Prevención y erradicación de la falta de respeto y el maltrato durante la atención del parto en centros de salud.* Ginebra: OMS, 2014.

81. ÁLVAREZ, A. «Denuncia por el empleo de *fórceps didácticos* con mujeres sin recursos económicos». A: *Diagonalperiodico.net* [en línia] (11 desembre 2013) <https://www.diagonalperiodico.net/cuerpo/20998-cuando-se-experimenta-con-la-mas-vulnerable.html>; EL PARTO ES NUESTRO. «El Parto es Nuestro ejerce la acusación popular en un caso de *fórceps didácticos* en el que se lesionó gravemente a una bebé». A: *Elpartoesnuestro.es* [en línia] (30 octubre 2013) <https://www.elpartoesnuestro.es/blog/2013/10/30/el-parto-es-nuestro-ejerce-la-acusacion-popular-en-un-caso-de-forceps-didacticos-en-el-que-se-lesiono-gravemente-una-bebe>

82. AGÜERO, S. «Dav tuqe jekh ròza miri dukhaΘar». A: *Pikaramagazine.com* [en línia] (8 juny 2017) <http://www.pikaramagazine.com/2017/06/gitanas-violencia-obstetrica>

83. KNIGHT, M. *et al.* (ed.). *Saving Lives, Improving Mothers' Care. Lessons learned to inform maternity care from the UK and Ireland Confidential Enquiries into Maternal Deaths and Morbidity 2014-16.* Londres: MBRRACE-UK, 2018.

84. HERON, M. «Deaths: Final Data for 2006». *National Vital Statistics Reports*, vol. 57, núm. 14 (2009), p. 1-134.

85. BARRO, A. «Morir al dar a luz en la primera potencia: ¿por qué EEUU triplica la media europea?». A: *Elconfidencial.com* [en línia] (4 febrer 2018) <https://www.elconfidencial.com/mundo/2018-02-04/eeuu-mortalidad-materna-sanidad-nacimientos_1516708>

86. HERNÁNDEZ I ECHEVARRÍA, *op. cit.*, 2016.

87. GÉRVAS, *op. cit.*, 2016.

88. MONTES, M. J. «¿Por qué no me dejaron? Experiencias de mujeres en sus partos». *Cuestiones de Género*, núm. 3 (2008), p. 275-290.

89. BRIGIDI, S. «Entrevista a Serena Brigidi». A: *Academia.edu* [en línia] (2014) <http://www.academia.edu/22041575/Violencia_Obst%C3%A9trica>

90. EL PARTO ES NUESTRO. «227. La historia de E. Una más». A: *Elpartoesnuestro.es* [en línia] (7 desembre 2012) <https://www.elpartoesnuestro.es/relatos>

91. EL PARTO ES NUESTRO. «Duelo tras cesárea. Duelo por el no parto». A: *Elpartoesnuestro.es* [en línia] (26 febrer 2014) <https://www.elpartoesnuestro.es/blog/2014/02/26/duelo-tras-cesarea-duelo-por-el-no-parto>

92. KITZINGER, *op. cit.*, 2015.

93. DONA LLUM. «Comunicat de Dona Llum davant la pràctica d'una inducció forçada a una dona a l'hospital Parc Sanitari Sant Joan de Déu de Sant Boi» (16 juny 2016) [nota de premsa]

94. FERNÁNDEZ GUILLÉN, *op. cit.*, 2015.

95. ASAMBLEA NACIONAL DE LA REPÚBLICA BOLIVARIANA DE VENEZUELA. «Ley orgánica sobre el derecho de las mujeres a una vida libre de violencia». *Gaceta Oficial de la República Bolivariana de Venezuela*, núm. 38668 (2007), p. 8.

96. *Ibídem.*, p. 18.

97. OMS, *op. cit.*, 2014, p. 1.

98. EL PARTO ES NUESTRO. «El Parto Es Nuestro crea el Observatorio de Violencia Obstétrica». A: *Elpartoesnuestro.es* [en línia] (2018) <https://www.elpartoesnuestro.es/informacion/el-parto-es-nuestro-crea-el-observatorio-de-violencia-obstetrica>

99. Dades obtingudes respectivament de MINISTERIO DE SANIDAD. *Estadística de centros sanitarios de atención especializada. Hospitales y centros sin internamiento. Año 2016.* Madrid: Ministerio de Sanidad, 2018; MINISTERIO DE SANIDAD. *Evolución de la tasa de cesáreas en los hospitales generales del sistema nacional de salud: años 2001-2011.* Madrid: Ministerio de Sanidad, 2013; OMS. «Declaración de fortaleza» (1985) <http://lobafilm.com/wp content/uploads/2014/07/oms.pdf>

100. MINISTERIO DE SANIDAD, *Estadística de Centros Sanitarios de Atención Especializada. Hospitales y centros sin internamiento. Año 2016.* Madrid: Ministerio de Sanidad, 2018.

101. KITZINGER, *op. cit.*, 2015.

102. REDONDO, A.; SÁEZ, M.; OLIVA, P.; SOLER, M.; ARIAS, A. «Variabilidad en el porcentaje de cesáreas y en los motivos para realizarlas en los hospitales españoles». *Gaceta Sanitaria*, vol. 27, núm. 3 (2013), p. 258-262.

103. Dades obtingudes respectivament d'EURO-PERISTAT PROJECT. *European Perinatal Health Report. Core indicators of the health and care of pregnant women and babies in Europe in 2015.* Bruselas: Europeristat, 2018; WOLF, J. H. *The Cesarean Section Rate: An American History of Risk, Technology and Consequence.* Baltimore, Maryland: The Johns Hopkins University Press, 2018; OCDE. *Panorama de la Salud 2017: Indicadores de la OCDE.* París: OECD Publishing, 2018.

104. KITZINGER, *op. cit.*, 2015.

105. Dades obtingudes respectivament d'OCDE, *op. cit.*, 2018; UNICEF. *Estado mundial de la infancia 2016. Una oportunidad para cada niño.* Nova York: Unicef, 2016; THE LANCET. «Optimising caesarean section use». A: *Thelancet.com* [en línia] (12 octubre 2018) <https://www.thelancet.com/series/caesarean-section>

106. WOLF, *op. cit.*, 2018.

107. UNICEF. *Quem espera espera.* Brasilia: Unicef, 2017.

108. WOLF, *op. cit.*, 2018.

109. DO CARMO LEAL, M., *et al.* «Birth in Brazil: national survey into labour and birth». *Reprod Health*, vol. 9, núm. 1 (2012), p. 15.

110. OLZA, I.; LEBRERO, E. *¿Nacer por cesárea? Evitar cesáreas innecesarias. Vivir cesáreas respetuosas.* Barcelona: Ediciones Granica, 2005.

111. MACPHERSON, A. «Cesáreas con bebé entre los brazos». *La Vanguardia* (9 juliol 2018)

112. Dades obtingues respectivament de MINISTERIO DE SANIDAD. *Estadística de centros sanitarios de atención especializada. Hospitales y centros sin internamiento. Año 2014.* Madrid: Ministerio de Sanidad, 2016; PÀMIES, A. «Informe cesàries 2017». A: *Donallum.org* [en línia] (16 novembre 2018) <https://www.donallum.org/blog/informe-cesaries-2017>; MINISTERIO DE SANIDAD, *Estadística de Centros Sanitarios de Atención Especializada. Hospitales y centros sin internamiento. Año 2016.* Madrid: Ministerio de Sanidad, 2018.

113. Dades obtingues respectivament de RECIO, A. «La atención al parto en España: cifras para reflexionar sobre un problema». *Dilemata*, núm. 18 (2015), p. 13-26; EL PARTO ES NUESTRO. «Nuestro cuerpo NO es un juguete: Contra la violencia obstétrica» (novembre 2017) [nota de premsa]; MELCHOR, J. C., *et al.* «La episiotomía en España. Datos del año 2006». *Prog Obstet Ginecol*, vol. 51, núm. 9 (2008), p. 559-563.

114. RECIO, *op. cit.*, 2015.

115. EURO-PERISTAT PROJECT. *European Perinatal Health Report. Health and Care of Pregnant Women and Babies in Europe in 2010.* Bruselas: Europeristat, SCPE y EUROCAT, 2013

116. WAGNER, M. «Episiotomy: a form of genital mutilation». *The Lancet*, vol. 353 (1999), p. 1977.

117. Dades obtingudes respectivament d'EURO-PERISTAT PROJECT, *op. cit.*, 2013; MINISTERIO DE SANIDAD; OBSERVATORIO DE SALUD DE LAS MUJERES. *Informe sobre la atención al parto normal y nacimiento en el sistema nacional de salud.* Madrid: Ministerio de Sanidad, 2012; OMS, *op. cit.*, 1985.

118. EURO-PERISTAT PROJECT, *op. cit.*, 2018.

119. EL PARTO ES NUESTRO, *op. cit.*, novembre 2017.

120. KITZINGER, *op. cit.*, 2015; MARTINEZ, K. A., *et al.* «Increased weight gain by C-section: Functional significance of the primordial microbiome». *Science Advances*, vol. 3. núm. 10 (2017).

121. O'DONOVAN, C.; O'DONOVAN, J. «Why do women request an elective cesarean delivery for non-medical reasons? A systematic review of the qualitative literature». *Birth* (2017).

122. USANDIZAGA, M. «El iceberg de las cesáreas sin indicación». *Gaceta Sanitaria*, vol. 28, núm. 2 (2014), p. 178.

123. RECIO, A.; MÜLLER, A. E. *Nacer en horario laboral.* Madrid: El Parto es Nuestro, 2016.

124. *Ibídem.*

125. DONA LLUM. *Néixer en horari laboral a Catalunya.* Barcelona: Dona Llum, 2018.

126. *Ibídem.*

127. COSTA-RAMÓN, A. M.; RODRÍGUEZ-GONZÁLEZ, A.; SERRA-BURRIEL, M.; CAMPILLO-ARTERO, C. «It's about time: Cesarean sections and neonatal health». *Journal of Health Economics*, vol. 59 (2018), p. 46-59.

128. *Ibídem.*

129. SUTTON, J. «A midwife's observations of how the birth process is influenced by the relationship of the maternal pelvis and the fetal head». *Journal of the Association of Chartered Physiotherapists in Women's Health*, núm. 79 (1996), p. 31-33.

130. CASADEVALL, L. «El bebé también tiene derechos...». A: *Laiacasadevall.com* [en línia] (8 maig 2018) <http://www.laiacasadevall.com/2018/05/08/el-bebe-tambien-tiene-derechos>

131. HOUGHTELING, P. D.; WALKER, W. A. «Why is initial bacterial colonization of the intestine important to the infant's and child's health?». *J Pediatr Gastroenterol* Nutr, vol. 60, núm. 3 (2015), p. 294–307.

132. RANK, O. *El trauma del nacimiento.* Madrid: Paidós Ibérica, 1992 [1924].

133. PAYÀ, M.; MARTÍN, J. «Violencia obstétrica: la lacra detrás del parto feliz». A: GOBERNA-TRICAS, J.; BOLADERAS, M. (coord.). *Violencia obstétrica. Y el debate actual sobre la atención al nacimiento.* Madrid: Tecnos, 2018, p. 69-79.

134. FERNÁNDEZ GUILLÉN, *op. cit.*, 2015.

135. EL PARTO ES NUESTRO. «El Parto es Nuestro denuncia: Las viñetas de la gaceta electrónica de la SEGO ofrecen una imagen degradante de las mujeres españolas» (19 setembre 2011) [nota de premsa]

136. FERNÁNDEZ GUILLÉN, F. «¿Existe algo que pueda llamarse *violencia obstétrica*?». A: GOBERNA-TRICAS, J.; BOLADERAS, M. (coord.). *Violencia obstétrica. Y el debate actual sobre la atención al nacimiento.* Madrid: Tecnos, 2018, p. 105-115.

137. FERNÁNDEZ GUILLÉN, *op. cit.*, 2015.

138. MURPHY, C. «The Husband Stitch Isn't Just a Horrifying Childbirth Myth». A: *Healthline.com* [en línia] (24 gener 2018) <https://www.healthline.com/health-news/husband-stitch-is-not-just-myth#1>

139. SEGO. «Violencia obstétrica: Un concepto legalmente delictivo, moralmente inadecuado, científicamente inaceptable» (octubre 2018) [comunicat]

140. OMS, *op. cit.*, 2014.

141. COLEGIO DE MÉDICOS DE CIUDAD REAL. «El Colegio de Médicos de Ciudad Real condena la tendenciosidad de la jornada Actúa contra la violencia obstétrica» (2 octubre 2018) [comunicat]

142. Dades obtingudes respectivament d'EUROSTAT «Estadísticas de educación terciaria» (2017) <https://ec.europa.eu/eurostat/statistics-explained/index.php?title=Tertiary_education_statistics/es>; INE. «Médicos colegiados por año y sexo» (2018) <http://www.ine.es/jaxi/Datos.htm?path=/t15/p416/serie/l0/&file=s01001.px>; SÁNCHEZ DE MADARIAGA, I. (coord.). *Estadísticas e indicadores de la (des)igualdad de género en la formación y profesión científica.* Madrid: Ministerio de Ciencia e Inovación, 2011.

143. ELDIARIO.ES. «El Consejo de Colegios de Médicos de Castilla y León vincula la feminización de la profesión con "una grave problemática"». A: *Eldiario.es* [en línia] (21 gener 2019) <https://www.eldiario.es/micromachismos/Consejo-Colegios-Medicos-Castilla-Leon_6_859574052.html>

144. BIANCO, G. «La invisibilidad de la violencia obstétrica». A: *Diagonalperiodico.net* [en línia] (6 octubre 2015) <https://www.diagonal

periodico.net/cuerpo/27818-la-invisibilidad-la-violencia-obstetrica.html>; RICOY, J. «La rebelión de LAS objetos». A: *Jesusaricoy.blogspot.com.es* [en línia] (13 novembre 2017) <http://jesusaricoy.blogspot.com.es/2017/11/la-rebelion-de-las-objetos.html>

145. RICOY, J. *Madre, el último tabú: Reflexiones sobre violencia obstétrica.* Autoeditado, 2015.

146. OLZA I LEBRERO, *op. cit.*, 2005; OLZA, I. «Hay hospitales públicos con tasas de cesáreas vergonzosas y hasta peligrosas». A: *Eldiario.es* [en línia] (23 octubre 2017) [entrevista feta per Ana Requena] <https://www.eldiario.es/nidos/Ibone-Olza_0_696780675.html>

147. BRIGIDI, *op. cit.*, 29 gener 2018.

148. OLZA, *op. cit.*, 2017, p. 159.

149. OLZA, *op. cit.*, 2017.

150. BECK, C. T.; GABLE, R. K. «A mixed methods study of secondary traumatic stress in labor and delivery nurses». *Journal of Obstetric, Gynecologic & Neonatal Nursing*, vol. 41, núm. 6 (2012), p. 747-760.

151. OLZA, *op. cit.*, 2017, p. 160.

152. FAME. *Informe de situación de las matronas en España.* Madrid: FAME, 2014.

153. DAVIS-FLOYD, R.; JOHNSON, C. B. (ed.). *Mainstreaming Midwives: The Politics of Change.* Nova York: Routledge, 2006.

154. COL·LEGI OFICIAL D'INFERMERES I INFERMERS DE BARCELONA. «Un 40% dels hospitals de Catalunya no poden oferir l'acompanyament integral de la llevadora durant el part» (13 febrer 2018) [nota de premsa]

155. OMS, *op. cit.*, 1985; MINISTERIO DE SANIDAD. *Guía de práctica clínica sobre la atención al parto normal*. Vitoria-Gasteiz: Servicio Central de Publicaciones del Gobierno Vasco, 2010; MARCOS, *op. cit.*, 2016.

156. MINISTERIO DE SANIDAD, *op. cit.*, 2010; NICE. *Intrapartum care for healthy women and babies.* Londres: NICE, 2014.

157. UMANSKY, *op. cit.*, 1996.

158. GASKIN, *op. cit.*, 2016.

159. VILLARMEA, OLZA I RECIO, *op. cit.*, 2015.

160. DONA LLUM. «Manifest». A: *Donallum.org* [en línia] (20 octubre 2018) <https://www.donallum.org/manifest>

161. OLZA, *op. cit.*, 23 octubre 2017.

162. MINSTERIO DE SANIDAD, *op. cit.*, 2007.

163. VILLARMEA, OLZA I RECIO, *op. cit.*, 2015.

164. Dades obtingudes respectivament d'*ibídem*; MINISTERIO DE SANIDAD, *op. cit.*, 2013.

165. FERNÁNDEZ DEL CASTILLO, I. *La nueva revolución del nacimiento. El camino hacia un nuevo paradigma.* Tenerife: Ob Stare, 2014; CASSIDY, *op. cit.*, 2007; WAGNER, M. *Born in the USA: How a Broken Maternity System Must Be Fixed to Put Women and Children First.* Oakland, California: University of California Press, 2006.

166. OMS. *Cuidados en el parto normal: una guía práctica.* Ginebra: OMS, 1996; DE LA TORRE, M. T. «La atención al parto no hospitalario». A: LÓPEZ-VILLAR, C. (coord.). *Estudios multidisciplinares para la humanización del parto.* La Corunya: Universidade da Coruña, 2011, p. 51-72; DOMÍNGUEZ, P.; GONZALO, T.; LAINEZ, B.; ELIGIO, M. *Guía de asistencia del parto en casa.* Barcelona: Col·legi Oficial Infermeria de Barcelona, 2010.

167. MARTÍNEZ, E., *et al.* «Parto en casa *versus* parto hospitalario». *Metas de Enfermería*, vol. 19, núm. 6 (2016), p. 50-59; DE JONGE, A., *et al.* «Perinatal mortality and morbidity up to 28 days after birth among 743 070 low-risk planned home and hospital births: a cohort study based on three merged national perinatal databases». *BMJ,* vol. 122, núm. 5 (2015), p. 720-728; RUIZ-CALLADO, R.; ROMERO-SALORD, F.; FONTANILLO-GARROTE, A. «Mortalidad perinatal en los partos únicos asistidos a término en España entre 1995 y 2009 según ocurrieran en domicilio particular o en centro sanitario». *Enfermería Comunitaria* (rev. digital), vol. 8, núm. 1 (2012).

168. OMS. *Recomendaciones de la OMS para la conducción del trabajo de parto.* Ginebra: OMS, 2015.

169. KITZINGER, S. *Nacimiento en casa.* Barcelona: Icaria editorial, 1996.

170. Dades obtingudes respectivament de REQUENA, A. «De nalgas y sin atención profesional: el parto en casa en el que murió el bebé de Vigo incumplió todas las recomendaciones». A: *Eldiario.es* [en línia] (12 desembre 2018) <https://www.eldiario.es/nidos/atencion-profesional-seguro-sujeto-imprevistos_0_845516264.html>; IDESCAT. «Parts segons l'edat de la mare i l'assistència sanitària». A: *Idescat.cat* [en línia] (2017) <https://www.idescat.cat/pub/?id=naix&n=5120>

171. ALPACC. «Presentació de la Guia del part a casa». A: *Llevadores-partacasa.org* [en línia] (31 maig 2018) <https://llevadorespartacasa.org/en/2018/06/01/la-guia-dassistencia-al-part-a-casa>

172. NICE, *op. cit.* 2014; OFFICE FOR NATIONAL STATISTICS. «Statistical bulletin: Birth characteristics in England and Wales: 2016». A: *Ons.gov.uk* [en línia] (16 octubre 2017) <https://www.ons.gov.uk/peoplepopulationandcommunity/birthsdeathsandmarriages/livebirths/bulletins/birthcharacteristicsinenglandandwales/2016>

173. Schroeder, E., *et al.* «Cost effectiveness of alternative planned places of birth in woman at low risk of complications: evidence from the Birthplace in England national prospective cohort study». *BMJ*, núm. 344 (2012).

174. ZONDAG, L.; CADÉE, F.; DE GEUS, M. *Midwifery in the Netherlands.* Utrecht: KNOV, 2017.

175. GOTTFREDSDOTTIR, H.; MAGNÚSDÓTTIR H.; HÁLFDÁNSDÓTTIR, B. «Home birth constructed as a safe choice in Iceland: A content analysis on Icelandic media». *Sexual & Reproductive Healthcare*, núm. 6 (2015), p. 138-144.

176. BUSQUETS, M. «Cap a un canvi de model: volem cases de parts públiques a Catalunya». A: *Diarisanitat.cat* [en línia] (27 març 2018) <http://diarisanitat.cat/cap-a-un-canvi-de-model-volem-cases-de-parts-publiques-a-catalunya>

177. MACPHERSON, A. «Partos caseros en el hospital». *La Vanguardia* (26 maig 2017).

178. MÜLLER, A. E.; PARRA, M. «La arquitectura de la maternidad. Recuperar y crear nuestros espacios». *Dilemata*, núm. 18 (2015), p. 147-155.

179. RICOY, J. *Mujeres de película, partos de ciencia ficción.* Isla de San Borondón: Ediciones Liliputienses, 2018.

180. Dades obtingudes respectivament d'IDESCAT. «Tasa de mortalidad infantil y perinatal». A: *Idescat.cat* [en línia] (2018) <https://www.idescat.cat/indicadors/?id=anuals&n=10345&lang=es>; CASSIDY, P. R., *et al. Informe Umamanita. Encuesta sobre la calidad de la atención sanitaria en casos de muerte intrauterina.* Girona: Umamanita, 2018.

181. VIVES XIOL, G. *40 semanas. Crónica de un embarazo.* Barcelona: Thule Ediciones, 2012, p. 24.

182. PUNTO, I, G. «Espacio a los no nacidos» (18 octubre 2017) [vídeo] <https://www.playgroundmag.net/lit/poema-aborto-espontaneo_23170470.html>

183. CEDÓ, C. «Entrevista a Clàudia Cedó / Àrtic» (26 juny 2018) [vídeo] <https://beteve.cat/artic/entrevista-a-claudia-cedo-artic>

184. BONET, P. «Quería pasar el duelo de mi segundo aborto con normalidad, no escondida». A: *Divinity.es* [en línia] (26 gener 2018) <https://www.divinity.es/blogs/blackisnice/Paula-Bonet_6_2505915003.html>; BONET, P. *Roedores. Cuerpo de embarazada sin embrión.* Barcelona: Penguin Random House, 2018.

185. TIBOL, R. *Frida Kahlo. Una vida abierta.* Ciutat de Mèxic: Diversa, 2002.

186. BOGGS, B. «Las mujeres que tienen abortos o sufren infertilidad experimentan un duelo no reconocido». A: *Eldiario.es* [en línia] (17 febrer 2018) [entrevista feta per Carmen G. de la Cueva] <https://www.eldiario.es/nidos/Belle-Bogs_0_740876174.html>

187. BROWNE, V. «Feminist Philosophy and Prenatal Death: Relationality and the Ethics of Intimacy». *Signs: Journal of Women in Culture and Society*, vol. 41, núm. 2 (2016), p. 385-407.

188. CASSIDY *et al., op. cit.*, 2018.

189. *Ibídem.*

190. FERNÁNDEZ GUILLÉN, F. «El derecho a una disposición privada indistintamente de la edad gestacional: el juicio del Tribunal Constitucional del febrero 2016». *Muerte y Duelo Perinatal*, núm. 3 (2018), p. 16-19.

191. CASSIDY *et al., op. cit.*, 2018.

192. DIVERSOS AUTORS. «Manifiesto de asociaciones y grupos de apoyo al duelo gestacional, perinatal y neonatal de España». A: *Umamanita.es* [en línia] (2017) <http://www.umamanita.es/wp-content/uploads/2017/11/MANIFIESTO-MUERTE-GESTACIONAL_PERINATAL_NEONATAL.pdf>

193. CASSIDY *et al., op. cit.*, 2018.

194. GRAU, N. «Fotografías para casos de muerte gestacional y neonatal». *Muerte y Duelo Perinatal*, núm. 2 (2017), p. 11-19.

195. ÁLVAREZ, M.; CLARAMUNT, M. A.; CARRASCOSA, L. G.; SILVENTE, C. *Las voces olvidadas. Pérdidas gestacionales tempranas.* Tenerife: Ob Stare, 2014.

196. CLARAMUNT, M. A. «Sobre la vivencia del aborto en primera persona». A: CLARAMUNT, A.; ÁLVAREZ, M.; JOVÉ, R.; SANTOS, E. *La cuna vacía. El doloroso proceso de perder un embarazo.* Madrid: La Esfera de los Libros, 2009, p. 24-82; BROWNE, *op. cit.*, 2016.

197. BONET, P. «Cuerpo de embarazada sin embrión: historia de dos abortos». A: *Eldiario.es* [en línia] (24 gener 2018) <https://www.eldiario.es/

nidos/Cuerpo-embarazada-embrion-historia-abortos_0_732827460.html>; PUIG, E. «Cap dona hauria de sentir la frase "No entenc per què plores si tu ho has triat"». A: *Materobservatorimpaternitats.wordpress.com* [en línia] (30 maig 2017) [entrevista feta per MaterObservatori] <https://materobservatorimpaternitats.wordpress.com/2017/05/30/cap-dona-hauria-de-sentir-la-frase-no-entenc-perque-plores-si-tu-ho-has-triat-entrevista-a-eva-puig-filosofa>

198. BROWNE, *op. cit.*, 2016; MIGUEL, L. «Aborto espontáneo y aborto voluntario: las dos caras de una moneda invisible». A: *Playgroundmag.net* [en línia] (27 octubre 2017) <https://www.playgroundmag.net/lit/aborto-sentimientos_23135967.html>

3. La teta és la llet

1. DE PRADA, A. I. «Mi mejor amante». A: TORRES, H.; DE PRADA, A. I. (coord.). *Relatos marranos. Antología.* Barcelona: Pol·len Edicions, 2014, p. 233-248.

2. LATHAM, M. C. *Nutrición humana en el mundo en desarrollo.* Roma: Organización de las Naciones Unidas para la Agricultura y la Alimentación, 2002.

3. OLZA, I.; RUIZ-BERDÚN, D.; VILLARMEA, S. «La culpa de las madres. Promover la lactancia materna sin presionar a las mujeres». *Dilemata*, núm. 25 (2017), p. 217-225.

4. STANWAY, P.; STANWAY, A. *Breast Is Best: A Common-Sense Approach to Breastfeeding.* Londres: Pan, 1978.

5. VAN ESTERIK, P. *Beyond the Breast-Bottle Controversy.* Nova Brunsvic, Nova Jersey: Rutgers University Press, 1989; BLUM, L. M. *At the Breast: Ideologies of Breastfeeding and Motherhood in the Contemporary United States.* Boston: Beacon Press, 1999; MERINO, *op. cit.*, 2017.

6. KNIBIEHLER, *op. cit.*, 2000.

7. YALOM, *op. cit.*, 1997.

8. QUINTANA, R. «Feminismo y lactancia». A: VI Congreso Español de Lactancia Materna, Àvila, 2011.

9. HUFTON, *op. cit.*, 1991.

10. LE ROY, E. «L'allaitement mercenaire en France au XVIIIe siècle». *Communications*, núm. 31 (1979), p. 15-21; ROMANET, E. «La mise en

nourrice, une pratique répandue en France au XIXe siècle». *Transtext(e)s Transcultures,* núm. 8, (2013).

11. FLAUBERT, G. *Madame Bovary.* Barcelona: Columna edicions, 1993 [1857], p. 76-78.

12. IRIBARNE, *op. cit.*, 2010.

13. PARICIO, *op. cit.*, 2004; COLMENAR, C. «Nodrizas y lactancia mercenaria en España durante el primer tercio del siglo XX». *Arenal,* vol. 14, núm.2 (2007), p. 335-359.

14. CADOGAN, W. «An Essay Upon Nursing, and the Management of Children, from Their Birth to Three Years of Age» [en línia] (1748) <https://archive.org/details/anessayuponnurs00cadogoog/page/n4>

15. YALOM, *op. cit.*, 1997; QUINTANA , *op. cit.*, 2011.

16. PARICIO, *op. cit.*, 2004.

17. APPLE, *op. cit.*, 1987.

18. HAUSMAN, B. L. *Mother's Milk: Breastfeeding Controversies in American Culture.* Nova York: Routledge, 2014 [2003].

19. LESSING, *op. cit.*, 1997, p. 243.

20. MEAD, M. *Blackberry Winter: My early Years.* Nova York: Kodansha International, 1995 [1972]; LUTKEHAUS, N. C. *Margaret Mead: The Making of an American Icon.* Princeton, Nova Jersey: Princeton University Press, 2008.

21. SOLNIT, R. *Los hombres me explican cosas.* Madrid: Capitan Swing, 2017.

22. PARICIO, *op. cit.*, 2004; OLZA, I. *Lactivista.* Tenerife: Editorial Ob Stare, 2013; NEGRI, P. *Todas las madres tienen leche.* Cadis: Ediciones DeFábula, 2014.

23. STEVENS, E. E.; PATRICK, T. E.; PICKLER, R. «A History of Infant Feeding». The *Journal of Perinatal Education,* vol. 18, núm. 2 (2009), p. 32-39.

24. FOMON, S. J. «Infant Feeding in the 20th Century: Formula and Beikost». *The Journal of Nutrition,* vol. 131, núm. 2 (2001), p. 409S-420S.

25. *Ibídem.*

26. COLODRO-CONDE, L., *et al.* «Relationship between level of education and breastfeeding duration depends on social context: breastfeeding trends over a 40-year period in Spain». *Journal of Human Lactation,* vol. 27, núm. 3 (2011), p. 272-278.

27. PARICIO, J. M. *Report on the situation of infant and young child feeding in Spain*. Ginebra: IBFAN-International Baby Food Action Network, 2017.

28. *Ibídem*.

29. WILLIAMS, C. *Milk and Murder*. Penang: International Organization of Consumers Unions, 1986 [1939], p. 5.

30. DOHERTY, T.; SANDERS, D.; GOGA, A.; JACKSON, D. «Implications of the new WHO guidelines on HIV and infant feeding for child survival in South Africa». *Bulletin of the World Health Organization*, núm. 89 (2010), p. 62-67.

31. GEACH, H. «The baby food tragedy». *The New Internationalist*, núm. 6 (1973), p. 8-12; MULLER, M. *The baby killer*. Londres: War on Want, 1974.

32. MULLER, *op. cit.*, 1974, p. 5

33. ATHAM, *op. cit.*, 2002.

34. OMS. *International Code of Marketing of Breast-milk Substitutes*. Ginebra: OMS, 1981.

35. EUROPA PRESS. «Sancionados 13 médicos y enfermeras por recibir sobornos de Danone para recomendar su leche en polvo infantil». A: *Europapress.es* [en línia] (14 octubre 2013) <http://www.europapress.es/internacional/noticia-sancionados-13-medicos-enfermeras-recibir-sobornos-danone-recomendar-leche-polvo-infantil-20131014161420.html>; NEWMAN, M.; WRIGHT, O. «After Nestlé, Aptamil manufacturer Danone is now hit by breast milk scandal». *Independent.co.uk* [en línia] (29 juny 2013) <https://www.independent.co.uk/news/uk/home-news/after-nestl-aptamil-manufacturer-danone-is-now-hit-by-breast-milk-scandal-8679226.html>; ELLIS-PETERSEN, H. «How formula milk firms target mothers who can least afford it». *The Guardian* (27 febrer 2018)

36. UNICEF. «Lactancia materna. Consecuencias sobre la supervivencia infantil y la situación mundial». A: *Unicef.org* [en línia] (2019) <https://www.unicef.org/spanish/nutrition/index_24824.html>

37. EFE. «Doce médicos italianos arrestados por aceptar sobornos a cambio de desvirtuar la lactancia materna». *El Mundo* (21 novembre 2014)

38. JUSTICIA ALIMENTARIA. *Mi primer veneno. La gran estafa de la alimentación infantil*. Barcelona: Justicia Alimentaria, 2018.

39. PARICIO, *op. cit.*, 2017.

40. IBAÑES, L. G. «Pediatría de AP responde a las críticas por colaborar con la industria de la alimentación». A: *Diariomedico.com* [en línia] (29 setembre 2016) <https://www.diariomedico.com/profesion/pediatria-de-ap-responde-a-las-criticas-por-colaborar-con-la-industria-de-la-alimentacion.html>

41. CIVIO I BELMONTE, E. «18 metges van rebre més de 50.000 euros cadascun d'una sola farmacèutica el 2017». A: *Diarisanitat.cat* [en línia] (14 octubre 2017) <http://diarisanitat.cat/18-metges-van-rebre-mes-de-50-000-euros-cadascun-duna-sola-farmaceutica-el-2017>

42. JACOBS, A. «Estados Unidos intentó frenar la promoción de la lactancia materna para favorecer a empresas». *The New York Times* (10 juliol 2018).

43. OMS. «Las leyes para proteger la lactancia materna son inadecuadas en la mayoría de los países» (9 maig 2016) [nota de premsa].

44. GONZÁLEZ, C. *Comer, amar, mamar. Guía de crianza natural.* Barcelona: Editorial Planeta, 2014.

45. HAUSMAN, *op. cit.*, 2014 [2003].

46. Blum, *op. cit.*, 1999.

47. FREEMAN, A. «"First Food" Justice: Racial Disparities in Infant Feeding as Food Oppression». *Fordham Law Review*, vol. 83, núm. 6 (2015), p. 3053-3087.

48. UNITED STATES DEPARTMENT OF AGRICULTURE. «Definitions. Food access». A: *Ers.usda.gov* [en línia] (5 desembre 2017) <https://www.ers.usda.gov/data-products/food-access-research-atlas/documentation/#definitions>

49. DÍAZ-GÓMEZ, M. «Iniciativa Mundial de Lactancia Materna. Encuesta Nacional sobre Hábitos de Lactancia». A: *Aeped.es* [en línia] (2013) <http://www.aeped.es/sites/default/files/resumen-presentacion-encuestalm-julio2013_0.pdf>

50. COMITÉ DE LACTANCIA MATERNA DE LA ASOCIACIÓN ESPAÑOLA DE PEDIATRÍA. *Lactancia materna en cifras: tasas de inicio y duración de la lactancia en España y en otros países.* Madrid: Asociación Española de Pediatría, 2017.

51. FOMON, *op. cit.*, 2001.

52. STEVENS, PATRICK I PICKLER, *op. cit.*, 2009.

53. KOERBER, A. *Breast or Bottle? Contemporary Controversies in Infant-Feeding Policy and Practice.* Columbia: University of South Carolina Press, 2013.

54. COLODRO-CONDE *et al.*, *op. cit.*, 2011

55. Dades obtingudes respectivament de COMITÉ DE LACTANCIA MATERNA DE LA ASOCIACIÓN ESPAÑOLA DE PEDIATRÍA, *op. cit.* 2017; MINISTERIO DE SANIDAD. *Encuesta Nacional de Salud España 2017.* Madrid: Ministerio de Sanidad, 2018.

56. SADER, L. «Publicidad engañosa de fórmulas lácteas: Almirón 2». A: *Amormaternal.com* [en línia] (2011) <https://www.amormaternal.com/2011/06/publicidad-formulas-lacteas-lactancia.html>; BUSQUETS, M. «El código de comercialización de sucedáneos de leche materna». A: *Crianzanatural.com* [en línia] (16 juny 2017) <https://www.crianzanatural.com/art/art298.html>

57. ROSINO, J. «Publicidad engañosa sobre alimentación para lactantes». A: *Naukas.com* [en línia] (26 juliol 2013) <https://naukas.com/2013/07/26/publicidad-enganosa-sobre-alimentacion-para-lactantes>; FACUA. «Dimite el 60% de los miembros del comité de lactancia materna de la Asociación Española de Pediatría». A: *Facua.org* [en línia] (18 juliol 2013) <https://www.facua.org/es/noticia.php?Id=7796>

58. TARDÓN, L. «Revuelo en la Asociación Española de Pediatría». *El Mundo* (29 juliol 2013)

59. SAVE THE CHILDREN. «Las principales compañías de leche de fórmula gastan 5.600 millones de euros al año en publicidad, en detrimento de la lactancia materna» (27 febrer 2018) [nota de premsa]

60. FERRANTE, *op. cit.*, 2016, p. 300-301.

61. MILLARES, R. «*El Mundo*, contra la lactancia materna». A: *Tercerainformacion.es* [en línia] (24 octubre 2010) <http://www.tercerainformacion.es/antigua/spip.php?article19494>; JAN, C. «Una vaca que indigna tanto a madres como a pediatras». *El País* (29 octubre 2010)

62. VISA, M. «La representación de la lactancia materna en el cine». *Estudios sobre el Mensaje Periodístico*, vol. 23, núm 1 (2015), p. 689-700.

63. PALMER, G. *The Politics of Breastfeeding: When Breasts are Bad for Business.* Londres: Pandora Press, 1988.

64. UNICEF, *op. cit.*, 2019.

65. LATHAM, *op. cit.*, 2002.

66. NEGRI, *op. cit.*, 2014, p. 34.

67. HAUSMAN, *op. cit.*, 2014 [2003].

68. WOLF, J. B. *Is Breast Best?: Taking on the Breastfeeding Experts and the New High Stakes of Motherhood.* Nova York: New York University Press, 2011; JUNG, C. *Lactivism: How Feminists and Fundamentalists, Hippies and Yuppies, and Physicians and Politicians Made Breastfeeding Big Business and Bad Policy.* Nova York: Basic Books, 2015; ROSIN, H. «The Case Against Breast-Feeding». A: *Theatlantic.com* [en línia] (abril 2009) <https://www.theatlantic.com/magazine/archive/2009/04/the-case-against-breast-feeding/307311>

69. LINNECAR, A.; GUPTA, A.; DADHICHAND, J. P.; BIDLA, N. *Formula for Disaster. Weighing the Impact of Formula Feeding Vs Breastfeeding.* Delhi: BPNI / IBFAN Asia, 2014.

70. STEINFELD, H., *et al. Livestock's Long Shadow.* Roma: FAO, 2006.

71. DADHICH, J. P.; SMITH, J.; IELLAMO, A.; SULEIMAN, A. *Report on Carbon Footprints Due to Milk Formula: A study from selected countries of the AsiaPacific region.* Delhi: BPNI / IBFAN Asia, 2015.

72. DESMARAIS, A. A. *La Vía Campesina. La globalización y el poder del campesinado.* Madrid: Editorial Popular, 2007, p. 56.

73. MCMICHAEL, P. «Feeding the world: agriculture, development and ecology». A: PANITCH, L.; LEYS, C. (ed.). *Socialist Register 2007.* Londres: Merlin Press, 2007, p. 170-194.

74. FRIEDMANN, H.; MCMICHAEL, P. «Agriculture and the State System. The Rise and Decline of National Agricultures, 1870 to the Present». *Sociologia Ruralis*, vol. 29, núm. 2 (1989), p. 93-117; FRIEDMANN, H. «The Political Economy of Food: a Global Crisis». *New Left Review*, núm. 197 (1993), p. 29-57; MCMICHAEL, P. «A Food Regime Genealogy». *Th. Journal of Peasant Studies*, vol. 36, núm. 1 (2009), p. 139-169.

75. VIVAS, E. *El negocio de la comida. ¿Quién controla nuestra alimentación?* Barcelona: Icaria Editorial, 2014.

76. Dades obtingudes respectivament d'OMS. «La obesidad entre los niños y los adolescentes se ha multiplicado por 10 en los cuatro últimos decenios» (11 octubre 2017) [nota de premsa]; MINISTERIO DE SANIDAD. *Encuesta Nacional de Salud España 2017.* Madrid: Ministerio de Sanidad, 2018.

77. ODENT, M. *El bebé es un mamífero.* Tenerife: Editorial Ob Stare, 2014.

78. GRIBBLE, K. «"As good as chocolate" and "better than ice cream": How toddler, and older, breastfeeders experience breastfeeding». *Early Child Development and Care*, vol. 179, núm. 8 (2009), p. 1067-1082.

79. COMITÉ DE LACTANCIA MATERNA DE LA ASOCIACIÓN ESPAÑOLA DE PEDIATRÍA. «Información complementaria al documento "Orientaciones para la valoración del riesgo laboral durante la lactancia natural"». A: *Aeped.es* [en línia] (17 juny 2010) <http://www.aeped.es/sites/default/files/LM_Y_RIESGO_LABORAL_COMITE_LM_AEP_2010_1.pdf>

80. Dades obtingudes respectivament de PANDELOVA, M. E., *et al.* «Assessment of energy intake of infants exclusively fed with infant formulae available on the European market». *International Journal of Food Sciences and Nutrition,* vol. 60 (2009), p. 212-219; GOOZE, R. A.; ANDERSON , S. E; WHITAKER, R. C. «Prolonged Bottle Use and Obesity at 5.5 Years of Age in US Children». *The Journal of Pediatrics*, vol. 159, núm. 3 (2011), p. 431-436.

81. ECKERSLEY, N. «Non-GM baby formula *unrealistic*-industry». A: *Ausfoodnews.com.au* [en línia] (3 maig 2001) <http://www.ausfoodnews.com.au/2011/05/03/non-gm-baby-formula-unrealistic-industry.html>

82. OMS. «10 datos sobre la lactancia materna». A: *Who.int* [en línia] (agost 2017) <http://www.who.int/features/factfiles/breastfeeding/es>; VICTORA, C. G., *et al.* «Breastfeeding in the 21st century: epidemiology, mechanisms, and lifelong effect». *The Lancet,* vol. 387, núm. 10017 (2016), p. 475-490.

83. WOLF, J. H. «Got milk? Not in public!». *International Breastfeeding Journal*, vol. 3, núm.1 (2008).

84. SAVE THE CHILDREN. «Recuperando la leche materna en el campo de Za'atari». A: *Savethechildren.es* [en línia] (20 març 2013) <https://www.savethechildren.es/actualidad/recuperando-la-leche-materna-en-el-campo-de-zaatari>

85. COMITÉ DE LACTANCIA MATERNA DE LA ASOCIACIÓN ESPAÑOLA DE PEDIATRÍA, *op. cit.*, 2010.

86. VICTORA *et al.*, *op. cit.*, 2016.

87. MASSÓ, E. «Lactancia materna y revolución, o la teta como insumisión biocultural: calostro, cuerpo y cuidado». *Dilemata*, núm. 11 (2013), p. 169-206.

88. *Ibídem.*

89. OLZA, *op. cit.*, 2013.

90. VIVAS, E. «Los quiénes y el qué, en el movimiento del comercio justo». A: MONTAGUT, X.; VIVAS, E. *¿Adónde va el comercio justo? Modelos y experiencias*. Barcelona: Icaria editorial, 2006, p. 11-27.

91. MCCLAIN, V. «Patents on Life: A Brief View of Human Milk Component Patenting». *World Nutrition*, vol. 9, núm. 1 (2018), p. 57-69.

92. DUTTON, J. «Liquid Gold: The Booming Market for Human Breast Milk». A: *Wired.com* [en línia] (17 maig 2011) <https://www.wired.com/2011/05/ff-milk>

93. *Ibídem*; DOUCLEFF, M. «Breast Milk Sold Online Contaminated With Cow's Milk». A: *Npr.org* [en línia] (7 abril 2015) <https://www.npr.org/sections/health-shots/2015/04/07/397369416/breast-milk-sold-online-contaminated-with-cows-milk?t=1535013789557>

94. GANN, J. «Until Recently, This U.S. Company Was Importing Human Breast Milk From Cambodia». A: *Thecut.com* [en línia] (20 març 2017) <https://www.thecut.com/2017/03/stop-exporting-breast-milk-cambodia-says-to-u-s-company.html>

95. GRAND VIEW RESEARCH. «Breast Pump Market Size & Share, Industry Analysis Report, 2018-2025». A: *Grandviewresearch.com* [en línia] (2018) <https://www.grandviewresearch.com/industry-analysis/breast-pumps-market>

96. CAMPBELL, O. (2014). «The Unseen Consequences of Pumping Breast Milk». A: *Psmag.com* [en línia] (17 novembre 2014) <https://psmag.com/economics/unseen-consequences-pumping-breast-milk-94181>

97. JUNG, *op. cit.*, 2015; BLUM, *op. cit.*, 1999.

98. AZAD, M. B. *et al.* «Infant Feeding and Weight Gain: Separating Breast Milk From Breastfeeding and Formula From Food». *Pediatrics*, vol. 142, núm. 4 (2018).

99. JUNG, *op. cit.*, 2015; GIMENO, *op. cit.*, 2018.

100. BLOOM, E. «The Big, Bad Breastfeeding Industry». A: *Theatlantic.com* [en línia] (31 octubre 2015). <https://www.theatlantic.com/business/archive/2015/10/breastfeeding-pressure-money/413215>

101. VICTORA *et al.*, *op. cit.*, 2016.

102. COMITÉ DE LACTANCIA MATERNA DE LA ASOCIACIÓN ESPAÑOLA DE PEDIATRÍA, *op. cit.*, 2017.

103. MINISTERIO DE SANIDAD. *Encuesta Nacional de Salud España 2017*. Madrid: Ministerio de Sanidad, 2018.

104. FERNÁNDEZ GUILLÉN, *op. cit.*, 2015.

105. EL PARTO ES NUESTRO. «Historia de Ana». A: *Quenoosseparen.info* [en línia] (2018) <http://www.quenoosseparen.info/articulos/testimonios/separacionana.php>

106. TEMBOURY, M. C. «Informe sobre el conocimiento de los residentes de pediatría en el manejo de la lactancia materna». *An Pediatr*, vol. 58, núm. 3 (2003), p. 263-267.

107. PARICIO, *op. cit.*, 2017.

108. SUAVINEX. *II Estudio sobre conciliación y lactancia*. Alacant: Suavinex, 2018.

109. DÍAZ-GÓMEZ, M., *et al.* «Motivaciones y barreras percibidas por las mujeres españolas en relación a la lactancia materna». *Revista Española de Salud Pública*, vol. 90 (2016), p. e1-e18.

110. TEMBOURY, *op. cit.*, 2003.

111. DÍAZ-GÓMEZ, *op. cit.*, 2016.

112. EFE. «La Universidad de Barcelona introduce una asignatura pionera sobre lactancia materna». *El Periódico* (26 setembre 2018)

113. PADRÓ, A. *Somos la leche*. Barcelona: Grijalbo, 2017.

114. MCNISH, *op. cit.*, 2018, p. 155-156.

115. ASOCIACIÓN ESPAÑOLA DE BANCOS DE LECHE HUMANA. «Datos de actividad de todos los bancos de leche españoles». A: *Aeblh.org* [en línia] (2018) <https://www.aeblh.org>

116. BANC DE SANG I TEIXITS. «De les *dides* als bancs de llet». A: *Bancsang.net* [en línia] (13 desembre 2016) <https://www.bancsang.net/blog/dides-als-bancs-llet>

117. DE PEDRO, C. «Estas son las 9 CCAA que disponen de bancos de leche materna». A: *Redaccionmedica.com* [en línia] (22 agost 2016) <https://www.redaccionmedica.com/secciones/sanidad-hoy/estas-son-las-nueve-ccaa-que-disponen-de-bancos-de-leche-materna-7690>; BERMEJO, M. «Bancos de leche materna en España: análisis situacional actual». Pamplona: Universitat Pública de Navarra, 2017 [treball final de grau]

118. PERAITA, L. «Necesitamos que las madres donen leche materna». *ABC* (25 octubre 2015)

119. VÁZQUEZ, J. «El Regalo de Lola: Lactancia y donación de leche tras la muerte perinatal y la creación del Proyecto Lola». *Revista Muerte y Duelo Perinatal*, núm. 4, 2018, p. 58-61.

120. DETTWYLER, K. A. «Beauty and the Breast: The Cultural Context of Breastfeeding in the United States». A: STUART-MACADAM, P.; DETTWYLER, K. A. (ed.). *Breastfeeding: Biocultural Perspectives*. Nova York: Aldine De Gruyter Press, 1995.

121. BLUM, *op. cit.*, 1999.

122. LLOPIS, M. *Maternidades subversivas*. Navarra: Txalaparta, 2015; AUSONA, M. «Exposar el pit a l'espai públic amb una funció que no és l'eròtica suscita polèmica». A: *Ub.edu* [en línia] (22 gener 2016) [entrevista feta per R. Frasquet] <http://www.ub.edu/facgh/infogih/Novetats/marta-ausona-doctora-en-antropologia-exposar-el-pit-a-lespai-public-amb-una-funcio-que-no-es-lerotica-suscita-polemica>

123. YOUNG, *op. cit.*, 2005, p. 77.

124. DÍAZ-GÓMEZ, *op. cit.*, 2013; LATHAM, *op. cit.*, 2002.

125. BLUM, *op. cit.*, 1999.

126. CARPENTER, F. C. «"(L)Activists and Lattes": Breastfeeding Advocacy as Domestic Performance». *Women & Performance: a journal of feminist theory*, vol. 16, núm. 3 (2006), p. 347-367.

127. LACTANCIA EN LIBERTAD. «Primark Valladolid». A: *Lactanciaenlibertad.com* [en línia] (27 agost 2013) <http://lactanciaenlibertad.com/testimonios/madre-expulsada/primark-valladolid>; TETADA EN EL PRIMARK. «"Tetada" de protesta de madres lactantes contra Primark» (20 agost 2013) [nota de premsa]

128. RODRÍGUEZ, A. «Primark, obligado a retirar un bikini con relleno para niñas de siete años». *El Mundo* (15 abril 2010)

129. BOICOT MERCADONA. «Mercadona expulsa a una clienta que amamantaba a su hija en el supermercado». A: *Boicotmercadona.wordpress.com* [en línia] (29 octubre 2012) <https://boicotmercadona.wordpress.com/2012/10/29/mercadona-expulsa-a-una-clienta-que-amamantaba-a-su-hija-en-el-supermercado>; LACTANCIA EN LIBERTAD. «Madre expulsada en Leroy Merlin CC La Zenia Boulevard, Orihuela». A: *Lactanciaenlibertad.com* [en línia] (30 desembre 2013) <http://lactanciaenlibertad.com/testimonios/madre-expulsada/madre-expulsada-en-leroy-merlin-cc-la-zenia-boulevard-torrevieja>

130. MARTÍNEZ, N. «La Universitat de Barcelona demana a una alumna que no porti el nadó a classe». *Ara* (20 octubre 2016)

131. IZQUIERDO, A. «Mamar con "La maja desnuda"». *El País* (24 setembre 2007)

132. BLANCO, C. «La teta de la lujuria». A: *Elpais.com* [en línia] (19 juliol 2018) <https://elpais.com/elpais/2018/07/17/mordiscos_y_tacones/1531842378_300043.html>

133. LACTANCIA EN LIBERTAD. «Lactancia corrosiva: Museo Picasso Málaga». A: *Lactanciaenlibertad.com* [en línia] (16 juny 2015) <http://lactanciaenlibertad.com/testimonios/lactancia-corrosiva-casa-museo-picasso-malaga>; CODINA, E. «El Museo Picasso permite amamantar en sus salas tras quejarse una usuaria». *El País* (23 febrer 2016)

134. MATERNIDAD CONTINUUM . «Trabajadores del IVAM se inventan unas normas en las que se prohíbe amamantar en sus instalaciones». A: *Maternidadcontinuum.com* [en línia (18 octubre 2014) <https://www.maternidadcontinuum.com/2014/10/ivam_expulsa-madre-que-amamanta>

135. PRESS ASSOCIATION «V&A chief apologises to breastfeeding woman asked to cover up». *The Guardian* (6 agost 2017)

136. EL HUFFPOST. «Prohíben a una madre dar el pecho junto a una piscina "porque la leche podía contaminar el agua"». A: *Huffingtonpost.es* [en línia] (20 juny 2017). <https://www.huffingtonpost.es/2017/06/20/prohiben-a-una-madre-dar-el-pecho-junto-a-una-piscina-porque-la_a_22491370>

137. O'MALLEY, K. «Candice Swanepoel Calls Out Critics Over Breastfeeding in Public». A: *Elle.com.au* [en línia] (19 desembre 2016) <https://www.elle.com.au/celebrity/candice-swanepoel-on-breastfeeding-in-public-5374>

138. EL PAÍS. «La modelo que normaliza la lactancia y amamanta a su bebé sobre la pasarela». *El País* (18 juliol 2018); PALAZÓN, A. «La frase de Sergi Arola sobre dar el pecho en público que indigna en redes». A: *Huffingtonpost.es* [en línia] (20 juliol 2018) <https://www.huffingtonpost.es/2018/07/20/la-contundente-respuesta-de-maria-llapart-a-sergi-arola-tras-lo-que-dijo-de-dar-el-pecho-en-publico_a_23486078>

139. ASOCIACIÓN ESPAÑOLA DE PEDIATRÍA; COMITÉ DE LACTANCIA DE LA ASOCIACIÓN ESPAÑOLA DE PEDIATRÍA. «Comunicado de la AEP y del Comité de Lactancia de la AEP» (11 juny 2018) [comunicat]

140. IHAN. «Comunicado de IHAN al comité ejecutivo de la AEP y a la organización del 66 congreso de la AEP» (juny 2018) [comunicat]

141. PARICIO, *op. cit.*, 2017.

142. ARTETA, I. «Facebook, de la censura de las fotos de lactancia a la promesa de promoverlas». A: *Elpais.com* [en línia] (1 juliol 2017) <https://elpais.com/elpais/2017/06/30/mamas_papas/1498837820_440766.html>

143. COLEGIO OFICIAL DE ENFERMERÍA DE NAVARRA. «La iniciativa Lacta en Navarra, premiada en el IX Congreso Nacional de Lactancia Materna». A: *Enfermerianavarra.com* [en línia] (5 abril 2017) <https://www.enfermerianavarra.com/actualidad/iniciativa-lacta-en-navarra-premiada-en-ix-congreso-nacional-lactancia-materna>

144. TRAN, M. «Claridge's hotel criticised after telling breastfeeding woman to cover up». *The Guardian* (2 desembre 2014)

145. EFE. «Italia estudiará permitir la lactancia en espacios públicos». *El Mundo* (28 gener 2017).

146. MARCUS, J. A. «Lactation and the Law». *Mothering*, núm. 143 (2007).

147. PEARLMAN, J. «Australian senator breastfeeds baby while moving a motion in parliament». A: *Telegraph.co.uk* [en línia] (22 juny 2017) <https://www.telegraph.co.uk/news/2017/06/22/australian-senator-breastfeeds-baby-moving-motion-parliament>

148. WENSKE, J.; HARO, K. «When Nurture Calls campaign». *Behance.net* [en línia] (7 maig 2014) <https://www.behance.net/gallery/16685319/When-Nurture-Calls-Campaign->

149. HOTELES MEDITERRÁNEO. «Por qué elegir julio para tus vacaciones familiares en Peñíscola». A: *Hotelesmediterraneo.com* [en línia] (25 maig 2017). <https://www.hotelesmediterraneo.com/blog/por-que-elegir-julio-para-tus-vacaciones-familiares-en-peniscola>

150. EUROPA PRESS. «El Papa bautiza a 34 niños en la Capilla Sixtina y reitera que amamantar en público es usar el lenguaje del amor». A: *Europapress.es* [en línia] (7 gener 2018) <http://www.europapress.es/sociedad/noticia-papa-bautiza-34-ninos-capilla-sixtina-reitera-amamantar-publico-usar-lenguaje-amor-20180107115446.html>

151. VISA, *op. cit.*, 2015.

152. COMITÉ DE LACTANCIA MATERNA DE LA ASOCIACIÓN ESPAÑOLA

DE PEDIATRÍA. *Lactancia materna en niños mayores o «prolongada»*. Madrid: Associació Espanyola de Pediatría, 2015.

153. YOUNG, I. M. *Justice and the Politics of Difference*. Princeton, Nova Jersey: Princeton University Press, 1990.

154. WARD, J. D. *La Leche League: At the crossroads of medicine, feminism, and religion*. Chapel Hill, Carolina del Nord: University of North Carolina at Chapel Hill Press, 2000; LIVINGSTON, T. «"No Bottles, No Pacies" and No Cupcakes: A Feminist Analysis of Motherhood in La Leche League». Chapel Hill: University of North Carolina at Chapel Hill, 2011 [tesi doctoral]

155. VAN ESTERIK, *op. cit.*, 1989.

156. LA LIGA DE LA LECHE ESPAÑA. «La Liga de la Leche». A: *Laligadelaleche.es* [en línia] (2016) <http://www.laligadelaleche.es/lll/index.htm>

157. MASSÓ, E. «Lactivismo contemporáneo en España: ¿una nueva marea sociopolítica?». *Journal of Spanish Cultural Studies*, vol. 16, núm. 2 (2015), p. 193-213.; WARD, *op. cit.*, 2000.

158. EL PARTO ES NUESTRO. «No estamos en guerra: sobre sororidad y la unión entre mujeres». A: *Elpartoesnuestro.es* [en línia] (13 juliol 2018) <https://www.elpartoesnuestro.es/blog/2018/07/13/no-estamos-en-guerra-sobre-sororidad-y-la-union-entre-mujeres>

159. OLZA, RUIZ-BERDÚN I VILLARMEA, *op. cit.*, 2017.

160. STUART-MACADAM, P. «Biocultural Perspectives on Breastfeeding». A: STUART-MACADAM, P.; DETTWYLER , K. A. (ed.). *Breastfeeding: Biocultural Perspectives*. Nova York: Aldine De Gruyter Press, 1995; HAUSMAN, *op. cit.*, 2014 [2003].

161. MASSÓ, *op. cit.*, 2015.

162. LIVINGSTON, *op. cit.*, 2011.

163. GALTRY, J. «Suckling and Silence in the USA: The Costs and Benefits of Breastfeeding». *Feminist Economics*, vol. 3, núm. 3 (1997), p. 1-24.

164. WOLF, *op. cit.*, 2008.

165. BABIKER, S. «Un debate abierto. "Lactancia Materna: Política e Identidad"». A: *Ctxt.es* [en línia] (10 juliol 2018) <http://ctxt.es/es/20180627/Politica/20489/Sarah-Babiker-Beatriz-Gimeno-feminismo-Lactancia-Materna-Politica-e-Identidad.htm>

L'equip de la cooperativa Som* agraïm el temps que has dedicat a la lectura d'aquesta obra de l'editorial Ara Llibres i t'animem a compartir la teva opinió amb nous lectors i noves lectores i a fer-nos arribar les teves sensacions mitjançant les xarxes socials. Els teus comentaris donen sentit a la nostra feina i ens ajuden a impulsar més lluny cada nova proposta editorial.

#MamaDesobedient